VIAJEROS ISABELINOS EN LA NUEVA ESPAÑA

FIGURA 1. *John Hawkins, Francis Drake y Thomas Cavendish*
© National Maritime Museum, Londres

FIGURA 2. *Embarcación isabelina de batalla*
© National Maritime Museum, Londres

LOURDES DE ITA RUBIO

VIAJEROS ISABELINOS
EN LA NUEVA ESPAÑA

UNIVERSIDAD MICHOACANA DE SAN NICOLÁS DE HIDALGO
INSTITUTO DE INVESTIGACIONES HISTÓRICAS
FONDO DE CULTURA ECONÓMICA

MÉXICO

Primera edición, 2001

Se prohíbe la reproducción total o parcial de esta obra
—incluido el diseño tipográfico y de portada—,
sea cual fuere el medio, electrónico o mecánico,
sin el consentimiento por escrito del editor.

D. R. © 2001, Universidad Michoacana de San Nicolás de Hidalgo
Instituto de Investigaciones Históricas
Torre de Rectoría, Ciudad Universitaria; 5000 Morelia, Mich.

D. R. © 2001, Fondo de Cultura Económica
Carretera Picacho-Ajusco 227; 14200 México, D.F.

ISBN 968-16-6258-X

Impreso en México

A la memoria de mi papá, ROBERTO DE ITA GÓMEZ.
A AMPARO RUBIO DE ITA.
A LÍA, DIEGO y FRANCISCO ASTORGA.

AGRADECIMIENTOS

Entre muchos, quiero expresar mi agradecimiento a la doctora Janet Townsend y al maestro Michael Drury de la Universidad de Durham, Inglaterra; a la doctora Atlántida Coll-Hurtado, del Instituto de Geografía de la Universidad Nacional Autónoma de México (UNAM); a los miembros del jurado de mi examen de doctorado, por recomendar la publicación de este trabajo; al doctor Gerardo Sánchez Díaz, director del Instituto de Investigaciones Históricas de la Universidad Michoacana de San Nicolás de Hidalgo; a la señora Fiona Easton, de la Sociedad Hakluyt, y al Museo Marítimo Nacional de Londres por su amable permiso para reproducir materiales de su propiedad.

*I maruaile not a little that since the first discouerie of America,
after so great conquest and plantings of the Spaniardes and
Portingales there, that wee of Englande could neuer haue the
grace to set fast footing in such fertill and temperate places, as
are left as yet vnpossessed of them. But againe when I consider
that there is a time for all men [...]and that the nakednesse of
the Spaniards, and their long hidden secretes are nowe at
length espied, whereby they went about to delude the worlde,
I conceiue great hope that the time approcheth and nowe is,
that wee of Englande may share and part stakes both with the
Spaniarde and the Portingale in part of America, and other
regions as yet vndiscouered.*

RICHARD HAKLUYT, *el joven*, del prefacio a *Divers
voyages touching the discouery of America*, 1582.

INTRODUCCIÓN

El presente es un análisis de geografía histórica del siglo XVI, un estudio sobre el testimonio de los primeros ingleses que visitaron y vivieron en el territorio novohispano.

Los propósitos de esta investigación fueron, por una parte, conocer la experiencia de los viajeros ingleses —los primeros europeos no españoles— en la Nueva España del siglo XVI; por otra, discernir la imagen y la importancia que el pueblo británico confirió al territorio novohispano durante su primer siglo de colonización por parte de Europa; asimismo, evaluar el papel geopolítico de la Nueva España en esa centuria y, finalmente, considerar los efectos de todo esto en la organización territorial del México de hace cuatro siglos.

Un análisis con estas características es de importancia singular para la investigación geográfico-histórica de nuestro país por haber sido el XVI el primer siglo de colonización europea y el inicial de nuestra historia moderna y de nuestra actual geografía. Este trabajo presenta un enfoque particular de algunos acontecimientos sucedidos en la Nueva España durante ese siglo. La historia de México ha sido escrita generalmente en función de las fuentes españolas o mexicanas, escuchamos las voces de los protagonistas mismos o las de sus descendientes. En una historia como la mexicana resulta de gran interés analizar fuentes europeas no españolas, precisamente fuentes inglesas, cuyos autores estuvieron presentes en los hechos que narran y que nos proveen de una nueva perspectiva de una parte de nuestra historia y de nuestro territorio. Es importante recuperar e interpretar esas primeras impresiones que europeos no españoles tuvieron y registraron sobre México.

La Inglaterra de principios del siglo XVI no tenía tradición naval transoceánica. Los aconteceres de ese siglo, y en particular la presencia inglesa en la América española, llevaron al despunte de la Marina Inglesa y a su consolidación para finales de siglo, hasta el grado de disputarle a España la supremacía naval.

El análisis que aquí se presenta aporta datos de un aspecto muy poco tratado en la historia y en la geografía de México: la piratería, cuya historia está aún por hacerse. Los navegantes y cronistas ingleses del siglo XVI tienen mucho qué decir al respecto. Mientras que en la memoria inglesa esta parte de la historia no se recuerda con frecuencia, para los historiadores latinoamericanos debe tender a afinarse.

En este trabajo se consideran los registros de las experiencias de tres diferentes grupos de ciudadanos ingleses que viajaron o vivieron en la Nueva

España durante ese siglo, bajo condiciones muy diferentes: los mercaderes, los piratas y los marinos náufragos.

Los mercaderes fueron los primeros viajeros europeos no españoles que pisaron territorio novohispano. Cuando los comerciantes ingleses llegaron a México, contaban con amigos o conocidos en el país y en España, y estaban vinculados con la Compañía Andaluza de mercaderes anglo-españoles residentes en Sevilla y Cádiz.

Cuando las relaciones entre España e Inglaterra cambiaron por motivos político-religiosos, la Compañía Andaluza fue notablemente reprimida por las autoridades hispanas, y ya desde la década de 1540, los mercaderes anglo-españoles tuvieron problemas con la Inquisición en España. El envío de mercancías de los ingleses hacia las Indias —que nunca había sido sustancial— disminuyó hasta el punto de desaparecer. No obstante, a principios de la década de 1550, algunos mercaderes notables de dicha Compañía buscaron desplazarse a la Nueva España para establecerse en ese país.

Aunque la Inquisición no había sido aún formalmente impuesta en la región, la experiencia de algunos de esos mercaderes ingleses demostró que, para mediados del siglo, ya se habían erigido barreras de carácter ideológico y religioso y se habían definido también las reglas político-religiosas a las que debían sujetarse los habitantes de la Nueva España.

En este trabajo se examinan también los informes escritos por cuatro mercaderes que viajaron a la Nueva España entre 1550 y 1568, algunos de los cuales permanecieron varios años en el país. Se trata de los testimonios de Robert Tomson, Roger Bodenham, Henry Hawks y John Chilton.

La atracción que América en general y la Nueva España en particular produjo en la Europa del siglo XVI contribuyó notablemente al deseo creciente de dominio económico y político de Isabel I, entonces reina de Inglaterra. Esto, aunado a la propagación de la represión ideológico-religiosa y a las barreras político-económicas impuestas por España a sus colonias, incitó la piratería inglesa en América durante ese siglo.

Se analiza también la presencia en México de tres personajes que por sus acciones en América pueden considerarse *piratas*: John Hawkins, Francis Drake y Thomas Cavendish.

Se enfoca la atención en el tercer viaje ilegal de tráfico de esclavos africanos que John Hawkins realizó hacia Sudamérica y las Antillas, considerando su trágico desenlace en la batalla de San Juan de Ulúa. Se pondera el peso de esa importante batalla en Veracruz en el contexto de las conflictivas relaciones anglo-españolas de la segunda mitad del siglo XVI, y la reacción de "venganza" contra las embarcaciones españolas y las colonias americanas por parte de piratas y aventureros ingleses, entre los que el legendario Francis Drake destacó, al animar con sus fechorías el nacionalismo inglés y convertirse en Inglaterra en una figura sumamente atractiva y popular.

Drake fue nombrado caballero después de regresar victorioso —cargado de tesoros americanos y filipinos— de su viaje de circunnavegación y habría de ser emulado por muchos en lo sucesivo. Uno de sus seguidores fue Thomas Cavendish, quien pasó a la historia por ser el tercer circunnavegante del planeta, después del viaje de Magallanes-Elcano y el de Francis Drake. Thomas Cavendish también es recordado por haber sido el primer pirata inglés que robara, en las costas de la Nueva España, un galeón completo que regresaba, cargado hasta sus límites, con valiosos productos provenientes de Filipinas.

Cavendish volvió a Inglaterra ensoberbecido de sus éxitos en el Pacífico novohispano, justo unas semanas después de que la Marina Real inglesa —bajo la asesoría y comando de John Hawkins y Francis Drake— venciera a la *Armada* Española.

Los hechos sucedidos en los mares americanos durante las décadas precedentes habían tenido mucho que ver con esas victorias inglesas que serían un preludio para la expansión británica de siglos posteriores.

Se ha rescatado aquí la experiencia en la Nueva España de otros ingleses que eran "los menos importantes" de entre los navegantes, según se autodefinían. Estos llegaron al virreinato novohispano por accidente y sin tener ningún tipo de relaciones en el lugar; vivieron y trabajaron en la Nueva España durante varios años como prisioneros de los españoles, conociendo más de cerca el territorio.

Después de la batalla de San Juan de Ulúa, 114 marinos ingleses fueron desembarcados en el norte del Pánuco por John Hawkins, debido a la escasez de provisiones y espacio en el *Minion*, una de las dos embarcaciones de la expedición de Hawkins que sobrevivieron a la batalla. De las cinco embarcaciones inglesas que llegaron a Veracruz, el *Jesus of Lubeck* fue destruido durante el ataque, el *Angel* y el *Swallow* fueron quemados y hundidos, y el *Judith* —capitaneado por Francis Drake— huyó sin esperar a nadie ni ayudar a Hawkins. El *Minion* se detuvo para rescatar a Hawkins y fue el único refugio al que se apresuraron a subir muchos de los ingleses de la expedición que se encontraban en tierra cuando fueron sorprendidos por el ataque español, de manera que la embarcación resultó con demasiados tripulantes.

Dos de los 114 marinos desembarcados en el norte de Tampico, después de pasar por innumerables peripecias dignas de las mejores epopeyas en la Nueva España y en España, lograron regresar a Inglaterra al cabo de muchos años y —a petición del cronista inglés Richard Hakluyt— cada uno escribió un informe de sus experiencias en la Nueva España. Uno de ellos fue escrito por Miles Philips y el otro, por Job Hortop. Se consideran ambos registros en la tercera parte de este libro.

Las fuentes principales de donde se obtuvieron los testimonios aquí analizados han sido las obras de Richard Hakluyt, particularmente los escritos recopilados en *The Principall Navigations...*, la soberbia obra del geógrafo, cronista y compilador. Durante el siglo XVI los dos Richard Hakluyt (primos homónimos) llevaron a cabo una extensa recopilación de testimonios de los viajeros ingleses que habían estado en otras tierras. Concedieron particular importancia a aquellos que habían viajado al Nuevo Mundo y más aún a los que habían estado o vivido en la Nueva España. A fines de siglo, el joven Richard Hakluyt publicó esta obra testimonial incluyendo sus propios comentarios e interpretaciones. La primera edición de este trabajo fue publicada en 1589 llevando por título: (sic) *The Principall Navigations, Voyages, Traffiques and discoueries of the English Nation made by sea or ouer lande in the compasse of these 1600 yeeres*. La segunda edición de Hakluyt que se imprimió durante los años que van de 1598 a 1600 fue corregida y aumentada respecto a la primera, resultando una obra en tres volúmenes que mantuvo el mismo título pero en el que Hakluyt modernizó algunas palabras: *Principall* fue cambiada por *principal*; *discoueries* y *ouer* por *discoveries* y *over*, y *lande, compasse* y *yeeres* por *land, compass* y *years* respectivamente.[1]

La Sociedad Hakluyt ha dado a conocer publicaciones más recientes de las dos ediciones de Hakluyt. En 1966 realizó una edición facsimilar de *The Principall Navigations...*, de 1589 y durante los años de 1903 a 1905 llevó a cabo una hermosa versión de la segunda edición de Hakluyt, resultando una magnífica obra en 12 volúmenes que incluye las notas al margen del propio Hakluyt, así como interesantes apuntes, comentarios y notas al pie de página hechas por distinguidos miembros de la Sociedad Hakluyt y académicos de principios del siglo XX. Esta edición cuenta también con numerosas láminas e ilustraciones.

En la investigación que nos ocupa fue necesario recurrir a diferentes fuentes primarias. Este ejercicio se dividió en dos etapas: el análisis de incunables y el de fuentes primarias en ediciones modernas. La labor se llevó a cabo en la Universidad de Durham, Inglaterra. El estudio de incunables consistió en la revisión de varias obras: la edición de 1598-1600 de *The Principal Navigations...*, que se encuentra en la Biblioteca del *Palace Green* de la Universidad de Durham, en particular del tercer volumen de la obra, en el que Hakluyt incluyó los más recientes viajes ingleses que se realizaron en su época al continente americano y en particular a la Nueva España. Durante esa etapa se revisó también la obra *Diuerse Voyages Touching the Discouerie of America*, con la que se pudo ratificar el objetivo de este trabajo: argumentar el derecho de Inglaterra sobre el territorio americano en aquel siglo XVI, con base en la supuesta llegada a América de diversos individuos anglosajones en épocas anteriores al viaje de Colón. En la etapa de análisis de manuscritos también se llevó a cabo trabajo de archivo en documentos originales de los *State Paper Rolls* en los que se

---

[1] Nos referiremos a ambas obras como se hace en general en los trabajos de habla inglesa: cuando se trate de la primera edición de Hakluyt la citaremos como *The Principall Navigations...*, y cuando se trate de la segunda lo haremos como *The Principal Navigations...*

buscó información sobre los mercaderes ingleses que viajaron a la Nueva España para conocer el registro de sus patentes y sus vínculos con los secretarios de Estado de Isabel I, Francis Walsingham y William Cecil, y con la propia reina; asimismo se analizaron algunas citas que aluden a Francis Drake, John Hawkins y Thomas Cavendish. También se consultaron documentos del Archivo General de Indias en Sevilla, procurando detallar información referente a los miembros de la Compañía Andaluza.

La segunda etapa de análisis de fuentes consistió en escudriñar las obras de Hakluyt en ediciones modernas y la lectura de obras inglesas referentes al tema. Fue la segunda edición de Hakluyt de 1598-1600, en su versión de la Sociedad Hakluyt de 1903-1905, la que más se utilizó. De esta obra se obtuvieron los informes de Robert Tomson, Roger Bodenham, Henry Hawks, John Chilton, Miles Philips y Job Hortop, y los que narran los viajes de John Hawkins, Francis Drake y Thomas Cavendish hacia Nueva España. También se usaron otros trabajos publicados por la Sociedad Hakluyt, entre los que destacan *The Original Writings and Correspondence of the Two Richard Hakluyts* de Eva Taylor,[2] el *Hakluyt Handbook* editado por D. B. Quinn[3] y las dos publicaciones de Irene Wright[4] sobre documentos españoles concernientes a viajes ingleses en el Caribe durante el siglo XVI. La obra de otros autores ha sido también muy importante para este trabajo. Ortega y Medina, Quinn, Connell-Smith, Williamson, Parks y Scammell son sólo algunos de ellos. Es necesario aclarar que cuando en esta obra se citan trabajos escritos originalmente en inglés o que fueron consultados en su versión inglesa, los textos han sido traducidos por la autora de este trabajo. Las referencias se incluyen al pie de cada página y la ficha bibliográfica completa, al final del trabajo en el registro de la bibliografía.

La autora de este trabajo contó también con el apoyo de la Sociedad Hakluyt, cuya sede es el Museo Británico de Londres.[5] La lectura de diversos trabajos hechos por miembros de la Sociedad, así como las entrevistas y correspondencia con el doctor Terrence E. Armstrong(†), vicepresidente, y con la señora Fiona Easton, secretaria administrativa de la Institución, fueron siempre agradables y provechosas.

[2] E. G. R. Taylor, *The Original Writings and Correspondence of the Two Richard Hakluyts*, The Hakluyt Society (Segundas Series), núm. LXXVI, Londres, 1935, p. 8.

[3] D. B. Quinn (ed.), 1974, 1975, *The Hakluyt Handbook*, 2 vols., The Hakluyt Society, segunda serie, núm. 144 y 145, Londres, 1974-1975.

[4] Irene A. Wright, *Spanish Documents Concerning English Voyages to the Caribbean, 1527-1568*, Hakluyt Society, segunda serie, vol. LXII (publicada en 1928), impresa en Cambridge University Press para la Hakluyt Society, Londres, 1929, 167 pp. *Further English Voyages to the Caribbean, the Spanish Main, Florida and Virginia*, Hakluyt Society, segunda serie, vol. XCIX (publicado en 1949), impreso por Robert Maclehose para la Hakluyt Society, Londres, 1951, 314 pp.

[5] La Sociedad Hakluyt fue fundada en 1846 con el objetivo de participar en la divulgación de temas relacionados con viajes y navegación, mediante la publicación de registros de expediciones, travesías, navegaciones y otros asuntos geográficos.

GEOGRAFÍA HISTÓRICA

La actual organización espacial de un territorio se deriva del paisaje original y de los acontecimientos significativos que durante diferentes épocas se han sucedido en él.

En un espacio geográfico definido se conjugan elementos diversos que, a través del tiempo, se han ido asimilando hasta llegar a formar un paisaje que en el presente se percibe como un conjunto ambiental, un "todo" ambiental, de manera que la separación de los elementos se antoja un tanto complicada. Esta separación, sin embargo, es un ejercicio necesario en el análisis geográfico.

¿Qué del paisaje sobrevive para ser parte del presente? Brian K. Roberts[6] sugiere que un asentamiento es el resultado de secuencias y de cambios catalíticos.[7] Asegura, sin embargo, que para las comunidades la continuidad siempre es más importante que el cambio.

En la evolución histórica de un territorio determinado, las secuencias serían el conjunto de hechos que se suceden uno tras otro sin cambios bruscos, actividades cotidianas que con el andar del tiempo llegan a formar costumbres. Los cambios catalíticos serían entonces los acontecimientos revolucionarios que con una velocidad relativa mayor producen transformaciones profundas en algunos elementos y características del paisaje.

En ciertas sociedades, el equilibrio entre secuencia y cambio ha llegado a ser tal, que resulta difícil distinguir muchas de sus etapas. Roberts recuerda al respecto las palabras del arqueólogo Richard Bradley que en relación al espacio rural inglés comenta: "El tiempo está camuflado y sólo logramos verlo cuando algo se mueve". En esos casos el asentamiento o región se presenta como el resultado de la relación cambio-continuidad, donde el espacio se ha producido paulatinamente. De esta manera pueden verse comunidades que, siendo muy antiguas, mantienen su originalidad y a la vez son parte de un espacio "moderno", organizado y suficientemente armónico en el que las innovaciones se adoptan de manera selectiva y se logra conservar la esencia de la comunidad, las estructuras antecedentes y una gran cantidad de detalles del paisaje heredado que sobreviven para ser parte del presente.

En un país como México, donde la historia y la geografía prehispánicas eran ya de por sí complejas y donde el principio de su historia moderna fue una gran revolución, un gran cambio en su población y en todas sus estructuras, se sucede una organización espacial falta de secuencias, cargada de inte-

---

[6] Conceptos expuestos en la conferencia *Tiempo y cambio* dirigida a los alumnos de posgrado de la Universidad de Durham, junio de 1993. Véase Brian K. Roberts, *Historical Geography of Rural Settlements in Britain*, David and Charles, Devon, 1992.

[7] *Catalítico*: relativo a la catálisis, modificación de la velocidad de una reacción motivada por la presencia de agentes que al finalizar la reacción aparecen inalterados.

rrupciones, frecuentemente caótica, carente de una progresión coordinada que es fruto del tiempo.

El colonialismo suele dejar cicatrices profundas en la organización espacial de los territorios ocupados. El desarrollo espacial de las regiones en las que los colonizadores buscan más la explotación del medio que el propio arraigo a la nueva tierra, no logra llevarse a cabo sino de manera violenta. La carencia de una evolución inherente y paulatina con la participación activa de sus pobladores queda de manifiesto en las características estructurales y en la ubicación de las actividades económicas. La estructura del transporte, la localización de las ciudades capitales, la construcción de puertos y la ubicación y estructura de la industria son algunos de los testigos de esa violación del espacio colonial. Producto de tal violencia es la ruptura de la conciencia de la población respecto al espacio y la falta de una percepción de éste como un territorio propio.

De esta manera, el estudio de la geografía histórica de países como México es una tarea tan laboriosa como necesaria, en la cual habrá que seleccionar épocas y momentos fundamentales que arrojen luz sobre el territorio de entonces y su evolución en el contexto de los acontecimientos.

En México, las investigaciones sobre geografía histórica se encuentran en una fase inicial en relación con el desarrollo que esta área de los estudios ha tenido en otros países, en particular de Europa y Norteamérica.

Trabajos como los de Braudel, Sauer, Chevalier, Borah, Gerhard y Chaunu dieron la pauta a investigaciones posteriores que hicieron geógrafos e historiadores mexicanos. Entre ellos se cuentan los de Vivó, Lemoine, León Portilla, Florescano y Moreno-Toscano.

En el transcurso de las últimas décadas, tanto en el Instituto de Geografía, como en el Instituto de Investigaciones Filológicas y en la Facultad de Filosofía y Letras de la UNAM, se han llevado a cabo proyectos de investigación sobre geografía histórica y se ha impartido cátedra en esta disciplina en los posgrados de historia y de geografía dando como fruto algunos trabajos, entre los que destacan los de Commons, Vázquez, Padilla, Bustos, García y Fernández-Águila, así como los de Moncada, Azuela y Mendoza en el campo de la historia de la geografía, y últimamente los de Fernández Christlieb en relación con la geografía urbana de México en el siglo XIX.[8]

Desde hace varias décadas también, Bernardo García Martínez ha trabajado temas de geografía histórica en El Colegio de México y ha incluido la geografía histórica como una línea de investigación en el programa de posgrado del Centro de Estudios Históricos del Colegio.

Es un hecho interesante que, durante los últimos años, diferentes centros de investigación del país hayan mostrado un particular interés en considerar

---

[8] La obra de estos autores se cita en la bibliografía.

a la geografía histórica dentro de sus líneas de investigación y de su currícula en licenciaturas y posgrados. En febrero de 1998 el Colegio de Michoacán organizó un coloquio que llevó por nombre "Historia de la geografía y geografía histórica", en el que participaron académicos de diferentes centros de investigación del país y otros tantos extranjeros. Parte de las ponencias se reunió para formar un número más de la revista *Relaciones*, publicación del propio Colegio de Michoacán. Esta Institución ha procurado incluir también en su esquema de posgrado algunos temas de geografía y demografía histórica.

La Escuela de Historia de la Universidad Michoacana de San Nicolás de Hidalgo ha sentado un precedente en las universidades de provincia al incluir en su licenciatura en historia varios cursos sobre geografía histórica, tanto optativos como obligatorios, abocándose a la escala nacional, regional y mundial.

El Instituto de Investigaciones Históricas de la Universidad Michoacana de San Nicolás de Hidalgo abrió desde 1998 una nueva línea de investigación, la de la geografía histórica, iniciando con un proyecto sobre "La geografía histórica de México y el Caribe" a cargo de la autora de este libro.

Es necesario evaluar el quehacer de la investigación geohistórica en México a la luz de la situación de la geografía histórica en América Latina desde hace algunas décadas.

En 1972, Alan Baker, editor de la revista *Historical Geography Magazine*, realizó en Inglaterra un estudio sobre la situación de la geografía histórica en diferentes regiones del mundo hasta ese momento. La revisión fue publicada con el nombre *Progress in Historical Geography*,[9] la cual resulta una fuente interesante aun después de casi 30 años.

De los diez capítulos que formaron dicho trabajo, ocho fueron escritos por académicos de las propias universidades de la región de la que hablaban. Hubo dos excepciones: la correspondiente al capítulo relativo a la antigua Unión Soviética y la que expuso la situación de la geografía histórica en América Latina.[10]

El estudio sobre Latinoamérica fue realizado por David J. Robinson, catedrático de geografía latinoamericana del University College de Londres. El panorama que Robinson presentó sobre la situación no sólo de la geografía histórica, sino de la geografía social en América Latina para aquel año de 1972, fue desolador. Debido al carácter regional del análisis de Robinson, en ocasiones usó generalizaciones que no eran aplicables a México. Otro aspecto importante es que Robinson parece haber considerado solamente los trabajos hechos por geógrafos, que todavía en la década de 1970 eran verdaderamente esca-

---

[9] A. R. H. Baker (ed.), *Progress in Historical Geography*, David y Charles, Newton Abbot, Devon, 1972, 303 pp.
[10] Las diversas áreas del mundo que se consideran en el libro y sus avances en el campo geográfico-histórico son: Francia, Alemania-Austria-Suiza, Escandinavia, Gran Bretaña, la URSS, Norteamérica, Australia y Nueva Zelanda, Latinoamérica y África.

sos,[11] dejando de lado los trabajos de notables historiadores que ya hemos citado y que para esas fechas se dedicaban a temas que podrían considerarse dentro del ámbito de la geografía histórica.

Robinson auguraba que "en un continente involucrado tan dramáticamente en el cambio geográfico contemporáneo, como es el caso de Latinoamérica, hay muy poco futuro para aquellos abocados al estudio del pasado [...] Con tantos campos en los que aventurarse y con tan pocos trabajadores, la tarea de escribir una geografía histórica de América Latina debe esperar".[12]

Sin embargo, en América Latina existe una conciencia creciente sobre la necesidad de *revisar*, de ver otra vez, la complicada historia de nuestro continente, a la luz de la diversidad de fuentes, mediante análisis espacio-temporales de metodologías y herramientas de un nuevo siglo y, por supuesto, con la percepción de autores latinoamericanos.

Los trabajos autóctonos no sólo se han iniciado, sino que han empezado a madurar, y lo que es mejor, empieza a existir en México y en América Latina la conciencia de lo necesario que es, para la identidad nacional, el entendimiento de su geografía y de su historia.

Para una geografía histórica de México habrá que distinguir épocas medulares y realizar análisis pertinentes, a fin de configurar y entender mejor el mosaico espacio-temporal de nuestra realidad.

AMÉRICA Y EUROPA EN EL SIGLO XVI

Las raíces de la organización espacial del México moderno han de buscarse en los 300 años que duró su colonización por España. En el estudio de la geografía histórica de México resulta de particular interés la atención al siglo XVI, porque fue entonces cuando dio inicio el fraguado del México actual (véase el mapa 1).

Si se considera cierto que el siglo XVI fue *el primer capítulo del drama moderno*,[13] reconocemos que para el caso de México esto resulta un hecho indiscutible. Si antes de la llegada de los conquistadores europeos México había tenido una cronología complicada, después de la década de 1520, la historia y la geografía de México cambiarán definitivamente. El siglo XVI marcaría el inicio de una nueva fase en la que se producirían profundos y conflictivos cambios estructurales y demográficos, rupturas sociales y culturales, sincretismos y mezclas en

---

[11] Esto se debió en parte a que la institucionalización de la historia en México tiene un pasado más remoto que la de la geografía.
[12] D. J. Robinson, "Historical Geography in Latin America", en Baker *et al.*, *Progress in Historical Geography*, Devon, 1972, pp. 168, 184.
[13] Williamson, en prefacio a G. B. Parks, *Richard Hakluyt and the English Voyages*, American Geographical Society, publicación especial, núm. 10, Nueva York, 1928, p. xi.

MAPA 1. *El virreinato de la Nueva España* (c. 1650)

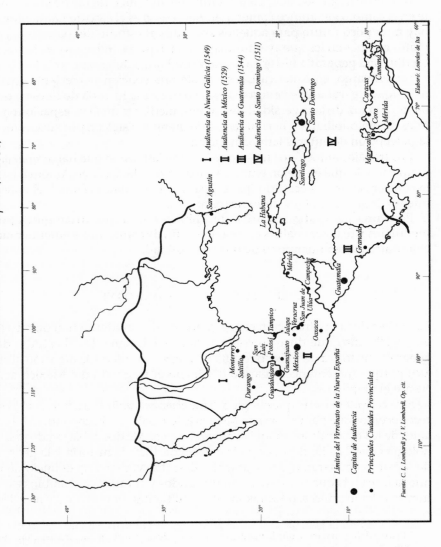

I Audiencia de Nueva Galicia (1549)
II Audiencia de México (1529)
III Audiencia de Guatemala (1544)
IV Audiencia de Santo Domingo (1511)

Límites del Virreinato de la Nueva España
● Capital de Audiencia
· Principales Ciudades Provinciales

Fuente: C. L. Lombardi y J. V. Lombardi, Op. cit.

Elaboró: Lourdes de Ita

un territorio que, por otro lado, adquiría un interés creciente en el plano internacional. Desde el principio de ese siglo germinaban ya en Europa las primeras ideas respecto al continente americano. Las representaciones iniciales acerca del territorio de reciente conocimiento empezaron a tomar forma.

La conciencia de la existencia de América induciría en el Viejo Mundo un cambio inesperado en cuanto a la ubicación de los territorios estratégicos. De los puertos y galeras del Mediterráneo, la actividad política y comercial de Europa se desplazaría a los puertos del Atlántico oriental y a las embarcaciones transoceánicas que partirían con rumbo a occidente (véase el mapa 2).

Entre los diferentes estados europeos, Inglaterra experimentaría un cambio particularmente importante en su ubicación relativa. De una condición de aislamiento e insularidad, de haberse encontrado situada "en el extremo noroeste de todas las cosas", por esa conciencia de la existencia de un nuevo territorio, vendría a obtener un lugar privilegiado, una posición ventajosa en el nuevo escenario mundial. George Trevelyan, uno de los más notables historiadores británicos, escribió en 1942:

> la historia de Gran Bretaña como una de las potencias mundiales comienza con el reinado de Isabel I. La razón puede ser leída en los mapas. Desde la antigua Alejandría hasta los monasterios medievales, los cartógrafos solían localizar nuestra isla en el extremo noroeste de todas las cosas. A partir del descubrimiento de América [...] Bretaña se ubica en el centro de la nueva acción marítima. Ese cambio en su perspectiva geográfica fue bien aprovechado por sus habitantes.[14]

El siglo XVI vio el surgimiento de la colonización europea, de la llamada *era de los descubrimientos*. Fue también la antesala de la formación del Imperio inglés, para la cual la existencia de América fungiría como un factor decisivo. La atracción hacia los "nuevos territorios" provocaría en Europa una rápida evolución en cuanto al diseño de embarcaciones, la capacitación de navegantes, nuevos sistemas de implantación colonial y la inquietud por la apertura de nuevos mercados.

El mar ha sido siempre un elemento configurador en la historia de Inglaterra. Ortega y Medina aseguraba hace cerca de 20 años[15] que el examen de la historia moderna inglesa en función de su realidad insular había llegado a ser incluso un lugar común, pero reflexionaba sobre la formación histórica de la conciencia británica al respecto, asentando que para la época de Shakespeare era ya una tradición vigente la consideración del mar en la definición de la identidad de la isla. Ortega y Medina elige una hermosa cita del poeta inglés en la que es notable su apreciación de la particularidad geográfica de su país.

---

[14] G. M. Trevelyan, *A Shortened History of England*, Penguin Books, Londres, 1987, pp. 13-14.

[15] Juan A. Ortega y Medina, *El conflicto anglo-español por el dominio oceánico (siglos XVI y XVII)*, UNAM, México, 1981, pp. 20-21.

MAPA 2. *Rutas comerciales España–Iberoamérica–Filipinas (1561-1776)*

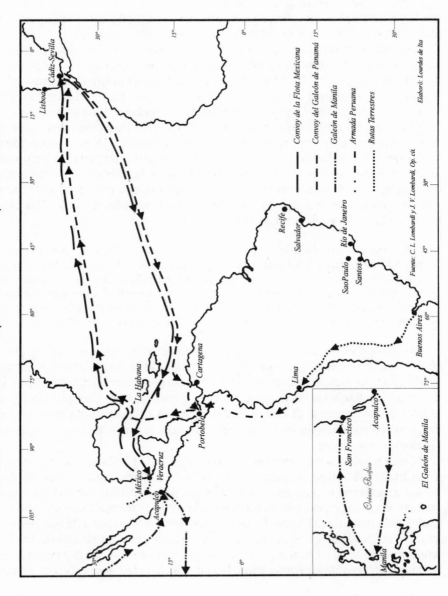

Convoy de la Flota Mexicana

Convoy del Galeón de Panamá

Galeón de Manila

Armada Peruana

Rutas Terrestres

Fuente: C. L. Lombardi y J. V. Lombardi, Op. cit.

Elaboró: Lourdes de Ita

Este real trono de reyes, esta isla consentida.
Esta fortaleza, por la naturaleza misma construida
contra la infección y la acción de la guerra.
Esta feliz progenie de hombres, este pequeño mundo,
esta preciosa esmeralda engarzada en el mar de plata,
que le sirve de muralla, o como un foso defensivo a una fortaleza,
contra la envidia de países menos venturosos,
esta bendita parcela, esta tierra, este reino, esta Inglaterra.[16]

Durante la Edad Media el canal de la Mancha (el canal de Bristol para los ingleses) fue la vía del comercio, de la invasión, de la defensa y de la transmisión de la cultura. En la Edad Moderna a esto se añadirá el orgullo de la conciencia de la independencia que daba la insularidad. Después de la Guerra de los Cien Años (1326-1453) Inglaterra renunció a su expansión continental y se dedicó a proyectarse en ultramar mediante el aumento de su comercio.

En el transcurso de la dinastía Tudor (1485-1603), pero en particular durante el siglo XVI, Inglaterra comenzaría a conferirle al mar la importancia que a finales de siglo la colocaría como primera potencia naval y en los siglos sucesivos le llevaría a expandirse y formar el *gran* Imperio británico.

Durante la época del primer Tudor, Enrique VII (1485-1509), Juan Caboto y su hijo Sebastián, genoveses al servicio de Inglaterra entonces, viajaron hacia el occidente en busca de Catay y de las "siete ciudades de Oriente" con su oro y sus especias. A cambio se encontraron grandes bancos de bacalao y los bosques de pináceas de Norteamérica.

En el periodo de Enrique VIII (1509-1547) se fundó la Marina Real inglesa con una flota de buques de guerra diseñados de manera que se adaptaban mejor al oceáno que las galeras de remos del medioevo mediterráneo y eran más apropiados para las maniobras de batalla que los buques mercantes ingleses de la Edad Media. Empezaron a hacerse también algunos intentos para colocar cañones en el cuerpo de las embarcaciones.

Desde 1512 Sebastián Caboto trabajaba al servicio de España. En 1521 era piloto mayor, cartógrafo y responsable de los mapas e instrucciones secretas para la navegación a las Indias y estuvo en estrecha relación mercantil y amistosa con un grupo importante de comerciantes ingleses residentes en Sevilla, Cádiz y Sanlúcar. Fue muy buen amigo del comerciante y navegante bristolés Robert Thorne, y a través de los buenos oficios e influencias de éste logró el permiso del emperador Carlos V, quien hacia los años de 1521-1522 estaba en buenos términos con Enrique VIII, para pasar temporalmente a Inglaterra y

---

[16] W. Shakespeare, *Richard II*, segundo acto, escena I, estrofas 40 y 45, en *The Complete Works of Shakespeare*, G. Lynman Kitredge, Ginn, Nueva York, 1936. Citado por J. A. Ortega y Medina, *op. cit.*, p. 21.

tratar de imitar la expedición que Magallanes y Elcano habían iniciado hacía dos años y para buscar el estrecho o "pasaje del Noroeste".[17]

En 1526, Robert Thorne, miembro distinguido de la Compañía Andaluza[18] de mercaderes ingleses residentes en el sur de España, invirtió en otra expedición que estaba otra vez a cargo de Sebastián Caboto, e intentaba ir al Pacífico y buscar el pasaje del Noroeste. Por ser uno de los patrocinadores del viaje, Thorne pudo enviar como parte de la Compañía del mismo al "geógrafo de Cambridge", su amigo y colega, el también mercader Roger Barlow. También envió en esa travesía al piloto inglés Henry Latimer. El viaje, sin embargo, fue poco exitoso. No llegó al Pacífico, pues por rumores acerca de la existencia de una sierra de plata, se desviaron hacia el río de la Plata, entre Uruguay y Paraguay. Un año después de este viaje, en 1527, Robert Thorne publicó su *Treatise of the Northwestern passage*, en el que discute la política que Inglaterra debe seguir, y a petición del embajador inglés en España, Thorne anima a Enrique VIII a abocarse al "negocio del descubrimiento".

Sin embargo, durante las primeras décadas del siglo XVI la marina inglesa no podía compararse con el poder naval que habían logrado España y Portugal al volcarse a los océanos durante los siglos precedentes y la navegación inglesa se reducía prácticamente al tráfico portuario y costanero.

Durante la regencia de Enrique VIII se produjo la Reforma anglicana, que tuvo móviles esencialmente diferentes a los que tuvo en su momento la Reforma luterana.[19]

---

[17] J. Ortega y Medina, 1981, *op. cit.*, p. 36.

[18] Desde la época de Enrique VII se habían sentado las bases para un intercambio comercial a pequeña y mediana escala entre España e Inglaterra. Desde fines del siglo XV, los miembros de un grupo más bien reducido de comerciantes ingleses se establecieron en el sur de la península ibérica, emparentaron con comerciantes hispanos casándose con mujeres españolas, tuvieron hijos anglo-españoles y formaron una compañía mercantil, la Compañía Andaluza de mercaderes ingleses que todavía durante las primeras décadas del siglo XVI gozó de derechos semejantes a los de los mercaderes españoles en España, llegando aun a hacer envíos de mercancía y de agentes comerciales a los recientemente conquistados territorios hispanoamericanos. Esta Compañía es muestra de que este tipo de comercio no estaba totalmente vedado a los ciudadanos ingleses. Sin embargo, nunca existió una apertura comercial más generalizada hacia los territorios americanos. Por las características intrínsecamente desiguales del comercio entre España y América durante la Colonia —con condiciones sobradamente ventajosas para España respecto a los beneficios obtenidos por América— la metrópoli se cuidó de restringir para sí el privilegio del "comercio" con América. Desde la Reforma anglicana, la misma Compañía Andaluza fue reprimida hasta su virtual desaparición.

[19] La Reforma luterana se inició cuando en 1517 Martín Lutero (1483-1546), siendo un fraile agustino que enseñaba exégesis bíblica en la Universidad de Wittemberg, escribió un ataque contra la venta de *indulgencias* por la Iglesia. Escribió 95 tesis en las que resumió sus objeciones a la práctica católica de su momento y sus creencias básicas. Clavó las "95 tesis" a la puerta de la iglesia, buscando la reflexión y el diálogo con otros canónigos y católicos de Wittemberg. Su acto fue ponderado como muy osado y se supo hasta en Roma. Lutero consideró que tendría oportunidad para hablar al respecto con el papa León X, pero resultó excomulgado. El sacro emperador romano-germánico Carlos I de España (V de Alemania), procuró en vano que se retractara de sus cánones durante la Dieta en Worms en 1521. Y aunque originalmente sus objeciones

Cuando a los 18 años Enrique VIII ascendió al trono al morir su padre en 1509, se casó con Catalina de Aragón, la viuda de su hermano. Veinte años después, depuso al cardenal Wolsey, su Lord canciller, por no haber logrado persuadir al papa de que le concediera el divorcio de Catalina de Aragón a fin de casarse con Ana Bolena. Habiendo él mismo fallado en su solicitud al papa, entre 1532 y 1534, Enrique VIII desconoció la autoridad papal, se proclamó a sí mismo cabeza de la Iglesia en Inglaterra, rompió relaciones con Roma y se casó con Ana Bolena. En el año de 1533 nació Isabel, la hija de ambos.[20]

Durante la década de 1540, las relaciones entre Inglaterra y España se deterioraron notablemente como reacción a los acontecimientos político-religiosos de la década anterior. Los primeros en padecer esa situación adversa fueron los mercaderes ingleses residentes en Andalucía. Después de haber gozado de privilegios singulares, al grado de haber podido comerciar durante algunos años con los territorios americanos, a partir de la Reforma anglicana se vieron atacados en diversas ocasiones por la Inquisición española.[21]

En 1545, en San Salvador, Robert Reneger asaltó un galeón que se dirigía de las Indias a España,[22] cargado de oro, plata, perlas, azúcar, cueros y otros bienes. En esta ocasión, Carlos V no exigió por ello indemnización a Enrique VIII como era la costumbre, sino que ordenó que se confiscaran los barcos y los negocios ingleses en Andalucía. Estos hechos hicieron crecer la animadversión hacia España por parte de los mercaderes ingleses y a raíz de esto muchos otros se animaron a seguir el ejemplo de Reneger. Por otra parte, la colaboración entre ingleses y franceses hugonotes empezó a ser más estrecha. En 1546, 600 franceses, marinos, hidrógrafos y pilotos —simpatizantes hugonotes— estaban al servicio temporal de Enrique VIII.

Carlos V abdicó al trono en favor de su hijo, Felipe II, en 1556. El proteccionismo ideológico hacia las Indias se endureció, pues a pesar de que Felipe II

---

pretendían solamente una reforma de las instituciones de la Iglesia católica, lo que provocaron finalmente fue un cisma que, siguiendo a la Confesión de Ausburgo de 1530, dio lugar a una nueva Iglesia llamada protestante. Entre los puntos principales de la doctrina luterana se encuentran: la centralidad de la Biblia para llegar al conocimiento de la verdad, la autoridad de Cristo sobre cualquier institución y la salvación por la fe.

[20] Independientemente de los móviles de los movimientos de Reforma en Alemania y en Inglaterra, ya a principios del siglo XVI la hegemonía de la Iglesia católica romana en Europa empezaba a resquebrajarse. Los reyes Isabel y Fernando reinstalaron la Inquisición en España para combatir las ideas de judíos, moros y herejes en sus territorios. Los mismos Reyes Católicos heredaron a su nieto Carlos V, entre otras tierras, el dominio sobre las Indias Occidentales, a donde décadas más tarde llegaría también la Inquisición española.

[21] Desde 1539 se inició un proceso inquisitorial contra Thomas Pery, hilador, tejedor y mercader de Londres que desde hacía 15 años había iniciado el comercio con España. Aparentemente su padre, con el mismo nombre, había pertenecido también a la Compañía Andaluza. Murió en Cádiz en 1532. El motivo de su juicio: haberse referido a Enrique VIII como a un "buen cristiano", frente a un sacerdote católico en España. Su sentencia: seis años de prisión y confiscación de sus bienes.

[22] Robert Reneger fue el primer inglés en asaltar un barco español proveniente de las Indias.

estuvo siempre ocupado con las guerras y revueltas en que se vio mezclado en Europa —con los Países Bajos, con Francia y con Inglaterra principalmente—, se caracterizó por su intolerancia ideológica y religiosa.

España —como Portugal— procuró establecer en torno a sus posesiones americanas barreras comerciales estrictas para proteger su monopolio económico, y un "cordón sanitario" en materia de ideología política y religiosa, a fin de establecer en América la hegemonía de la Corona española y la de la Iglesia católica romana: "Se estrechó, pues, la vigilancia y se repitieron las advertencias oficiales contra todo riesgo y ocasión de que la propaganda protestante se extendiera al Nuevo Mundo [...] Sometíase a muy particular vigilancia a los nacionales de los países donde la Reforma había hecho sus más notables progresos, y a los viajeros de cualquier nacionalidad que hubieran estado con ellos".[23]

En la sucesión de operaciones navales de la Europa de los siglos XV y XVI, un factor sumamente importante era la actividad de los viajeros, así como sus muy valiosos informes. Los datos referentes a los territorios americanos, así como los relativos a la navegación trasatlántica se hallaban confinados en España. La información más importante se encontraba en la Casa de Contratación de Sevilla. Los viajeros que quisieran hacerse a la mar habrían de empeñarse de diversas maneras en acceder a tan codiciados informes.

Para los viajeros ingleses ésta era una empresa prácticamente imposible. Con alguna rarísima excepción,[24] después de la segunda mitad del siglo XVI, el acceso a la Casa de la Contratación de Sevilla estaba prohibido para los navegantes ingleses.

A pesar de que la política exterior anglo-española encontraría muchos tropiezos y de que las relaciones entre España e Inglaterra se irían deteriorando al transcurrir el siglo XVI, los navegantes ingleses continuarían dependiendo de los manuales españoles de navegación hasta 1590,[25] información que obtendrían principalmente al atracar barcos españoles que transportaban pilotos, mapas o material útil para la navegación ultramarina.

Según Ortega y Medina, 1550 y 1554 son un periodo clave en la historia del conflicto anglo-español porque "marcan el comienzo del interés siempre creciente de los ingleses por América".[26]

En esos años, el pequeño grupo de mercaderes ingleses residente en Andalucía presenciaba la llegada de los galeones de la flota de Indias cargados a su máxima capacidad, de toda clase de codiciados productos americanos. Esa

---

[23] G. Báez-Camargo, *Protestantes enjuiciados por la Inquisición en Iberoamérica*, Casa Unida de Publicaciones, México, 1960, pp. 6-7 (Colección Documentos).

[24] Durante el reinado de María I de Inglaterra y su consorte Felipe II de España, Stephen Burrough tuvo acceso a los informes de la Casa de Contratación.

[25] J. A. Ortega y Medina, 1981, *op. cit.*, p. 55.

[26] *Ibid.*, p. 57.

experiencia les resultaba sumamente impresionante y les movía a buscar oportunidades para conocer "aquel rico territorio".[27]

En 1553, María Tudor —hija de Enrique VIII y Catalina de Aragón— ocupó el trono de Inglaterra tras la muerte de su medio hermano Eduardo VI —único hijo varón de Enrique VIII—, quien sólo reinó por siete años. En 1554, María se casó con Felipe II de España. Fue entonces cuando los ingleses llegaron a pensar que les sería permitido el acceso abierto a tierras americanas. Su desilusión al percatarse de que tal cosa no sucedería puede aún saborearse en los escritos de sus historiadores contemporáneos:

> Con Felipe de España como esposo de una reina senil, Inglaterra fue, por tres años, vasallo de la gran monarquía española. Durante el tiempo que María vivió y amó, cualquier pensamiento de política exterior que fuera opuesto a la de España debía ser desechado, junto con toda esperanza de comercio con América —el cual Felipe prohibió estrictamente a sus súbditos de la Isla— y todo sueño de colonización y poder naval.[28]

El reinado de María Tudor fue muy corto y en 1558, al morir, sería sucedida por su media hermana, Isabel I, la hija protestante de Ana Bolena. Sería entonces, hasta la segunda mitad del siglo XVI, cuando Inglaterra comenzaría a percatarse de las posibilidades que le deparaba el mar.

LA MARINA INGLESA DURANTE EL PERIODO ISABELINO

El periodo isabelino (1558-1603) coincide con una serie de hechos que acrecentaron el antagonismo y rivalidad entre España e Inglaterra. Lo verdaderamente interesante es percatarse de la manera en que estos acontecimientos fueron sorteados, de modo que, a finales del siglo XVI, llevaron a Inglaterra a perfilarse como la primera potencia naval mundial, tras la derrota de la Gran Armada de España.

En la historiografía británica es común enfatizar las glorias de la Marina inglesa durante la era de los descubrimientos. Lo que en la opinión de la autora del presente trabajo generalmente se soslaya, es la apreciación de la manera en que esta Marina surgió durante el siglo XVI. De practicar únicamente una navegación de cabotaje a principios de siglo, la Marina inglesa pasó a tener una gran flota, con una ingeniería naval moderna, capaz de vencer aun a la Armada Invencible. Esto se debió, esencialmente, a la práctica de la piratería.

---

[27] *Vide supra*: Robert Tomson, citado por R. Hakluyt (ed.), *The Principal Navigations...*, vol. IX, 1903-1905, p. 339.
[28] G. M. Trevelyan (ed.), *A Shortened History of England*, Penguin Books, Londres, 1987, p. 14.

Los testimonios de las riquezas que de América obtenía la península ibérica, y el incipiente comercio practicado por los mercaderes anglo-españoles con las Indias Occidentales, fueron motivación suficiente —junto con la animadversión creciente hacia España— para que, al abortar ese tipo de comercio y ser reprimida la Compañía Andaluza de mercaderes ingleses, comerciantes, aventureros y hombres de la nobleza se volcaran hacia los mares a atracar y pillar embarcaciones españolas y asentamientos portuarios mal protegidos en América.

Durante la época isabelina, en el año de 1568, se daría en México un suceso que tampoco ha sido suficientemente ponderado ni por la historiografía inglesa, ni por la española y menos aún por la mexicana: la batalla de San Juan de Ulúa. La lucha se dio entre la flota española que conducía desde España al virrey Enríquez de Almansa, y la flota de Hawkins durante su tercer viaje de tráfico de esclavos africanos a las Antillas y al norte sudamericano.

En el contexto de las ya gastadas relaciones anglo-españolas, la batalla de San Juan de Ulúa y las condiciones en las que ésta se llevó a cabo incrementarían notablemente las hostilidades entre ambos países y exacerbarían las contiendas contra España y los asaltos a los territorios hispanoamericanos por parte de personajes legendarios, como Francis Drake. Por otra parte, la derrota de los ingleses en Veracruz llevaría a John Hawkins a iniciar en Inglaterra la remodelación de la marina británica diseñando embarcaciones más rápidas y seguras que las tradicionales naves europeas. La embarcación de guerra diseñada por Hawkins y popularizada en Inglaterra durante 1580, se extendería hasta Holanda en 1590 y para mediados del siglo XVII ya habría sido adoptada por todas las naciones marítimas europeas.

La experiencia en San Juan de Ulúa, los juicios inquisitoriales contra los ingleses y las mejoras en relación con la ingeniería naval inglesa, serían factores que acendrarían el nacionalismo inglés y que culminarían, en 1588, en la batalla en el canal de la Mancha, en la que Inglaterra lograría derrotar a la Gran Armada de Felipe II, también conocida como *La invencible*.

A principios del siglo XX, el profesor homónimo de sir Walter Raleigh afirmaba, con sobrada razón y haciendo énfasis en la obra monumental del cronista Richard Hakluyt, que: "La historia de los viajes ingleses es el capítulo más importante de la nación inglesa y el prefacio de la historia del Imperio británico".[29]

Los primeros viajes ingleses hacia el continente americano tuvieron una trascendencia estratégica de singular importancia. Tanto en sus *Principal Navigations* como en sus *Divers Voyages*, Hakluyt se esmeró en presentar y en argu-

---

[29] Walter Raleigh, "The English Voyages of the Sixteenth Century", apéndice en Richard Hakluyt (ed.), *The Principal Navigations, Voyages, Traffiques and Discoveries of the English Nation...*, Hakluyt Society, Segundas Series, John Maclehose and Sons, Glasgow, 1903-1905, p. 19.

mentar a favor de los más antiguos viajes ingleses a tierras americanas de los que llegó a obtener algún tipo de noticia. De esta manera, retomó por ejemplo una narración obtenida de una vieja historia del país de Gales en la que se relata el supuesto y "...más antiguo descubrimiento de las Indias Occidentales por Madoc, el hijo de Owen Wuyneth de Gales del Norte en el año de 1170".[30]

Pero los primeros viajes ingleses a tierras americanas que han sido reconocidos de manera generalizada son los de Juan y Sebastián Caboto, quienes a fines del siglo XV navegaron a la isla de Cabo Bretón y a las costas orientales de Groenlandia y bordearon el Atlántico canadiense rumbo al sur, hasta llegar al paralelo 38°N de donde regresaron a Inglaterra. Ahí, en ese mismo año de 1498, murió Juan Caboto.[31]

Durante el medio siglo que sucedió a las incursiones de los Caboto, los viajes de exploración inglesa progresaron muy poco a pesar del gran periodo cubierto por la larga vida de Sebastián Caboto.[32]

Kenneth Andrews[33] sostiene que en el curso de la expansión inglesa de ultramar, el comercio, el pillaje y la ocupación territorial estuvieron particu-

---

[30] R. Hakluyt, *The Principal Navigations, Voyages, and Discoveries of the English Nation*, J. M. Dent and Sons, Londres, 1919, p. 79. J. A. Ortega y Medina, *El conflicto anglo-español por el dominio oceánico*, UNAM, México, 1981, pp. 17-18.

[31] Juan Caboto nació en Génova en 1450 y había sido naturalizado veneciano. Logró el apoyo de Enrique VII de Inglaterra a fin de buscar —para ese país— una ruta marítima hacia el oriente de Asia por el occidente de Europa. De este modo, en 1497 zarpó de Bristol con sus hijos Luis, Sebastián y Sancho. El 24 de junio descubrió la isla de Cabo Bretón, la cual supuso pertenecía al Asia. En 1498 partió nuevamente junto con su hijo Sebastián (1476-1557) y llegó a las costas orientales de Groenlandia. Procuraban seguir la exploración hacia el norte, pero la inhospitalidad de la región y el desconocimiento de los tripulantes los forzaron a regresar hacia el sur. Cruzaron el Estrecho de Davis y, tras llegar a la Tierra de Baffin, costearon el actual territorio canadiense pasando por los estrechos de Hudson y de Belle Isle, navegaron frente a Terranova, el Cabo Race, y después de llegar al paralelo 38 regresaron a Inglaterra.

[32] Cuando Enrique VIII ascendió al trono de Inglaterra, Sebastián Caboto fue relegado a hacer cartas de las costas de Francia. En 1512 pasó a España junto con las tropas enviadas por Enrique VIII en apoyo a su suegro Fernando de Aragón y éste lo tomó a su servicio como navegante. Caboto preparó una expedición que no pudo llevar a cabo por la muerte de Fernando en 1516. En 1518 fue nombrado piloto mayor de España. En 1525 fue encargado de dirigir una expedición a las Molucas que se proponía seguir la misma ruta que la de Magallanes. Caboto partió de Sanlúcar con cuatro naves a principios de 1526. Algunos sobrevivientes de una expedición de Alejo García le anunciaron en Santa Catalina acerca de las riquezas del *Rey Blanco*, así que decidió cambiar el rumbo de su viaje y entró entonces al río de la Plata y al río Paraná. A orillas de éste, en la confluencia con el Concarañá erigió el fuerte de *Sancti Spiritu* y siguió aguas arriba por el Paraná y Paraguay. A principios de 1528, la expedición de Diego García, asimismo destinada a las Molucas, se apartó también de su ruta para explorar la cuenca del río de la Plata. Después de un conflicto inicial, Caboto y García emprendieron juntos la exploración del río Pilcomayo. Durante su ausencia, Sancti Spiritu fue incendiada por los indígenas. Caboto regresó a España en 1530 y fue condenado a cuatro años de destierro en Orán por haberse apartado de las instrucciones recibidas. Sin embargo, en 1533 fue reintegrado a su cargo de piloto mayor. En 1551 fue designado gobernador vitalicio de la *Company of Merchants Adventurers* en Inglaterra, compañía dedicada a fomentar el comercio con Rusia a través del mar Báltico, y ocupó ese cargo hasta su muerte.

[33] Keneth R. Andrews, *Trade, Plunder and Settlement, Maritime Enterprise and the Genesis of British Empire 1480-1630*, Cambridge University Press, Cambridge, 1991, 394 pp.

larmente entretejidos y que, de hecho, en la práctica a menudo era imposible distinguir un aspecto de otro y que históricamente podrían ser vistos como elementos de un mismo proceso. Andrews afirma que una de las razones por las que el Imperio británico tomó un tiempo excesivo en formarse fue que puso la colonización en un plano mucho más relegado que el comercio y la piratería entre sus prioridades. Su objetivo primario —dice Andrews— fue procurar el comercio con las regiones orientales. En 1553 se llevó a cabo un viaje por vía noroeste procurando promover el comercio con el Oriente. Fue este viaje el que aseguró a Inglaterra, por fin, cierta expansión ultramarina, dejando como únicos legados duraderos la apertura del comercio con Turquía en 1580 y la instauración del comercio con la India Oriental en 1600.

Siguiendo esta campaña comercial y debido en mucho a los conflictos político-religiosos entre Inglaterra y España desde las primeras décadas del siglo XVI, se dio la marcha depredadora de comerciantes armados y piratas que buscaban beneficiarse —algunos por medios legales, pero la mayoría de manera ilícita— de la riqueza atlántica de las naciones ibéricas. El despojo y el acoso por el tesoro aparecen en retrospectiva como maniobras muy grandes en esta ofensiva occidental, sin embargo, son pocos los estudios serios al respecto.

Las campañas de pillaje americano prohijaron los esquemas coloniales de Grenville y Drake. Por su parte, el sueño de El Dorado de Raleigh se mudó por una importante actividad comercial en función del tabaco. Como consecuencia se desarrollaron algunas colonias en la región circuncaribeña, lo que aunado a las continuas invasiones a puertos y embarcaciones erosionó el control de España sobre el Caribe exterior. De esta manera, diría Andrews, las semillas de las colonias se sembraron en el ejercicio del pillaje, del comercio y de la siega de los mares.[34]

Tanto Gilbert como Hakluyt, *el mayor*,[35] imaginaron estaciones coloniales de paso en los supuestos pasajes del norte. Hakluyt, *el joven*, llegó a concebir una colonia de piratas, ex convictos y esclavos negros liberados localizada estratégicamente en el estrecho de Magallanes. Ellos esperaban que tales bases se llegaran a desarrollar como centros de comercio y asentamiento. De hecho, así crecieron las bases de corte de madera o de comercio de pieles en diferentes lugares. Es difícil trazar la línea entre tales estaciones comerciales y las llamadas "colonias" que resultaron pasajeras, como la que se formó para la administración de las plantaciones de tabaco en Guyana a principios del siglo XVII o como la colonia pesquera de Terranova (*Newfoundland*), conocida como *Bristol's Hope*. Las plantaciones de las Indias Occidentales fueron solamente un paso más hacia adelante en la escalera de la evolución colonial; Andrews opina que eran sólo creaciones artificiales de sindicatos comerciales

---

[34] K. R. Andrews, *op. cit.*, 1991, p. 356.
[35] *Vide infra.*

sostenidas con trabajo, capital y cualquier otra cosa necesaria con el único propósito de preparar un producto comercializable.

Aunque Virginia tenía mucho en común con las plantaciones del Caribe, desde el principio tuvo un carácter de asentamiento a gran escala.

El deseo de crear una colonia allende el mar, ya sea para satisfacer las ambiciones de tierra de caballeros y señores o para proveer un espacio para recusantes o disidentes, inspiró una diversidad de proyectos durante el periodo que va de 1480 a 1630. Pero, según Andrews, los motivos preponderantes eran en realidad pocos, y de ellos solamente uno —el de los Pioneros o "Padres Peregrinos"— tuvo éxito. Ellos serían, en este sentido, un grupo excepcional.

Las modernas perspectivas de la expansión inglesa tienden a magnificar la importancia de Norteamérica, pero hay que recordar que esa parte del continente no llegó a ser un territorio con actividad inglesa de ultramar de importancia considerable sino hasta bien entrado el siglo XVII. Es interesante la posición que en el presente mantienen los anglosajones de haber *descubierto* Norteamérica durante el viaje que Sebastián Caboto realizó buscando el pasaje del Noroeste. En este viaje Caboto costeó desde Canadá hasta Florida sin enterarse, al igual que Colón, de que se trataba de un continente hasta entonces desconocido, pero a diferencia de aquel navegante, la existencia de estas tierras no constituyó para Caboto un motivo particular de indagación ni de comprobación. Andrews declara: "Después de descubrirla (a Norteamérica) en 1497, los ingleses perdieron pronto interés en la región y entre 1505 y 1578 [...] la veían generalmente como un obstáculo en el camino a Catay".[36]

En la década de 1580, Gilbert y Raleigh llamarían la atención pública sobre Norteamérica, pero ni uno ni otro pudo ganar suficiente apoyo público o privado para iniciar un asentamiento efectivo, y al final sus esfuerzos probablemente produjeron más escepticismo que esperanza en las plantaciones continentales.

Fue muy lentamente como el interés y el compromiso activos en las empresas extraeuropeas se desarrollaron entre esos años, de 1480 a 1630. Aunque podría parecer que el movimiento iba ganando fuerza gradualmente, en realidad, como afirma Andrews, un análisis más de cerca sugiere que se trataba de una serie de brotes, de esfuerzos repentinos y breves y, de alguna manera, de tratar de imitar a España en su ventajosa ocupación territorial americana.

Los primeros británicos en la Nueva España del siglo XVI:
LOS MERCADERES

Existen registros que muestran que de manera paralela, o aun poco antes de esos primeros esfuerzos de colonización norteamericana por Inglaterra, se

---

[36] K. R. Andrews, *op. cit.*, p. 357.

dieron los viajes que transportaban a los primeros ingleses que llegaron al territorio novohispano durante el siglo XVI. Se trataba de mercaderes que se hicieron a la mar desde algún puerto andaluz con rumbo a la Nueva España después de 1550. La mayoría de estos mercaderes tenía algún tipo de vínculo con una corporación de mercaderes ingleses que residían en España, conocida como la Compañía Andaluza. Algunos miembros de esta Compañía, residentes en la península ibérica, llegaron a hacerse a la mar siguiendo el ejemplo de los comerciantes españoles en busca, como ellos, de nuevos productos y mercados en las Indias Occidentales.

Desde la época del reinado de Enrique VII de Inglaterra se había establecido un comercio anglo-español bastante activo. Los comerciantes de Londres y Southampton que tenían como destino los puertos del Mediterráneo oriental hacían escala en España, mientras que los comerciantes de Bristol —que a diferencia de los de Londres eran en general dueños de sus propias embarcaciones— llevaban a cabo un comercio directo con la península ibérica. Lo que desde esa época exportaban los mercaderes británicos a la Península eran principalmente tejidos y textiles de lana, así como trigo y otros cereales, mientras que "sus barcos volvían de Cádiz, Sevilla y Sanlúcar cargados de vinos, frutas y aceite de Andalucía, de productos mediterráneos, palos de tinte, cueros y azúcar de las Indias Occidentales y de hierro de los puertos del norte de España".[37]

La Compañía Andaluza tenía una organización relativamente formal y contaba con un gobernador que era elegido por sus miembros cada cierto periodo. No era extraño que mercaderes de Bristol tuviesen relaciones con dicha Compañía y que contasen con agentes en Andalucía y, en ocasiones, también en algunas ciudades portuarias del norte de la península ibérica, donde actuaban como factores para la importación de hierro y piezas de artillería. Sin embargo, un gran número de estos mercaderes ingleses se había establecido en Cádiz y en Sevilla. Algunos llegaron a arraigarse en España, pues se casaron en el país con mujeres españolas y tuvieron y criaron hijos españoles.

En su investigación tocante a los mercaderes de la Compañía Andaluza, Gordon Connell-Smith[38] afirma que algunos estudios[39] que tratan sobre el comercio anglo-español durante la primera época de la dinastía Tudor han guiado a ciertos errores de interpretación de los hechos, al no considerar la correspondencia diplomática española.[40] Por ejemplo, comenta que no tiene fundamento la opinión de J. A. Williamson, quien afirma que debido al Tratado de

---

[37] Peter T. Bradley, *Navegantes británicos*, Mapfre, Madrid, 1992, p. 31.

[38] Gordon Connell-Smith, *Forerunners of Drake. A Study of English Trade with Spain in the Early Tudor Period*, Longmans, Green, Londres, 1954, p. xi.

[39] Cita a J. A. Williamson, *Maritime Enterprise, 1485-1558*, Oxford, 1913, y a Georg Schanz, *Englische Handelspolitik gegen Ende des Mittelalters*, Leipzig, 1881.

[40] Tales estudios toman como fuente principal los documentos de las colecciones de la Oficina del Registro Público de Gran Bretaña y del Museo Británico.

Medina del Campo los mercaderes ingleses tenían derecho a comerciar en los territorios americanos, ya que dicho tratado mencionaba que los ingleses tendrían libertad para comerciar en los dominios de los monarcas españoles de la misma manera que los súbditos españoles. "En España —comenta Connell-Smith— desde los primeros días, el comercio americano estaba estrechamente controlado por los intereses de la monarquía, y no había nada en el tratado que sugiriera que los ingleses podían ser exentados de la plétora de regulaciones que gobernaban a los mismos españoles que comerciaban con las Indias".[41]

En Sanlúcar, los duques de Medina-Sidonia habían concedido ciertos privilegios a los ingleses. En Cádiz y Sevilla vivían otros tantos, pues el Tratado de Medina del Campo de 1489 asentaba que: "los naturales de ambos países disfrutaban del derecho de visitar, residir y comerciar en el territorio de la otra nación bajo las mismas condiciones que sus naturales".[42]

Así, en esta primera época, a los mercaderes ingleses residentes en España se les permitió comerciar con el Nuevo Mundo, siempre y cuando zarparan de algún puerto español para sus operaciones y cumplieran con los numerosos requerimientos establecidos para los mercaderes españoles que quisieran comerciar con las Indias.

Sir Julian Corbett,[43] estudioso de la historia naval británica, ubicaba las causas de la ruptura política entre Inglaterra y España en un periodo que abarca desde las primeras correrías de Drake hasta el rompimiento definitivo (tras la batalla contra la Armada Española en 1588) y afirmaba que los móviles fundamentales en la contienda entre España e Inglaterra eran de carácter político, religioso y comercial, pero lo que en última instancia hacía inevitable la guerra, era la agresiva política del comercio inglés, y que de hecho fue esta misma política la que preparó a los hombres y proporcionó los medios para llevar a cabo la guerra.

Corbett sostenía que el desastre de San Juan de Ulúa había sido la primera marca de ruptura entre España e Inglaterra en el periodo de los Tudor. Escribió al respecto: "Para marcar el inicio de un nuevo capítulo en la gran épica de la Reforma, puede ser dicho que [en San Juan de Ulúa] la gran intimidad comercial entre España e Inglaterra recibió por primera vez un duro golpe. De este golpe se afianzó y murió".[44]

Connell-Smith coincide con Corbett en cuanto a las causas del conflicto entre España e Inglaterra, aunque asevera, en función de sus investigaciones en archivos españoles, que se remonta a muchos años antes de las primeras correrías de Drake.

[41] G. Connell-Smith, op. cit., 1958, pp. xii-xiii.
[42] P. T. Bradley, op. cit., 1992, p. 32.
[43] Citado por G. Connell-Smith, 1954, op. cit., p. 197.
[44] Ibid.

Connell-Smith afirma que fueron los mercaderes anglo-españoles quienes habían gozado de grandes privilegios en España durante el periodo de los primeros Tudor y logrado pasar y comerciar en el Nuevo Mundo los que, al verse despojados de sus derechos y al ser las primeras víctimas de la Inquisición española, se volcaron al mar actuando como piratas contra España.

PIRATAS

El origen de la piratería se remonta a más de cuatro mil años. Ya en el año 2000 a.C., los habitantes del sur de Anatolia eran —al igual que los fenicios— piratas que atacaban las costas y embarcaciones egipcias. Los griegos de tiempos homéricos (siglos IX y VIII a.C.) practicaban también la piratería que, con altibajos, prevaleció hasta que el Egipto ptolomaico la aniquiló temporalmente. En los albores de la era cristiana, los principales escenarios de las acciones piratas eran el Mar Rojo, el Mar Negro y el Mediterráneo. En la Edad Media la piratería se relacionó con otras formas de lucha y expansión. La decadencia de la navegación comercial hizo que se orientara principalmente hacia las incursiones costeras. Los árabes actuaban en Provenza y sus cercanías, mientras que los normandos se extendían paulatinamente desde el norte de Europa hacia el Mediterráneo. A partir del siglo XI surgen nuevos puertos cristianos, como Pisa, Génova y Amalfi, y la piratería musulmana se orientó hacia el asalto de sus naves, aunque era enérgicamente combatida por las flotas europeas.

En la alta Edad Media, el renacimiento del comercio marítimo y su intenso tráfico propiciaron el surgimiento de nuevos centros de piratería. Los piratas actuaban privadamente, pero lo hacían con el beneplácito de sus respectivos soberanos. Se originaron así los *corsarios*, que actuaban en el Mediterráneo desde el siglo VIII. A fines del siglo XIV se extiendieron las primeras *cartas de marca* o *patentes de corso* con las que se autorizaba a particulares a ejercer el corso en nombre de un soberano determinado, y desde el siglo XVI la piratería y el corso europeos se orientaron hacia el Nuevo Mundo.

Fue precisamente durante el siglo XVI cuando tres legendarios piratas ingleses llegarían a la Nueva España: John Hawkins, Francis Drake y Thomas Cavendish, tres importantes personajes de la Inglaterra preimperial que con sus experiencias y acciones en la América hispana, las riquezas que obtuvieron, su participación en la contienda política inglesa en relación con las embarcaciones y territorios españoles en América, sentaron las bases para la expansión y colonización de grandes regiones por parte de las pequeñas Islas Británicas.

FUENTES INGLESAS PARA ANÁLISIS GEOHISTÓRICOS DE MÉXICO:
LA OBRA DE RICHARD HAKLUYT

Cuando se escribe sobre exploraciones, viajes y colonización en la época isabelina, pueden mencionarse nombres como los de Hawkins, Drake, Raleigh y
Gilbert; sin embargo, es rara la ocasión en que se menciona el nombre y el
extraordinario trabajo del cronista, traductor, exégeta y espía Richard Hakluyt,
a quien se debe el registro de la evolución de los conocimientos sobre navegación y exploración, desde los orígenes de los viajes ingleses hasta fines del
siglo XVI.

Los trabajos de recopilación de Richard Hakluyt preservaron una gran cantidad de material que de haber permanecido disperso, con el paso del tiempo,
seguramente se habría perdido.

Los trabajos que Hakluyt publicó fueron primordialmente compilaciones de
los testimonios de los propios viajeros, por lo que tienen el valor de una fuente
primaria. Las notas que Hakluyt hizo al margen de todos los informes, la selec-
ción de ellos, así como el uso que él mismo hizo de las fuentes en sus propias
investigaciones nos permiten comprender sus propias tendencias ideológicas
y políticas. Esto nos lleva también a asomarnos a las ideas y perspectivas de
los navegantes y cronistas isabelinos. El conocimiento geográfico e histórico
de Hakluyt puede entenderse mediante el reconocimiento de sus escritos y de
su correspondencia con otros viajeros, escritores y geógrafos europeos.

Hakluyt logró sintetizar mucho del conocimiento geográfico y político del
siglo XVI para su propia generación, la cual, por lo demás, se hallaba ávida de
información sobre América y las nuevas rutas allende el Pacífico.

En primera instancia es necesario aclarar que Richard Hakluyt es el nombre
de dos primos homónimos interesados en la geografía, navegación y las exploraciones que hasta su momento —esto es, finales del siglo XVI— se habían
llevado a cabo.

Los dos primos Richard Hakluyt lograron trayectorias extraordinarias y
una productividad sustancial que, además, fue de un influjo altamente significativo tanto para su época —la segunda mitad del siglo XVI—, como para los
siglos subsecuentes. Estos dos caracteres, sin embargo, no han sido —ni siquiera en Inglaterra— justamente ponderados.

El mayor de ellos es conocido como Richard Hakluyt, *el abogado*. Fue el hijo
primogénito de Thomas Hakluyt, escudero de Eyton (Hereford). Nació en la
década de 1530 (c. 1535) y murió hacia 1591.

El menor de los primos Richard Hakluyt es conocido como *el predicador, el
menor* o *el geógrafo*, siendo este último apelativo más acorde a su gran actividad y a su verdadera vocación. Richard Hakluyt, *el menor*, fue el segundo de

cinco hijos de un pudiente talabartero y comerciante de pieles de Londres. Nació hacia 1552 y murió en 1616.

Si bien el nombre de Richard Hakluyt es escasamente conocido, existen, sin embargo, algunos círculos académicos —principalmente en Inglaterra, Norteamérica y Australia— que se han consagrado a rescatar la memoria y la obra de Richard Hakluyt. La asociación más importante es nada menos que la Sociedad Hakluyt, con sede en Londres, y cuya finalidad es publicar y propagar los trabajos de Richard Hakluyt en particular, así como los relacionados con viajes, exploraciones y navegación durante la era de los descubrimientos. Otro de sus objetivos es congregar a los especialistas y a los estudiosos de la obra de Hakluyt. Cuando se habla de la obra de Hakluyt, uno generalmente se refiere a la de Richard Hakluyt, *el joven*, pues fue él quien publicó en dos obras monumentales, los testimonios e informes que tanto él como su primo, *el abogado*, habían logrado recopilar.

Las publicaciones de Richard Hakluyt, *el geógrafo*, fueron, por una parte, los *Divers Voyages Touching the Discovery of America*, el cual fue impreso en 1582 y básicamente era un manual con argumentos motivadores para la colonización en Norteamérica. Existe una edición que la Sociedad Hakluyt hizo de los *Divers Voyages* en 1850.[45] La segunda composición de Richard Hakluyt, *el geógrafo*, es la que en este trabajo nos interesa. Consiste en la obra denominada *The Principal Navigations, Voyages, Traffiques and Discoveries of the English Nation, made by Sea or over Land in the compasse of these 1600 years*. Hakluyt publicó dos ediciones de esta obra, la primera en 1589 y la segunda, en la que incluyó mucho más material, de 1598 a 1600. Existen diversas ediciones posteriores de estas obras, pero las más importantes y completas son las que hizo la Sociedad Hakluyt. Para la edición de Hakluyt de 1589, la Sociedad realizó una edición facsimilar en 1965.[46] Tan extensa es la segunda edición del ilustre compilador inglés del siglo XVI, que fue publicada por la Sociedad Hakluyt en 12 volúmenes entre 1903 y 1905.[47]

La Sociedad Hakluyt publicó *Los escritos originales y la correspondencia de los dos Richard Hakluyts*,[48] información recopilada, editada y comentada por quien fuera una especialista en la geografía de la época de los Tudor y de los trabajos de los Hakluyt, la doctora Eva Taylor.

[45] R. Hakluyt, *Diuerse Voyages Touching the Discouerie of America*, The Hakluyt Society, primera serie, núm. VII, Burt Franklin, Nueva York, 1582 (ed. 1850), 171 pp.

[46] R. Hakluyt (1589), ed. 1965, *The Principall Navigations, Voyages, Traffiques and Discoveries of the English Nation...*, 2 vols., publicado para la Sociedad Hakluyt y el *Peabody Museum of Salem*, por Cambridge University Press.

[47] R. Hakluyt, *The Principal Navigations, Voyages, Traffiques and Discoveries of the English Nation...*, 12 vols., Glasgow, James MacLehose, publicado por la Sociedad Hakluyt para la Universidad, *Extra Series*, Glasgow, 1598-1600 (ed. 1903-1905).

[48] E. G. R. Taylor, *The Original Writings and Correspondence of the Two Richard Hakluyts*, núm. LXVI, The Hakluyt Society, Londres, 1935, segunda serie.

La obra de Richard Hakluyt, *el geógrafo* o *el predicador*, es la que se ha ganado el reconocimiento de las generaciones posteriores al siglo XVI y la que ha llamado la atención sobre sus actividades político-intelectuales. Es probablemente por esa razón que su primo homónimo, *el abogado*, quien no publicó personalmente sus investigaciones, resulta con mayor frecuencia aún menos reconocido que *el predicador*. Nos parece importante hacer una breve semblanza de este personaje por la gran influencia que ejerció sobre su primo, quien era unos 18 años menor que él, y por sus vínculos y comunicación con personalidades del gobierno inglés y en Europa con algunos científicos de la talla de Abraham Ortelius.

RICHARD HAKLUYT, "EL ABOGADO" O "DEL MIDDLE TEMPLE"[49]

El mayor de los primos Richard Hakluyt había nacido en la década de 1530, en la que se daría la Reforma anglicana, probablemente un año después de que Enrique VIII promulgara su famosa Carta de Supremacía, en la que se autoproponía como jefe de la Iglesia inglesa en contraposición al papa, provocando así la ruptura de relaciones entre Inglaterra y Roma.

Richard Hakluyt, del *Middle Temple* (m. 1591), fue el primogénito de Thomas Hakluyt (m. 1544), hermano de Richard Hakluyt, *el curtidor* (m. 1557), padre de Richard Hakluyt, *el geógrafo*, ambos hijos de Edmond Hakluyt (m. antes de 1502).

Al morir su padre, Richard Hakluyt, del *Middle Temple*, heredó sus tierras, pero permaneció bajo la tutela de su madrastra Katherine, quien se volvió a casar con otro terrateniente de Herefordshire, Nicholas Depdene. De acuerdo con las costumbres de aquel tiempo, la remuneración de las tierras de Hakluyt era recolectada por sus custodios hasta su mayoría de edad. Una vez que el joven Richard llegó a ésta, los Depdenes, renuentes a prescindir de esta fuente de recursos, entraron en conspiración con Thomas Hakluyt de Eaton, hijo de John Hakluyt,[50] tío segundo de Richard, para ocultar las escrituras que demostraban el título de propiedad de éste sobre las tierras. De ese modo, siendo aún muy joven, el futuro abogado tuvo que abrir un juicio contra su madrastra, el esposo de ésta y su pariente Thomas.

Habiendo obtenido por estos medios posesión de su propiedad, el mayor de los primos Richard Hakluyt entró en los mesones de la Corte como estudiante del Middle Temple y llegó a ser un abogado (jurisconsulto) profesional. Eso sucedería en junio de 1555, cuando aún estaba en el trono María I.

---

[49] El Middle Temple es una antigua asociación de abogados de alto rango, aún existente en Londres, la cual heredó su nombre de los caballeros templarios de las cruzadas.
[50] Que murió en 1533.

Por su parte, el conflictivo Thomas de Eyton obtuvo otras posesiones valiosas en Herefordshire. Al morir éste en 1586, Richard Hakluyt, *el abogado*, resultó ser el posible heredero, de modo que se cree que aunque residía en Londres durante los periodos escolares, iba frecuentemente a Herefordshire a cuidar sus posesiones y a mantener sus contactos y amistades ahí.

En 1557, durante el reinado de María I, *el abogado* formó parte del parlamento por Leominster. En ese mismo año sus circunstancias familiares cambiaron, pues su tío Richard, *el curtidor*, murió pidiéndole en su lecho de muerte, que "confortara" a la viuda y le ayudara a criar a su familia que contaba con varios niños y niñas, los menores, muy pequeños. Entre ellos se encontraba Richard Hakluyt, el futuro geógrafo. La madre de los niños pronto moriría también, por lo que la tarea de *el abogado* se tornaría aún mas difícil. Las referencias afectuosas que respecto a su primo hace *el geógrafo* en años posteriores, parecen testificar el cuidado que *el abogado* tuvo para con los huérfanos. Fue aparentemente con el pequeño Richard, quien tenía sólo cinco años cuando sus padres murieron, con quien el tutor parece haber gozado de una simpatía intelectual más cercana.

Fue a través de los intereses de Hakluyt, *el abogado*, en los aspectos mercantiles y en cosmografía, y a través de sus amistades con mercaderes, geógrafos y viajeros, que el menor de los dos primos fue inducido al trabajo de su vida. Por eso es importante mencionar las actividades y el círculo londinense de su primo mayor.

A partir de 1557 Richard Hakluyt, del *Middle Temple*, funge como asesor del Estado en materia de comercio exterior.[51] En 1570-1571 escribió a sir William Cecil (Lord Burleigh), secretario de Estado de Isabel I, sobre la preparación naval de España. Probablemente había leído *A Treatise of the New India* de Richard Eden publicado en 1553 y había obtenido alguna información de John Hawkins, quien años antes (1568) había vuelto de su derrota en México.

Es interesante notar que una habitación cercana a la de Richard Hakluyt, del *Middle Temple*, estuvo ocupada entre 1562 y 1566 por Adrian Gilbert. Esto provee un evidente vínculo con su hermano sir Humphrey, quien por ese entonces estaba frecuentemente en conferencia con Anthony Jenkinson sobre los méritos de los pasajes del noreste y del noroeste hacia Catay. No sería raro que Gilbert buscara el consejo de expertos como Dee y Hakluyt, *el mayor*, cuando se le pidió que expusiera su propio punto de vista al respecto ante la reina y su Consejo Privado.

También le emocionó el caso de Henry Hawks, comerciante inglés que a mediados del siglo XVI había logrado conseguir pasaje hacia ese misterioso Nuevo Mundo y había vivido cinco años en México. Al enterarse de eso, *el abogado*, solicitó de Hawks en 1572, un relato sobre México. La descripción,

---

[51] Es consultado, por ejemplo, sobre asuntos comerciales de la Compañía Rusa.

que fue publicada posteriormente por Hakluyt, *el joven*, en *The Principal Navigations*..., resultó ser una narrativa en parte geográfica, relativa a las rutas comerciales en la Nueva España, la producción de México y los métodos comerciales de España.

Este tipo de entrevistas parece haber sido una de las actividades típicas que realizaron los primos Hakluyt procurando, en lo posible, recolectar testimonios sobre América y las flotas españolas.

En 1578, *el abogado* recibió información sobre Newfoundland de parte de Anthony Parkhurst, navegante de Bristol. La información provenía seguramente de los viajes de Frobisher, realizados los dos años anteriores.

Entre los trabajos llevados a cabo por Hakluyt, *el viejo*, destacan: las instrucciones llevadas a cabo de 1579 a 1580, para las expediciones a Persia y al noreste de Inglaterra.

En 1581 formó parte del comité para reparar el puerto de Dover. Al año siguiente escribió una "Nota de todos aquellos bienes que son buenos y más necesarios para las tierras de Brasil, para el viaje del señor Fenton y Lucas Warde". En ese mismo año escribió instrucciones para expediciones a Turquía de la nueva Compañía del Levante.

En 1585 recibió noticias de Virginia y escribió un proyecto denominado "Alicientes para desear un viaje hacia Virginia".

En 1590, cuando los ingleses seguían ganando experiencia en navegación e información directa sobre América a través de sus viajes (muchos de ellos "ilegales"), Richard Hakluyt, *el abogado*, un año antes de morir, escribió a Abraham Ortelius para sugerirle la confección de un mapa del mundo en rollos cilíndricos verticales, cuyo uso sería conveniente en un espacio reducido. Los detalles que Hakluyt solicitaba estuvieran incluidos en el mapa muestran que, al igual que Gilbert, tenía en mente el pasaje del Noroeste hacia el Pacífico. La carta dirigida a Ortelius fue escrita bajo los nombres de Hakluyt y un tal John Acheley (Ashley), quien podría ser identificado con el ciudadano londinense y sastre comerciante del mismo nombre, quien más tarde llegaría a ser uno de los patrocinadores de la aventura de Gilbert de 1583, mismo que en 1560 era copropietario del *Castle of Comfort*, embarcación comercial bien armada usada en el comercio con Guinea. Aunque no se tiene la respuesta de Ortelius, se sabe que para ese entonces éste ya estaba trabajando en su *Theatrum*, volumen de mapas en varios folios que resolvía el problema de espacio anotado por Hakluyt.

La mayor parte de las cartas, *memoranda*, narraciones, testimonios y la demás información obtenida por Richard Hakluyt, *el abogado*, fue publicada posteriormente por su primo.

RICHARD HAKLUYT, "EL JOVEN" O "EL PREDICADOR"

Richard Hakluyt, *el joven*, llamado también *el predicador*, por haber estudiado teología además de geografía y por haber sido ordenado presbítero de la Iglesia anglicana, nació hacia 1552, cuando su primo mayor tenía alrededor de 18 años.

Entre 1560 y 1570 fue estudiante en Westminster y hacia 1568, que en ese entonces tendría unos 16 años, hizo una visita a su primo en el *Middle Temple*, visita que sería determinante para su futura afición por la geografía. He aquí su testimonio al respecto:

> Recuerdo que siendo un joven, y uno de los estudiantes de su Majestad en Westminster (esa fecunda fuente de crecimiento), tuve el placer de visitar el despacho de mi primo M. Richard Hakluyt, un caballero del *Middle Temple*[52] [...] en un momento determinado me encontré a mí mismo abriendo sobre los estantes cierto libro de cosmografía que contenía un mapa universal. Viéndome él un tanto curioso al respecto, empezó a instruir mi ignorancia, mostrándome la división de la Tierra en tres partes —según el antiguo orden— y después de acuerdo con el último y mejor sistema, en más partes. Me señaló con su apuntador todos los mares, golfos, bahías, estrechos, cabos, ríos, imperios, reinos, ducados y territorios conocidos de cada uno de los continentes, declarándome también cuáles eran sus productos principales y las necesidades particulares que tenían, las cuales, por el beneficio del comercio y del intercambio de mercancías, son plenamente satisfechas. Del mapa me llevó a la Biblia y llegando al salmo 107, llamó mi atención sobre los versículos 23 y 24, donde leí que aquellos que descienden al mar en embarcaciones y habitan en las grandes aguas, ellos ven las obras de Dios y sus maravillas en las profundidades [...] Aquellas palabras del profeta, junto con el discurso de mi primo —cosas de gran y raro deleite para mi joven temperamento— me impresionaron tan profundamente que decidí firmemente que si alguna vez tuviera yo el privilegio de asistir a la universidad —el lugar más conveniente y el tiempo más apropiado para llevar a cabo ese tipo de estudios— procuraría yo adquirir, con la ayuda de Dios, ese tipo de conocimientos y esa clase de literatura como los que tan felizmente acababan de abrirse ante mí.[53]

La erudición y competencia del abogado Hakluyt tuvieron un gran eco en su primo menor, quien en efecto tuvo la oportunidad de asistir a la universidad. En 1570 fue seleccionado para estudiar en Oxford, en el Christchurch College, donde permanecería al menos siete años estudiando geografía. En

---

[52] *Vide infra.*

[53] Nota dedicatoria a sir Francis Walsingham en el prólogo de *The Principal Navigations*. R. Hakluyt, *Principal Navigations...*, vol. I, James MacLehose, Glasgow, 1903, pp. i-ii. R. Hakluyt, *Divers Voyages Touching the Discovery of America...*, The Hakluyt Society, núm. VII, pp. v-vi (Primeras Series).

1574 obtuvo el grado de bachiller —licenciatura— en geografía y en 1577 prosiguió con la maestría en la misma ciencia. En ese año conoció al geógrafo flamenco Abraham Ortelius durante la última visita de éste a Inglaterra.

Como parte del esquema de estudios universitarios de la época eran comunes los estudios de teología. Entre 1578 y 1583 el geógrafo Hakluyt fue ordenado diácono de la Iglesia anglicana. Aunque esta ordenación le valió el apelativo de *el predicador*, la actividad de Richard Hakluyt, *el menor*, giró en torno a la investigación geográfica y a la publicación de materiales de interés al respecto.

En 1580, el geógrafo Richard Hakluyt se ocupó de la publicación de los dos primeros viajes de Jacques Cartier hacia Norteamérica, traducidos del italiano por John Forio, de Oxford.

Escribió a Mercator solicitándole asesoría sobre la expedición que la Compañía Rusa enviaría de Inglaterra a buscar un pasaje hacia el Noreste de la Isla.[54] La respuesta de Mercator, aunque llegó tarde para la expedición, fue posteriormente publicada por Hakluyt en *The Principal Navigations*.

El predicador Hakluyt había estado acariciando la idea de establecer en Londres o en Ratcliffe una escuela semejante a la existente en la Casa de Contratación de Sevilla, donde se impartiera una cátedra de navegación similar a la que allí se exponía, a fin de preparar —siguiendo el modelo español— a los marinos ingleses en el arte de la navegación. En 1581 Hakluyt habló sobre el asunto con Francis Drake, quien hacía apenas un año había regresado enriquecido de su viaje de circunnavegación. El flamante "sir" se comprometió a pagar 20 libras al año al catedrático que se hiciera cargo de la mencionada escuela. No se sabe con exactitud si la cátedra fue propuesta a Hood, Hariot o a John Dee, pero quienquiera que haya sido, solicitó un salario de 40 libras al año, por lo que el proyecto tuvo que ser suspendido.[55]

En 1582 el joven Richard Hakluyt publicó en Londres su primer trabajo: *Divers Voyages Touching the Discoveries of America*, en el que describe los viajes de los Caboto y de Nicolas Thorne. En ese mismo año, sir Humphrey Gilbert, quien desde hacía cuatro años pretendía, por encargo de Isabel I, tomar posesión de tierras y formar una colonia en la costa oriental de Norteamérica ("entre Florida y la Península de Labrador"), solicitó la asesoría de Hakluyt.

El año de 1583 marca un hito en la carrera de Hakluyt, *el joven*. En ese año, sir Francis Walsingham —secretario de la reina Isabel I y "protector de la nueva generación mercantil y marinera"—[56] parece haberlo "descubierto". Walsingham le escribió alabando su interés por la geografía y, como secretario de

[54] Por *Noua Zembla* al Mar de Tabno, E. Taylor, *The Original Writings...*, 1935, pp. 147-162.

[55] G. B. Parks, *Richard Hakluyt and the English Voyages*, American Geographical Society, publicación especial, núm. 10, Nueva York, 1928, p. 169. Ortega y Medina, *El conflicto anglo-español por el dominio oceánico (siglos XVI y XVII)*, UNAM, México, 1981, p. 60.

[56] G. B. Parks, *op. cit.*, 1928, pp. 99-100.

Isabel I, lo comisionó para obtener en Bristol información de utilidad para la colonia de Humphrey Gilbert.[57]

En ese mismo año de 1583 el joven geógrafo recibió una misión muy importante de parte del mismo Walsingham. Con el título de "Capellán del embajador inglés en Francia" fue enviado a París durante cinco años para llevar a cabo una intensiva labor de investigación acerca de todo lo que los franceses sabían con referencia a América.

"Hakluyt fue a Francia a descubrir América —dice George Bruner Parks—. Fue a descubrirla para Inglaterra, y fue a Francia porque no podía ir a España [...] su misión era una expedición de exploración".[58] En realidad fue una misión de espionaje.

Hakluyt contaba con los títulos, el interés y las capacidades necesarias para el trabajo que se le encomendaba. Su comisión en Francia era, en teoría, de carácter religioso, pero tenía intenciones políticas y de indagación geográfica. Su trabajo como capellán y su sobrenombre de *el predicador* fueron elementos que protegieron su verdadera misión en París. Durante esos cinco años (1583-1588), Hakluyt se dedicó a la indagación, recopilación y traducción al inglés de cuanta información obtuvo relativa a navegación y colonización. Fueron también años formativos, ya que después de 1588, el interés por lo aprendido, sus relaciones con los jefes de Estado, mercaderes y colonizadores, le llevaron a seguir trabajando al respecto hasta el final de sus días.

Además de los comentarios de Ortega y Medina sobre el hecho de que Richard Hakluyt tuviera un interés particular hacia el continente americano, no existe, entre los especialistas de Hakluyt, algún trabajo específico al respecto. Sin embargo, después de examinar su obra y su actividad, esta sugerencia parece ser realmente acertada.

Su trabajo más importante, *The Principal Navigations...*, es la compilación, edición y publicación de todos los viajes realizados por ingleses, desde tiempos ancestrales, hasta finales del siglo XVI. El grueso de la información en dicha obra es muy diversa, pero la más actual e interesante en el momento de la publicación fue la referente a los viajes recientes de algunos ingleses al continente americano.

Los dos primos Richard Hakluyt se empeñaron en obtener el testimonio de cuanto inglés estuvo presente en algún viaje no registrado. En particular, les interesó conocer los informes de aquellos que estuvieron en América y, especialmente, en los territorios ya colonizados por España. En más de una oca-

---

[57] La expedición de Humphrey Gilbert de ese año fracasó por el mal tiempo. El propio Gilbert murió en medio de una tormenta en el Atlántico. En vista de eso, su medio hermano Walter Raleigh habría de continuar las operaciones y planear un nuevo viaje de reconocimiento a la costa oriental norteamericana.

[58] G. B. Parks, *op. cit.*, 1928, pp. 99-100.

sión, alguno de los dos Hakluyt viajó durante largas jornadas recorriendo grandes distancias por cualquier lugar de Inglaterra —en ocasiones durante días enteros a lomo de burro o a pie— con tal de encontrar a cierto sobreviviente de alguna pasada expedición y contar con su testimonio escrito sobre el viaje y los lugares visitados. Es por eso que *The Principal Navigations...*, de Hakluyt tienen tan alto valor geográfico, histórico y documental. Gracias al trabajo de Richard Hakluyt esas experiencias particulares y desconocidas se darían a conocer en la pequeña isla que forjaría su futuro imperio gracias al mar y serían preservadas para la posteridad.

I. LOS MERCADERES

EN EL SIGLO XVI LOS CONFLICTOS entre Inglaterra y España crecieron progresivamente hasta culminar con la batalla en la que resultó derrotada la Gran Armada de Felipe de España en 1588.

Por esta razón, y por las restricciones comerciales de la España colonizadora, sorprende un tanto que entre los primeros ingleses que viajaron a las tierras americanas ocupadas por España, y particularmente a la Nueva España, se encuentren algunos mercaderes anglo-españoles relacionados con la Compañía Andaluza, que sin obstáculos de tipo político pudieron enviar productos, viajar y en ocasiones habitar por varios años en la Nueva España del siglo XVI.

Entre los registros ingleses del comercio anglo-español en época temprana, el libro mayor del comerciante Thomas Howell es de gran valor por la información que contiene. En él se halla, por ejemplo, la única referencia —encontrada hasta ahora en un registro inglés— relativa a un mercader británico que despachaba productos hacia el Nuevo Mundo en un periodo tan temprano como lo es 1520.[1]

Esta ausencia de referencias al comercio anglo-español en los registros ingleses, así como los propios comentarios de Richard Hakluyt, fueron elementos que reforzaron en los estudiosos ingleses, hasta mediados del siglo XX, la idea de que el comercio con las Indias Occidentales estaba totalmente vedado para los comerciantes británicos[2] y que sólo de manera ilegal y excepcional, algún comerciante inglés —como podía haber sido el caso de Howell o el del agente Thomas Tison[3] podría haber logrado llegar al continente americano transgrediendo las regulaciones.

---

[1] Con fecha del 20 de agosto de 1527 se lee en su libro: "Dicho día, por un recaudo de John de Morsyns mi agente en las Indias, hacia la Isla de Santo Domingo, por una estufa sartén que envié con él como es el recaudo simplemente se debe la suma de 200 ducados cantidad- 1 li". Libro mayor de Howell f. 65v.

[2] Véanse los trabajos de J. A. Williamson, *Hawkins of Plymouth*, Londres, 1949; *Maritime Enterprise 1485-1558*, Oxford, 1913; *Sir John Hawkins*, Oxford, 1927; *The Age of Drake*, Londres, 1946.

[3] Richard Hakluyt pensaba que Thomas Tison, un agente comercial inglés que trabajaba para Nicolas Thorne y residía en las Indias Occidentales, probablemente en Santo Domingo, era nada menos que un espía. A continuación se reproduce la traducción de la *Breve nota concerniente al viaje de un Thomas Tison, inglés, realizado antes del año de 1526 a las Indias Occidentales, y de su permanencia ahí a la manera de un agente secreto para algunos mercaderes ingleses, los cuales, disimuladamente llevaban a cabo, desde aquellos días el comercio. Esto fue tomado de un viejo libro de M. Nicolas Thorne el más viejo, un honorable comerciante de Bristol*. Richard Hakluyt redactó esta nota en su tercer volumen de *The Principal Navigations* de 1598-1600 y dice como sigue:
Apareció de cierta nota o carta de recuerdo, que yo, Richard Hakluyt tenía bajo mi custodia y que fué escrita en 1526 por el señor Nicolas Thorne, el más viejo, un mercader muy impor-

Gordon Connell-Smith afirma que Hakluyt se equivocaba pensando que el tráfico con las Indias era una actividad ilegal para los mercaderes anglo-españoles y piensa que los informantes de Hakluyt, aún los de su propia generación, sabían poco en relación con este tipo de comercio.[4]

Respecto a esto último sería correcto pensar en la probabilidad de que algunos de los informantes contemporáneos de Hakluyt, aun sabiendo de este tipo de comercio, no lo mencionaran en sus escritos, por haberlos redactado en una época posterior a los hechos que describen —esto es, desde la segunda mitad hasta finales del siglo XVI—, cuando las relaciones políticas entre España e Inglaterra se habían tornado francamente antagónicas. Tal sería el caso de los primeros comerciantes ingleses que llegaron a México, quienes en su mayoría darían a sus escritos un cariz definidamente antihispano.

Si bien los escritos ingleses son pobres en referencias al tráfico inglés hacia tierras americanas durante las primeras décadas del XVI, Connell-Smith asegura que los documentos notariales de Sevilla contienen amplísima evidencia de este comercio en los años 1520 y aún antes.[5] "Uno de los primeros ingleses que tomaron parte en el tráfico hacia las Indias fue Thomas Malliard. El registro de Bernal Gonzáles Vallecillo muestra que éste suplía bienes para ser transportado a Santo Domingo tan temprano como el 1509."[6]

En el Archivo de Protocolos de Sevilla hay otros registros de envíos de Malliard en los años de 1513 y 1516, así como en años posteriores. Algunos de sus negocios en esta etapa pionera lo pondrían en relación con Sebastián Caboto y con Roger Barlow.[7]

De hecho, Robert Thorne y Roger Barlow, dos personajes que se distinguen en la historia anglo-española de esta época de principios de siglo, serían, no por casualidad, dos de los primeros mercaderes ingleses en traficar con la Nueva España.

Tras el encuentro entre España y América y alrededor de las fechas en que México-Tenochtitlan fue conquistado, dos figuras importantísimas de la sociedad y del comercio anglo-español sobresalieron en el ámbito geopolítico,

---

tante de Bristol, a su amigo y agente Thomas Midnall y su servidor William Ballard, quienes en ese entonces se encontraban en Sanlúcar en Andalucía, que antes de dicho año, un Thomas Tison un inglés, había encontrado el camino a las Indias Occidentales y era residente allá, hacia quien el dicho M. Nicolas Thorne envió armas y otros productos especificados en la carta mencionada. Este Thomas Tison —hasta donde yo puedo conjeturar— parecería haber sido algo así como un agente secreto para M. Thorne y otros mercaderes ingleses en esos lugares remotos; por lo cual es probable que algunos de nuestros mercaderes tuvieran algún tipo de tráfico con las Indias Occidentales aun en aquel tiempo tan remoto e incluso antes... En Richard Hakluyt, *The Principal Navigations...*, vol. III, 1903-1905, p. 500; vol. X, pp. 6-7.
[4] G. Connell-Smith, *op. cit.*, 1950, p. 53.
[5] Archivo de Protocolos de Sevilla, Oficio, XV, Libro I, 9 de mayo de 1509. Cit. por G. Connell-Smith, *Forerunners of Drake*, 1954, pp. 24, 71.
[6] *Ibid.*
[7] *Ibid.*

tanto por su actividad pionera entre los comerciantes de Bristol en el tráfico con la península ibérica, como por sus ingeniosas propuestas a los dos primeros reyes de la dinastía Tudor respecto a la importancia de *embarcarse en el negocio del descubrimiento*. Esto, después de haber vivido por varios años en Andalucía y, de esta manera, haber sido testigos presenciales del fructífero resultado para España de su presencia en América. Estos dos personajes fueron el comerciante y estratega Robert Thorne y su amigo y colega Roger Barlow, quien ha sido llamado *el geógrafo de principios de los Tudor*. Robert Thorne, hijo de Nicolas Thorne, era al igual que su padre un comerciante de gran caudal originario de Bristol.

En fecha tan temprana como es el año de 1513, Robert Thorne vivió durante un periodo largo en Sevilla y, por esas fechas, haría un serio exhorto a Enrique VIII a que, siguiendo el ejemplo de la península ibérica, Inglaterra se dedicara a lo que él mismo llamó "el negocio del descubrimiento".

Para la década de 1520 Robert Thorne y Roger Barlow estaban bien establecidos en Sevilla y eran miembros importantes de la Compañía Andaluza, fungiendo como albaceas de los miembros más distinguidos de la primera generación de esta Compañía, entre ellos de Thomas Malliard y John Sweeting. Fue precisamente durante esos años cuando Thorne y Barlow harían su primer embarco hacia el Nuevo Mundo. De este modo y de acuerdo con los registros existentes, se hallan entre los primeros ingleses en comerciar con las Indias y, por ende, tan pronto como se dio el tráfico español con la región, también se dio con la Nueva España. "Gran parte del comercio de Roger Barlow, un amigo muy cercano de Thorne, también se encuentra registrado en los papeles de la misma notaría.[8] Se encuentra ahí amplia evidencia de sus prácticas comerciales —como las de otros mercaderes ingleses— hacia las Indias".[9]

Barlow y Thorne consideraron seriamente la necesidad de descubrir nuevas rutas comerciales y nuevas fuentes de riqueza para Inglaterra, pero no recibieron la atención requerida por parte de los dirigentes de su país.

Los mismos Roger Barlow y Robert Thorne tomaron parte preponderante en el comercio hacia el Nuevo Mundo. Es de gran significado que el comercio anglo-español durante el reinado de los dos primeros Tudor atrajo a tales hombres y los puso en contacto con el poder marítimo español. El descubrimiento de nuevas rutas comerciales y nuevas fuentes de riqueza para Inglaterra eran asuntos que interesaban grandemente a estos dos patrióticos mercaderes, pero ninguno de ellos recibió de Enrique VIII el apoyo que las empresas propuestas ameritaban.[10]

[8] Archivo de Protocolos de Sevilla y Cádiz.
[9] G. Connell-Smith, *op. cit.*, 1958, p. 19.
[10] G. Connell Smith, "English Merchants Trading to the New World in the Early Sixteenth Century", *Bulletin of The Institute of Historical Research*, vol. XXIII, Longmans, Green, Londres, 1950, p. 57.

Las cartas de Robert Thorne al rey de Inglaterra y a su embajador en España no tuvieron éxito en el sentido de suscitar interés para llevar a cabo proyectos ingleses en el *negocio del descubrimiento*. La *Geographia* de Roger Barlow tampoco tuvo influencia efectiva al respecto.

Thorne y Barlow, sin embargo, no dejaron de hacer lo que estuvo en sus manos para obtener mayor información y procurar el interés de Inglaterra en los negocios ultramarinos hacia el oeste. Robert Thorne invirtió en el viaje español de Sebastián Caboto hacia el Pacífico en 1526,[11] y de este modo obtuvo la posibilidad de enviar en dicho viaje a dos ingleses de su confianza: el propio Roger Barlow y Henry Latimer quienes viajarían con la finalidad de inquirir sobre la posibilidad de que los mares se extendieran desde la "Especiería [...] sin interposición de tierra [...] hasta las nuevas tierras encontradas (the newe founde landes, Newfoundland)" a través del Atlántico.[12] La expedición, que originalmente buscaba el llamado pasaje del Noroeste se desvió hacia el Brasil, Uruguay, Paraguay y río de la Plata.

El documento más importante de este periodo temprano de relaciones comerciales y políticas entre España, Inglaterra y las Indias es el *Treatise of the Northern Passage*, publicación del año de 1527 por "el justo y honorable Maestre Robert Thorne" —como Hakluyt lo llama— en el cual Thorne discute y publica la política que en su opinión debía seguir Inglaterra. Fue también en ese año cuando Thorne expuso al embajador inglés en España sus ideas *in extenso* respecto a la importancia y riqueza que les atribuía —seguramente aún bajo el influjo de sir John de Mandeville— a las islas de la Especiería. Según él, esas islas del sureste asiático eran "la mejor de las posesiones" de las que se habían hecho España y Portugal. Además los habitantes de aquellas islas, enfatizaba Thorne, "se miden más por tener un cuchillo o una punta de hierro que por la cantidad de oro que poseen".[13] Y después de esgrimir esos atractivos razonamientos, Thorne procedía a argumentar la importancia de lanzarse en busca del supuesto pasaje del Noroeste:

Pero el camino a aquellas islas nos está impedido. Los españoles guardan la ruta occidental por los estrechos de Magallanes, los portugueses mantienen la ruta oriental por el Cabo de Buena Esperanza. No se les ha dejado a los ingleses sino una ruta por descubrir, y ésta es por el norte. Si los mares hacia el norte fueran navegables, nosotros podríamos ir a aquellas islas de la Especiería por un camino más corto por dos mil leguas que España y Portugal, quienes, cada uno, tienen que atravesar más de cuatro mil leguas y aunque no fuésemos a tales islas pues que son propie-

---

[11] G. Connell-Smith, *op. cit.*, 1954, p. 19.
[12] Cit. por Spate, *op. cit.*, 1979, p. 229.
[13] Thorne citado por W. Raleigh, "The English Voyages of the Sixteenth Century", en R. Hakluyt, *The Principal Navigations...*, vol XII, 1903-1905, p. 21.

dad del emperador o del rey de Portugal,[14] deberíamos, por el camino, y llegando a la línea equinoccial, encontrar tierras no menos ricas que la especiería en oro y especias, como todas las tierras que se encuentran en la mencionada línea equinoccial y también deberíamos, si pudiéramos pasar por el norte, aprovechar la navegación de toda Tartaria, la cual sería a nuestra producción de textiles de tanto provecho como lo es la Especiería al emperador y al rey de Portugal.[15]

Es interesante la concepción del mundo que tenía Robert Thorne, quien de alguna manera creía que por una especie de predestinación, unida a la ubicación geográfica de Inglaterra, debía existir un pasaje del Noroeste, y que era precisamente a ellos, a los ingleses, a quienes les correspondía encontrarlo.

La influencia de Robert Thorne y Roger Barlow en los dos primeros reyes de la dinastía Tudor no fue tan definitiva como lo sería en las generaciones subsecuentes de comerciantes anglo-españoles relacionados con la Compañía Andaluza, para aquellos que condujeron sus destinos hacia América, y en particular hacia México como John Field, Robert Tomson, Roger Bodenham, Henry Hawks y John Chilton.

LA COMPAÑÍA ANDALUZA Y LOS PRIMEROS VIAJES INGLESES A LA NUEVA ESPAÑA

El análisis de los documentos que en los archivos de España llevó a cabo Connell-Smith revela la importancia que en la Compañía Andaluza tenía John Sweeting, pues su nombre, así como el de algunos de sus descendientes, aparece en los registros de Sevilla y Cádiz con tanta frecuencia como el del mismo Robert Thorne.[16] En los registros notariales de la ciudad, John Sweeting aparece como "un comerciante muy importante en Cádiz durante los reinados de Eduardo VI y María Tudor".[17] Eva Taylor asegura que "John Sweeting era uno de los mercaderes ingleses que vivían en España en 1538 y que pasó parte de su vida en México".[18]

No hemos encontrado registros de cuándo, en qué ciudad y de qué manera se dio la estancia en la Nueva España de tan importante personaje de la Compañía Andaluza. Para investigar al respecto sería necesario un estudio de los registros notariales de Cádiz y Sevilla; sin embargo, nos parece lo más proba-

---

[14] En este comentario Thorne está previendo las enérgicas objeciones de parte de España que en décadas sucesivas serían motivo de candentes controversias políticas con Inglaterra.

[15] Robert Thorne citado por el profesor Walter Raleigh, "The English Voyages of the Sixteenth Century", en R. Hakluyt, *The Principal Navigations...*, vol. XII, 1903-1905, p. 21.

[16] G. Connell-Smith, *op. cit.*, 1954, p. 19. Robert Thorne hijo de Nicolas Thorne, era un mercader de gran caudal que siendo originario de Bristol se había establecido en Sevilla.

[17] *Op. cit.*, p. 123.

[18] E. G. R. Taylor, *op. cit.*, 1935, p. 75n.

ble que su residencia en el país se haya dado en fechas cercanas a la mitad del siglo y que ésta haya tenido lugar en la ciudad de México o en Texcoco, donde vivía, ya bien establecido, su hijo Robert a finales de 1560.

Es interesante notar cómo algunos de los miembros de la Compañía, entre los que pueden contarse John Sweeting y John Field, quienes indudablemente estaban bien vinculados con españoles influyentes, tenían también una asociación cercana con diferentes grupos de sus coterráneos, en particular en el periodo de tiempos difíciles que dio comienzo a fines del reinado de Enrique VIII.

El viaje de Robert Tomson, John Field y la familia de este último hacia México[19] se llevó a cabo en un barco propiedad de John Sweeting, al que Tomson mencionaba como "un inglés casado en Cádiz". Asimismo, Tomson nos informa que Leonard Chilton era en esa ocasión el capitán de la nave que se dirigía a México y quien también residía en Cádiz, casado nada menos que con una hija de John Sweeting. Lo anterior nos muestra cómo los miembros de la Compañía Andaluza procuraban —como lo hacen muchas otras corporaciones— emparentarse mediante el vínculo matrimonial con otros comerciantes de ascendencia inglesa o anglo-española, lo cual llevaría a fortalecer la Compañía, creando alianzas entre sus miembros y manteniendo en pocas familias el control de la misma.

En este contexto resulta de sumo interés el caso de aquel hombre anglo-español que para 1568 radicaba en la ciudad de Texcoco y que no sólo gozaba del respeto y aceptación de la población local sino del reconocimiento de las autoridades novohispanas. Se trataba de Roberto Sweeting, hijo de una figura tan prominente como John Sweeting, quien se había desplazado a la Nueva España. Su traslado al territorio novohispano obedeció en un principio, muy seguramente, a la búsqueda de contactos comerciales en el país, visto por los mercaderes anglo-españoles como una región de grandes potencialidades y riquezas.

Para 1567 Robert Sweeting se encontraba tan asimilado al territorio mexicano que práctica y económicamente se había olvidado de sus padres en España, de tal manera que su cuñado Leonard Chilton tuvo que enviarle un mensaje por medio del comerciante Henry Hawks, quien se dirigía en ese entonces a la Nueva España pidiéndole que actuara como: "un conducto efectivo para que mi hermano Robard Swyting tenga más consideración de sus padres de lo que hasta ahora ha tenido".[20] Este comentario nos lleva a pensar que Robert Sweeting gozaba de una notable estabilidad económica en México.

[19] *Vide infra.*
[20] Carta de Leonard Chilton a Henry Hawks fechada el 5 de julio de 1567. Impresa por E. G. R. Taylor, *The Original Writings and Correspondence of the Two Richard Hakluyts*, The Hakluyt Society, Londres, 1935, Documento 4, pp. 74-75 (Segundas Series).

Miles Philips, uno de los marinos desembarcados en el norte del Pánuco por John Hawkins en 1568,[21] hace alusión a Sweeting refiriendo el episodio en que él mismo y otros de los marinos ingleses que habían sido apresados cerca de Pánuco por los españoles fueron llevados a Texcoco a trabajar en un obraje junto con algunos esclavos indígenas: "Mas por misericordia de Dios nos encontramos allí a un Roberto Sweeting, hijo de un inglés y española que hablaba muy bien la lengua inglesa, y por cuyo medio fuimos muy socorridos de los indios con varios comestibles [...] A no ser por este auxilio de seguro perecemos..."[22]

También menciona Philips que cuando estos mismos marinos ingleses, después de haber servido a varios caballeros españoles y de haberse enriquecido trabajando en las minas como capataces de los trabajadores indígenas y negros, fueron capturados nuevamente —esta vez por las autoridades eclesiásticas de la Nueva España para ser los primeros procesados por la Inquisición en ese territorio— volvieron a contar con la solidaridad de Roberto Sweeting, quien gozaba de la suficiente confianza de los inquisidores como para pedirle que actuara como traductor en las comparecencias de los presos ante las autoridades eclesiásticas:

Permanecimos en tan estrecha prisión por espacio de año y medio [...] Durante el tiempo de nuestro encierro [...] nos hacían comparecer con frecuencia solos ante los inquisidores, y allí nos examinaban rigurosamente acerca de nuestra fe, mandándonos decir el Padrenuestro, Ave María y Credo en latín: cosas que bien sabe Dios que los más no sabíamos, sino en la lengua inglesa. Como el mencionado Roberto Sweeting, nuestro amigo de Tezcuco estaba siempre presente con ellos por intérprete, decía en nuestro nombre, que en nuestro idioma nativo sabíamos perfectamente todo aquello.[23]

Philips no vuelve a mencionar en su relación a su "amigo de Texcoco", pero es muy probable que éste mantuviera su estable posición en México. No parece haber sido considerado sospechoso por los inquisidores ni se le relaciona con los "ingleses y herejes luteranos".

Robert Sweeting era hijo de John Sweeting y su esposa española; seguramente nació en la Península y era ciudadano español, de modo que debía tener licencia de la Casa de Contratación para comerciar en la Nueva España y se dedicaba legalmente a esta actividad en el territorio novohispano. Frank Aydelotte[24] afirma que Robert Sweeting era pariente de John Chilton.[25] Robert

---

[21] *Vide infra.*

[22] J. García Icazbalceta, *op. cit.*, 1963, p. 117.

[23] *Op. cit.*, p. 112.

[24] F. Aydelotte, "Elizabethan Seamen in Mexico and Ports of the Spanish Main", *The American Historical Review*, núm. 1, vol. XLVIII, octubre, 1942, pp. 1, 17, 19.

[25] El doctor Aydelotte no menciona la fuente que compruebe este parentesco. Probablemente lo infiere por el comentario de Robert Tomson de que Leonard Chilton era yerno de John Sweeting y asume el parentesco entre John y Leonard Chilton.

Sweeting, como hemos visto, era cuñado de Leonard Chilton, quien a su vez era hermano —según afirma Taylor—[26] de John Chilton, el comerciante que viajó durante tantos años y con tanta libertad por el territorio mexicano de la segunda mitad del siglo XVI.[27] No sería extraño, entonces, que Robert Sweeting fuera el "amigo" con el que John Chilton viajó y al que alude en su escrito, aunque omitiendo siempre su identidad.

Después de su experiencia en la Nueva España y de los años de penitencia que la Inquisición española le impuso en Sevilla,[28] Robert Tomson entró a trabajar "como cajero" con Hugh Tipton, a quien menciona como un comerciante inglés de gran caudal.[29]

Entre los ingleses de la Compañía Andaluza, el caso de Hugh Tipton es notable porque su carrera como mercader inglés traficando en España se continúa durante cuatro reinados seguidos. En la década de 1530, Hugh Tipton ya vivía en San Sebastián como agente de William Spratt, un destacado mercader de Bristol dedicado al comercio anglo-español.

En 1537, cuando Carlos V y Francisco I de Francia hicieron una tregua en su conflictiva relación política y Enrique VIII hacía ofrecimientos políticos a algunos países de la Europa protestante, la posición de los mercaderes ingleses en España llegó a ser tan difícil como no lo había sido antes durante ese periodo. Tipton fue sentenciado junto con otro mercader de Bristol por los inquisidores españoles. La sentencia consistía en asistir a misa y presenciarla frente al altar mayor haciendo muestra de reverencia y sumisión, entregar entre él y el otro mercader una multa de 600 ducados y 120 por cargos, y se les prohibía abandonar la ciudad de San Sebastián durante dos años, y en caso de hacerlo pagarían una multa de 10 000 ducados. Tuvieron que pagar una fianza al respecto. Sin embargo, después de haber sido "sentenciado" por la Inquisición volvió a los negocios de Spratt como antes y salió a Bilbao sin oposición. De este modo, a pesar de la Inquisición, los mercaderes ingleses pudieron vivir y conducir sus negocios en España hasta 1550, cuando el reinado de María Tudor mejoró su situación considerablemente.

Después de aquel incidente con la Inquisición, en lo que parece haber sido el principio de su carrera en España, Hugh Tipton logró llegar a ser un "comerciante de gran caudal". No regresó a Inglaterra sino hasta 1570, después de haber sido cónsul inglés en España durante varios años. Durante su última temporada en España, Hugh Tipton fue benefactor de algunos de los hombres de Hawkins que fueron hechos prisioneros en San Juan de Ulúa y que los

---

[26] E. G. R. Taylor, *The Original Writings and Correspondence of the Two Richard Hakluyts*, Documento 4, 1935, p. 75n.

[27] *Vide infra.*

[28] *Vide infra.*

[29] R. Hakluyt, *The Principal Navigations...*, vol. IX, 1903-1905, pp. 22.

españoles condujeron a Sevilla. Entre ellos muy probablemente se contaban Robert Barret y Job Hortop.[30]

La correspondencia diplomática que existe en Inglaterra proveniente de España, y que data del periodo entre 1561 a 1570, indica que debido a sus buenos servicios, Tipton era requerido constantemente por sus compatriotas que llegaban a encontrarse en problemas con los españoles. El comerciante Robert Tomson fue uno de sus favorecidos. Después de su experiencia en México, y de haber salido de las cárceles de la Inquisición española en Sevilla, Tomson encontró un empleo seguro como cajero de Tipton, con quien trabajó al menos durante un año[31] hasta encontrar un mejor medio de supervivencia y prosperidad.

LA NUEVA ESPAÑA EN LA ÓPTICA
DE LOS MERCADERES ANGLO-ESPAÑOLES

Un evento que resultaba maravilloso y espectacular a los ojos de los comerciantes ingleses que residían en Andalucía, era la llegada de los galeones procedentes de América que venían cargados hasta su máxima capacidad de oro, plata, perlas, sedas, pieles, tintes, especias y muchas otras mercancías más que estaban altamente cotizadas en Europa. Por tanto, las llamadas Indias Occidentales en su conjunto, pero en particular la Nueva España, Panamá, Perú y las Antillas, eran percibidas como regiones sumamente ricas y atrayentes.

Robert Tomson lo registraba de la siguiente manera: "habiendo visto las flotas que llegaban de las Indias a aquella ciudad (Sevilla) con tan grandes cantidades de oro, plata, perlas, piedras preciosas, azúcar, cueros, jengibre y otras valiosas mercancías, se determinó a buscar modo y ocasión de pasar a ver aquel rico país de donde venía tan gran cantidad de artículos preciosos".[32]

Connell-Smith asevera que:

No es cuestión de simple especulación el sugerir que los ingleses que frecuentaban los puertos españoles y veían las grandes naves arribando de y zarpando hacia el Nuevo Mundo deben haber sido henchidos de patriótica envidia y aun resentimiento ante la falta de semejantes fuentes de riqueza para su propio país [...] Hombres como Robert Thorne y Roger Barlow, quienes personalmente habían participado en el comercio hacia las Indias españolas, hicieron grandes esfuerzos para interesar a sus compatriotas, en su propio país, en embarcarse en proyectos de descubrimiento, los cuales, ellos pensaban, resultarían en grandes beneficios para Inglaterra.[33]

---

[30] G. Connell-Smith, *op. cit.*, 1954, pp. 19, 124. *Vide infra*.
[31] R. Hakluyt, *The Principal Navigations...*, vol. IX, 1903-1905, p. 350.
[32] J. García Icazbalceta, *op. cit.*, 1963, p. 10.
[33] G. Connell-Smith, *op. cit.*, 1954, p. 198.

Se darían entonces algunos intentos de parte de los mercaderes anglo-españoles radicados en la península ibérica, procurando tener parte en el *negocio del descubrimiento* que tanto había recomendado Robert Thorne,[34] esta vez vía la Nueva España. Es en este contexto donde debemos ubicar a los cuatro mercaderes que analizaremos a continuación: Robert Tomson, John Chilton, Henry Hawks y Roger Bodenham.

Los cuatro comerciantes ingleses mencionados han pasado a la historia por el hecho de haber cedido a Richard Hakluyt, cada uno de ellos, una relación sobre su muy particular experiencia en la Nueva España. Misma que el cronista publicaría en sus dos ediciones de *The Principal Navigations*.

La narración de Robert Tomson fue escrita en 1580, pero se refiere a una estancia muy temprana en la Nueva España, unos 30 años antes, y es por lo mismo sumamente interesante. En esta historia destacan los hechos relativos a la Inquisición en la Nueva España en esos primeros años de 1550, cuando el Tribunal aún se hallaba a 20 años de ser establecido formalmente en México.

El trabajo de Henry Hawks fue el primero en escribirse, cerca de 1572 —año en que regresó a su país— y es en ese sentido el más antiguo. Sin embargo, su estancia en la Nueva España se dio en una época posterior a la visita de Robert Tomson a la región, ya que Hawks no llegó al territorio novohispano sino hasta 1568.

La relación que tenía Henry Hawks con los mercaderes anglo-españoles no aparece tan clara en su escrito como en el caso de Tomson, Bodenham y Chilton. La información que se obtiene del escrito de Henry Hawks —que se remonta a 1572— es de gran valor por el detalle con que describe una gran variedad de productos novohispanos, y en particular por los comentarios que hace sobre la riqueza y las bondades de China, así como de su ruta desde la Nueva España. Esta información sobre China parece haber influido significativamente en las circunnavegaciones de Drake (1577-1580) y Cavendish (1586-1588), a los que muy probablemente Hakluyt notificaría personalmente ciertos detalles, pues en realidad, el escrito de Hawks fue publicado por primera vez hasta 1589.

La relación que escribió John Chilton, cerca del año de 1586, cuenta con un alto valor descriptivo y documental sobre lugares y productos. Chilton tuvo una vasta experiencia en el territorio novohispano, el cual recorrió prácticamente en toda su extensión, pues realizó varios viajes a diferentes áreas del país, cubriendo el territorio que en ese entonces se encontraba asimilado económica y administrativamente a España.

Roger Bodenham, quien al parecer era un mercader importante dentro del grupo anglo-español que se desempeñaba en Sevilla, produjo un documento escueto en el que prácticamente sólo hace mención específica de la importancia de la producción de tintes en la Nueva España.

---

[34] *Vide supra.*

Los cuatro mercaderes que hemos mencionado hicieron referencia, de una u otra forma, a lo que fue su percepción personal del territorio novohispano, a sus habitantes, a su población nativa y a la ciudad de México, entre otros aspectos. El examen de estos escritos nos permite conocer actualmente lo que fueron las primeras apreciaciones de los europeos no españoles sobre el México que apenas se descubría ante el viejo continente.

LOS MERCADERES INGLESES EN LA NUEVA ESPAÑA DEL SIGLO XVI, SEGÚN RICHARD HAKLUYT

Robert Tomson

La experiencia de Robert Tomson en México es digna de mención y de análisis por tratarse de uno de los primeros ingleses que viajó a la Nueva España y vivió en este territorio a mediados de la década de 1550, en un contexto de crecientes conflictos político-religiosos en las relaciones comerciales y diplomáticas anglo-españolas y anglo-americanas. De los cuatro mercaderes que rindieron a Hakluyt un informe de su experiencia en México, Robert Tomson es el que llegó al territorio novohispano en la época más temprana, durante el reinado de María Tudor, cuando era consorte de Felipe II de España.

Robert Tomson era originario de la ciudad de Andover en Hampshire e hijo de Edward y Tamar Tomson. Tenía cerca de 19 años cuando en mayo de 1553 zarpó de Bristol junto con otros mercaderes ingleses rumbo a la península ibérica llevando consigo el doble objetivo de aprender el castellano y de conocer "el orden y gobierno del país y las costumbres de la gente".[35] Pasando por Lisboa y Cádiz, Tomson se dirigiría a Sevilla a hospedarse en casa de John Field,[36] un importante comerciante inglés asentado en esa ciudad andaluza desde hacía 18 o 20 años. Ahí se había casado y tuvo a sus hijos. Este John Field es uno de los mercaderes que salieron de Inglaterra durante el reinado de Enrique VIII y se establecieron en la España de Carlos V. Connell-Smith da pruebas del hecho de que John Field fue uno de los comerciantes ingleses más importantes de la Compañía Andaluza durante los últimos años del reinado de Enrique VIII.[37] El frecuente traslado de comerciantes ingleses hacia España, así como —en el caso de Tomson— la persistencia en España de la Compañía Andaluza a pesar de las presiones político-religiosas para con los comerciantes ingleses desde 1534, hablan del interés creciente del pueblo inglés, y en

---

[35] R. Hakluyt, *The Principal Navigations...*, vol. IX, 1903-1905, p. 339.

[36] *Vide supra.*

[37] G. Connell-Smith, *op. cit.*, 1954, pp. 97, 118, 122-123. Field, junto con Thomas Harrison, es también mencionado como benefactor de Thomas Perie —comerciante inglés apresado por la Inquisición española— durante el tiempo de su encierro en las cárceles del Santo Oficio.

particular del de los comerciantes, ante esa "prosperidad" de España que provenía de la explotación de sus colonias americanas.

Tomson declaró abiertamente que, después de un año de haber permanecido en Sevilla, la cantidad y calidad de los productos americanos que llegaban a España era lo que, en primera instancia, lo determinó a buscar la manera de viajar al territorio novohispano.

Después de transcurrido un año de la llegada de Tomson a su casa, John Field decidió mudarse no sólo de ciudad, no sólo de país y de continente. Decidió irse a vivir a México con su familia. Tomson los iba a acompañar como un miembro más de la casa. "Así pues en el mes de febrero de 1555, los referidos Roberto Tomson y Juan Field, con la familia de éste, se embarcaron en Sanlúcar en una carabela de Cádiz..."[38]

De febrero a octubre de 1555 duró la escala en la Gran Canaria. En el mes de octubre, en una embarcación propiedad del comerciante John Sweeting "de Cádiz"[39] y formando parte de una compañía española, zarparon con rumbo al Golfo de México. Durante 32 días cruzaron el Océano Atlántico y llegaron a Santo Domingo en noviembre, donde permanecieron hasta el mes de diciembre.

A principios de enero de 1556, la embarcación de Sweeting, comandada por su yerno Leonard Chilton, transportaba entre otros viajeros españoles a John Field, a su familia y a Robert Tomson y siguió su trayecto hacia la Nueva España, junto con siete buques más. Después de navegar por espacio de 24 días llegaron a encontrarse "a unas quince leguas"[40] de San Juan de Ulúa. Estando en esa posición, se desencadenó "de la tierra de la Florida, una tormenta de vientos nortes", misma que, debido a las dificultades que presentaba el puerto para hacer tierra, les hizo alejarse de la costa para evitar chocar contra ella durante la noche. Las peculiaridades de las tormentas en el Golfo de México y las dificultades representadas por las características del puerto de San Juan de Ulúa hicieron que esa primera experiencia de los viajeros ingleses en las costas mexicanas resultara sumamente impresionante:

El viento y el oleaje eran tan fuertes que, a las dos horas de comenzada la tempestad, los ocho buques que venían juntos se separaron de tal modo que ya no se veían unos a otros. Uno de los de nuestra flota [...] no quiso hacerse a la mar como nosotros sino que siguió hacia tierra pensando tomar en la mañana el puerto de San Juan de Ulúa, pero no habiendo podido coger la entrada, fue arrojado a la costa y se perdió [...] Nosotros con los siete barcos nos hicimos a la mar, pero como la tempestad durase diez días con tal furia de terribles vientos, neblinas y lluvias, y nuestro casco fuese viejo y endeble, trabajó tanto que se abrió por la popa [...] El

---

[38] J. García Icazbalceta, op. cit., 1963, pp. 10-11.
[39] Vide supra.
[40] Alrededor de 75 kilómetros.

mejor remedio que discurrimos fue atajarla con colchones y almohadas; y por temor de hundirnos echamos al mar cuantas cosas teníamos o podíamos haber a las manos, pero de nada sirvió...[41]

De esta manera se perdió la embarcación de John Sweeting, pero en el último momento su tripulación fue rescatada por otro de los buques españoles que había zarpado de Santo Domingo junto con aquélla. El 16 de abril de 1556 llegaron estos viajeros a la Nueva España, entrando por el puerto de San Juan de Ulúa "muy desnudos y faltos de ropa y demás cosas a causa de la pérdida de nuestro navío y equipajes..."[42]

Una vez en San Juan de Ulúa, los viajeros ingleses se hosperon durante un mes entero en casa de un comerciante rico, amigo personal de John Field: Gonzalo Ruiz de Córdoba, quién después de ese tiempo los proveyó con ropa, alimentos e indígenas para que llevaran la carga, así emprendieron el viaje a la ciudad de México.

Field contaba con los medios y con las relaciones, y muy probablemente hubiera logrado establecer un comercio próspero en la Nueva España, pero sucedió que en Veracruz la pequeña compañía de ingleses se contagió de paludismo. Robert Tomson sobrevivió, pero John Field, uno de sus hijos y dos de sus sirvientes murieron en el camino a la ciudad de México, al mes y una semana de haber hecho puerto en San Juan de Ulúa. Fue de esa manera como John Field, uno de los más importantes y reconocidos mercaderes ingleses de la Compañía Andaluza encontró el final de sus días en tierras novohispanas.

Después de la muerte de su amigo John Field, Robert Tomson no pudo mantener sus expectativas para actuar como mercader en México. No contaba con las licencias necesarias y las restricciones eran severas.

En la ciudad de México Tomson conoció a un escocés, quien lo recomendó con un hombre influyente de la ciudad: Gonzalo Cerezo, "por amistad con un Thomas Blake natural de Escocia, casado y avecindado en México hacía unos veinte años..."[43]

Tomson no habla más de Thomas Blake ni se sabe exactamente cuándo y de qué manera llegó al país. Sin embargo, conocemos que esto ocurrió en la década de los treinta. Blake formaba parte de la minoría europea no española que logró introducirse y *avecindarse* en la renombrada ciudad de México y llegó a hacerse de cierta reputación entre los españoles influyentes del lugar.

---

[41] J. García Icazbalceta, *op. cit.*, 1963, pp. 14-15.

[42] *Op. cit.*, p. 17; R. Hakluyt, *The Principal Navigations...*, vol. IX, 1903-1905, p. 346.

[43] R. Hakluyt, *The Principal Navigations...*, vol. IX, 1903-1905, p. 347. J. García Icazbalceta, *op. cit.*, 1963, p. 19. Es muy interesante la mención de Thomas Blake, pues Tomson lo conoció cerca del año de 1557, lo que significaría que el susodicho escocés se habría *casado y avecindado en México* en fecha tan temprana como 1537. No se ha obtenido mayor información sobre esta persona.

Por su parte, gracias a las recomendaciones del escocés, Tomson encontró trabajo en la ciudad como sirviente de Gonzalo Cerezo, con quien estuvo empleado durante un año. Cerezo era un hombre importante en la Nueva España, pues era encomendero de Cocula en el Estado de México y por las fechas en que Tomson se encontraba en México, llegó a ser alguacil mayor de la Audiencia de México. En 1559, durante una fiesta en casa de Cerezo, se inició una discusión sobre temas religiosos en la que Tomson fue involucrado. Después del debate, Tomson fue aprehendido[44] y llevado ante el obispo de México. La Inquisición aún no había sido formalmente establecida en la Nueva España, pero a pesar de ello Tomson, junto con el genovés Agustín Boacio, fueron exhibidos públicamente vistiendo un sambenito en la Catedral de México, y todo parece indicar que se les hizo el primer auto de fe que se llevó a cabo en México. Tomson y Boacio fueron llevados a Sevilla como prisioneros. Mientras Boacio se escapó en el trayecto y huyó a Londres, Robert Tomson asumió su situación —que intuía menos grave que la de su compañero— y cumplió en Sevilla una sentencia de tres años de prisión con sambenito. Transcurrido el tiempo de su condena permaneció en Sevilla, donde trabajó un año como cajero del comerciante Hugh Tipton y después se casó con una acaudalada criolla. Es probable que haya regresado a su país en 1580, ya que por ese entonces estableció contacto con Richard Hakluyt, seguramente por iniciativa de este último, ya que Tomson contaba con información de primera mano sobre la Nueva España, de modo que realizó un escrito muy interesante sobre su experiencia en México, para su publicación en la primera edición de Hakluyt de *The Principall Navigations*.[45]

La relación del viaje de Robert Tomson a la Nueva España de 1555 a 1559 fue escrita por el viajero mismo muchos años después de haber tenido lugar la travesía.[46] La narración data de una fecha posterior al mes de julio de 1586

---

[44] Báez-Camargo afirma que Robert Tomson tenía 25 cuando fue procesado por la Inquisición española en México. Esta información concuerda con las fechas que provee el escrito del propio Tomson en el que se asienta que éste tenía 19 años en 1553 cuando salió de Bristol hacia Sevilla. En el año de 1559, año en que fue hecho preso por la Inquisición, debía contar con 25 años.

[45] La primera edición de Hakluyt apareció con el nombre de *The Principall Navigations...*, en 1589. En la segunda edición de esta obra, que apareció de 1598 a 1600, Hakluyt modernizó la palabra *Principall* cambiándola por *Principal*.

[46] Lo anterior puede inferirse porque en su narración Tomson hace un comentario respecto a John Chilton, quien no regresó de América a Inglaterra sino hasta 1586, época en la que probablemente se entrevistaría con Tomson. Éste comenta que su sambenito y el de su compañero de prisiones, Agustín Boacio, de hecho las primeras personas a quienes se les llevó a cabo un *auto de fe* en la Nueva España, una vez que ambos fueron enviados a España a ser juzgados por los tribunales del Santo Oficio, quedaron en la Catedral de México con sus nombres escritos en ellos, y añade que serían vistos en años posteriores por "un John Chilton y por varios otros de nuestra nación que fueron dejados en aquel país (Nueva España) hace ya tiempo por sir John Hawkins". R. Hakluyt, *The Principal Navigations*, vol. IX, 1903-1905, pp. 350-360. Andrews por su parte afirma: "Las observaciones de Robert Tomson, aunque evidentemente fueron escritas en

y es muy probable que Tomson la llevara a cabo a petición de Richard Hakluyt, *el mayor*, pues el abogado aprovechaba cuanta oportunidad encontraba para obtener materiales originales sobre el territorio recién conocido para incluirlos en la publicación de la primera edición de *The Principall Navigations* que para ese entonces su primo preparaba.[47]

El escrito de Tomson fue así publicado por primera vez como *The voyage of Robert Tomson marchant into Noua Hispania out of Spaine. An. 1555* en *The Principall Navigations, Voyages, Traffiques and Discoveries of the English Nation...* del geógrafo Richard Hakluyt en 1589. Se reimprimió en el tercer volumen de la segunda edición de las *Navigations...* de Hakluyt en 1600, bajo el título de *The voyage of Robert Tomson merchant into New Spaine, in the yeere 1555*.[48]

Báez-Camargo proporciona sobre Tomson algunos datos biográficos adicionales a los que pueden encontrarse en Hakluyt.[49] Hace también una exposición breve del debate en casa de Gonzalo Cerezo que le conduciría al tribunal del Santo Oficio; este debate se encuentra también en Hakluyt, aunque curiosamente García Icazbalceta lo excluye en su traducción.[50]

Tomson dedica una parte muy importante de su escrito a relatar las causas de su arresto y las características de su proceso, hechos que siguieron a su establecimiento en la ciudad de México.[51]

1580, se refieren a un periodo muy anterior a la década de 1550". D. B. Quinn, *The Hakluyt Handbook*, vol. I, 1974, p. 236.

[47] El doctor D. B. Quinn piensa que fue Hakluyt del Middle Temple quien solicitó a Tomson el escrito. A. M. y D. B. Quinn, "Contents and Sources of the Three Mayor Works", en *The Hakluyt Handbook*, vol. II, The Hakluyt Society, Londres, 1974, p. 368.

[48] Existe una traducción al castellano de la narración de Tomson de Joaquín García Icazbalceta, en la que curiosamente el traductor no hace ninguna alusión a Richard Hakluyt ni menciona cuáles fueron sus fuentes. J. García Icazbalceta, *Relaciones de varios viajeros ingleses en la ciudad de México y otros lugares de la Nueva España*, José Porrúa Turazas, Madrid, 1963. Asimismo, en 1927 G. R. G. Conway publicó en la ciudad de México un libro basado en la relación de Tomson: G. R. G. Conway, *An Englishman and the Mexican Inquisition, 1556-1560*, México, 1927.

[49] G. Báez-Camargo, *op. cit.*, 1960, pp. 61-63.

[50] La traducción de Icazbalceta omite el debate que, durante una comida en la casa de Gonzalo Cerezo a quien Tomson servía, se sucitó entre éste y algunos de los presentes, arguyendo lo siguiente: "Del culto de las imágenes se pasó a disputar sobre la intercesión de los santos. He creído que la traducción ganaría en brevedad y nada perdería en interés suprimiendo este pasaje, inconducente a nuestro objeto". J. García Icazbalceta, *op. cit.*, 1963, p. 25. Como Báez-Camargo no cita a Hakluyt, debe creerse que obtuvo la información mencionada de dos obras que sí cita: de la publicación de Conway y de *La primitiva inquisición americana* de J. Toribio Medina, Imprenta Elzeviriana, Santiago de Chile, 1914.

[51] García Icazbalceta reflexiona al respecto:
Sabido es de todos, que el año de 1571 se estableció en México el Tribunal de la Inquisición [...] Confieso que no tenía yo noticia de auto de fé anterior al establecimiento del tribunal, hasta que ví la relación de Tomson. En vista de ella no puede dudarse de que a mediados de 1558 se celebró en México el primer auto de fé; si bien no fue de grande importancia ni con todo el aparato que después se acostumbró, puesto que se reducía a dos el número de los reos, y que la ceremonia se verificó en el interior de la iglesia [...] Por mí creo que si bien en esta parte de la relación puede haber algunos pormenores añadidos o exagerados [...] no es posible desecharla totalmente como pura invención del autor. Las circunstancias con que

Como ya se ha mencionado, fue en una cena en casa de su patrón "entre mucha gente principal", que se armó una discusión doctrinal en la que Tomson ingenuamente expuso sus puntos de vista. Según su informe, su discurso no aparece como puramente ideológico. Se dio fin al debate cuando:

> Percibieron que aquella plática era perjudicial a la doctrina romana, por lo cual se mandó no hablar más de ello, y todo hubiera quedado hasta ahí de no haber sido por un malvado portugués que se hallaba presente, quien dijo: "basta ser inglés para saber esto y mas" (sic), y quien al día siguiente, sin mencionar nada a nadie, fue al obispo de México y a su provisor y les dijo que, en un lugar en el que él había estado la víspera, había un inglés que decía no había necesidad de santos en la iglesia ni de encomendarse a los mismos. A consecuencia de tal acusación fui aprehendido, por las palabras que he repetido y no por alguna otra cosa. Y fue así, como lo he escrito.[52]

Siete meses permaneció Tomson encarcelado; en dicho intervalo trajeron prisionero desde Zacatecas al genovés Agustín Boacio, quien también había sido apresado por motivos religiosos. Después de ese tiempo, vistiendo su sambenito, fueron llevados al altar mayor de la Catedral de México, donde se llevó a cabo el auto de fe, para lo que se erigió un gran tablado, ya que habían llegado entre cinco y seis mil personas a presenciar el acontecimiento. De hecho, gran número de ellas había venido de otras ciudades del virreinato a observar el auto. Tomson afirma que la concurrencia, que era mayormente gente del pueblo y en general de origen español y criollo, simpatizó con los acusados cuando los vieron entrar, pues no parecían *salvajes* ni *paganos* como les habían dicho que eran: "A la gente común, antes de que vieran a los penitentes entrar a la iglesia, se les había dado a entender que éramos herejes, infieles y gente que despreciaba a Dios y sus obras y que teníamos un aspecto más de demonios que de hombres y pensaban que teníamos la apariencia de monstruos o salvajes (paganos)..."[53]

refiere su aventura, el motivo de ella, y las consecuencias que le produjo no deben dejar duda de que fue cierta.

J. García Icazbalceta, *Relaciones de varios...*, p. 22n. Por su parte, L. E. Pennington comenta que G. R. G. Conway, en su edición del escrito de Tomson "encuentra precisa la versión de Hakluyt a la luz de otras evidencias" [L. E. Pennington, "Secondary Works on Hakluyt and his Circle", en D. B. Quinn (ed.), *The Hakluyt Handbook*, vol. II, p. 610n]. El proceso de Tomson se encuentra en el archivo de Simancas, según la memoria, la inscripción de su sambenito decía: "1560. Roberto Tomson, inglés, tratante, natural de Antona (sic), residente en México, hereje luterano, reconciliado, año 1560". Juan Toribio Medina en *La primitiva inquisición americana*, citado por Báez-Camargo, *op. cit.*, p. 63.

[52] R. Hakluyt, *The Principal Navigations...*, vol. IX, 1903-1905, p. 353.

[53] García Icazbalceta en su traducción usa la palabra *salvaje*, el original dice *heathen people* que significaría *gentiles* o *paganos*. Para los ingleses de mediados del XVI estos términos tendrían muy probablemente un significado semejante. Con ellos, los europeos solían describir a los indígenas americanos.

Es muy interesante notar aquí la imagen que Tomson tenía de sí mismo y de su compañero italiano, la cual percibía contrastante con la imagen de los *salvajes*, como muy probablemente consideraría —al igual que la mayoría de los *conquistadores* españoles de la primera mitad del siglo XVI— a los naturales del territorio novohispano, a quienes, en esta parte de su narración, no hace alusión directa alguna.

El aspecto de los sentenciados europeos, que Tomson reiteraba, contrastaba con el de los *salvajes* a los ojos de la población española y criolla en la ciudad de México, desempeñaría su papel en la impresión que causaron entre los presentes. Aunque es obvio que Tomson exageraba en cuanto a la simpatía que él y su compañero causaron entre los novohispanos durante ese primer auto de fe en México, algo semejante pudo haber sucedido:

> y cuando nos vieron entrar a la iglesia con nuestros disfraces, las mujeres y los niños comenzaron a gritar y a hacer un ruido tal que era algo muy extraño de presenciar, decían que ellos no habían visto hombres más buenos en su vida, y que no era posible que hubiera en nosotros tanto mal como se decía, y que más bien parecíamos ángeles entre los hombres que personas de una religión tan mala como decían los frailes y sacerdotes y que era una lástima que fuéramos tratados así por tan pequeña ofensa.[54]

Para Agustín Boacio la sentencia fue la de confiscación de bienes, llevar el sambenito durante toda su vida y cadena perpetua. A Tomson le ayudó el tener amigos influyentes en la Compañía Andaluza y el haber servido y simpatizado a persona tan principal como lo era Gonzalo Cerezo, por lo que a él se le sentenció solamente a tres años de prisión, usando el sambenito, tras de lo cual quedaría en libertad. Pero el Santo Oficio aún no tenía carácter oficial en la Nueva España, de modo que hubo que trasladarlos a Sevilla. Boacio, temiendo que la Inquisición española decidiera quemarlo, escapó cuando hacían escala en las Azores. Se lanzó al mar, desnudo como iba, atravesó la isla, logró embarcarse en una carabela que salía con rumbo a Lisboa y de ahí se trasladó a Francia y después a Londres, donde murió y su testimonio acrecentó las anécdotas adversas a los hispanos en las islas británicas. Tomson, por su parte, permaneció a bordo, sufrió tres años de prisión en Sevilla y fue reconciliado en 1560. Después, el comerciante inglés Hugh Tipton, miembro notable de la Compañía Andaluza[55], lo ayudó tomándolo como empleado en su negocio. Al cabo de un año de trabajar como cajero de Tipton, Tomson al fin logró sacar provecho de las riquezas de la Nueva España, aunque de manera indirecta y distinta a la que había planeado originalmente. En la crónica de su experiencia en la Nueva España, da testimonio de ello:

[54] R. Hakluyt, *The Principal Navigations...*, vol. IX, 1903-1905, p. 348.
[55] *Vide supra.*

Después de estar un año en Sevilla de cajero de Hugo Typton [...] quiso mi fortuna que viniese de México un español llamado Juan de la Barrera, que habiendo estado largo tiempo en las Indias y allegado grandes cantidades de oro y plata, se había embarcado con su hija única para volver a España; pero murió en el camino, dejando su haber a su hija María de la Barrera. Llegada ésta a España, tuve la buena suerte de casarme con ella, cuyo casamiento me valió 2 500 libras en barras de oro y plata, sin contar alhajas de mucho precio. Parecióme oportuno contar ésto [...] porque habiéndome traído de las Indias en tanta necesidad y afrenta para el mundo, la mano de Dios me proporcionó, en un momento, más de lo que en mi vida habría yo podido alcanzar con mi trabajo.[56]

Así, Tomson contrajo matrimonio con María de la Barrera cerca del año de 1564, cuando contaba con unos 30 años de edad. Dados los contactos que el joven inglés tenía ya con los mercaderes de la Compañía Andaluza y, sobre todo, gracias al capital del que se había hecho al casarse con la rica heredera del indiano Juan de la Barrera, Tomson se quedaría a vivir en España por 20 o 25 años, probablemente hasta la muerte de su esposa.

En la Catedral de México quedaron como testimonio y advertencia al pueblo novohispano los sambenitos de Robert Tomson y de Agustín Boacio, los dos primeros sentenciados por las autoridades eclesiásticas en aquellas tierras. El comerciante John Chilton[57] y algunos de los sobrevivientes de la flota de John Hawkins que quedaron en México tras la batalla de San Juan de Ulúa vieron personalmente esos sambenitos colgando de la Catedral Metropolitana y lo refirieron eventualmente en Inglaterra.[58]

---

[56] J. García Icazbalceta, *op. cit.*, 1963, pp. 22-23; R. Hakluyt, *The Principal Navigations...*, vol. IX, 1903-1905, p. 350.

[57] *Vide infra*.

[58] R. Hakluyt, *The Principal Navigations...*, vol. IX, 1903-1905, p. 350. A este particular, la traducción del escrito de Tomson de Joaquín García Icazbalceta (*Relación de varios viajeros ingleses en la ciudad de México, op. cit.*, 1963, p. 23) se presta a una interpretación incorrecta del texto original. La traducción de Icazbalceta lleva a pensar que a John Chilton le "sucedió lo mismo" que a Tomson y a Boacio (así como a los sobrevivientes de San Juan de Ulúa), es decir, que también fue juzgado por la Inquisición novohispana y que su sambenito fue colgado en la Catedral de México. El texto original de Hakluyt se refiere a que los sambenitos de Tomson y Boacio, habiendo sido colgados en la Catedral, *serían vistos después* tanto por John Chilton como por otros ingleses de los que fueron dejados en México por John Hawkins. Mientras la mayoría del remanente de la expedición de Hawkins que quedó en México iba a ser juzgada por el Santo Oficio, el comerciante John Chilton, que habitó tantos años en la Nueva España en la época isabelina, nunca lo fue.

He aquí los textos:

Después que salimos de México quedaron nuestros sambenitos en aquella catedral, con nuestros nombres escritos en ellos, según es uso y costumbre; que es y será memoria nuestra, mientras la iglesia romana domine en aquellas regiones. Lo mismo ha sucedido después con un Juan Chilton y otros de nuestra nación, dejados allá hace tiempo por sir Juan Hawkings. J. García Icazbalceta, *op. cit.*, 1963, p. 23.

After we departed from Mexico, our S. Benitoes were set up in the high Church of the said Citie, with our names written in the same, according to their use and custome, which is and will be a monument and a remembrance of us, as long as the Romish Curch doth raigne in

El informe de Tomson cubre una serie de puntos que podrían haberle sido solicitados por aquel que le pidió la elaboración del mismo, presumiblemente Richard Hakluyt, *el abogado*.

En la primera parte de su escrito, Robert Tomson se dedica a relatar su traslado de Inglaterra a España y su relación con Field, así como su viaje a la Nueva España. Posteriormente, se aboca a hacer un recuento detallado de la discusión que lo llevó a las cárceles del Santo Oficio. Inmediatamente después de haber narrado eso, da un salto para describir el territorio de la Nueva España que le tocó conocer: "Ahora, para hablar algo de la descripción del país..." Se dedica entonces a describir lo que juzgó interesante de la geografía novohispana. En su discurso, los beneficios del territorio parecen ir *in crescendo* a medida que se aleja uno de la planicie costera y se interna en las tierras altas del centro:

> De Veracruz a este lugar (Rinconada de La Venta) hay un terreno llano y enfermizo, pero después de medio día de camino, se empieza a entrar a las tierras altas y ahí se halla un país tan hermoso, tan bueno y tan agradable, como el que más en el mundo; y mientras más se avanza, mejor y más agradable es [hay] praderas excelentes, ríos de aguas frescas, selvas y grandes bosques muy agradables a la vista...[59]

Se refiere al "gran y extenso reino de la Nueva España" y habla de la ciudad de México como "la famosa ciudad de México", [60] de la que hace patente su localización entre el Mar del Norte y el Mar del Sur: "Se halla en el centro de la tierra firme entre ambos mares..." Describe a la ciudad en una cuenca lacustre, y seguramente al compararla con las ciudades medievales inglesas, se entusiasma al hablar de esta ciudad con sus calles "anchas y rectas", con su catedral "muy hermosa toda y bien construida y su plaza cuadrada", con accesibilidad al agua potable gracias a los acueductos, "de la que cada vecino puede tomar para su casa toda la que quiere, sin más costo que el de meterla".[61]

La abundancia de víveres y productos diversos son descritos con sorpresa ante lo accesible y barato que resultan en esa ciudad de México, gracias a la organización de los mercados y la distribución por los canales.

Es de llamar la atención un comentario de Tomson en el que habla de la importancia que ya a mediados del siglo XVI se le confería a la magnitud de la ciudad de México en relación con otras urbes del mundo: "La ciudad va muy aprisa en edificar conventos de monjas y frailes e iglesias y lleva trazas de ser, con el tiempo, la ciudad más populosa del mundo, según se cree".[62]

---

that country. The same have bene seene since by one John Chilton, and divers others of our nation, which were left in that countrey long since, by Sir John Hawkins. R. Tomson en R. Hakluyt, *The Principal Navigations*..., vol. IX, 1903-1905, p. 350.

[59] R. Hakluyt, *The Principal Navigations*..., vol. IX, 1903-1905, p. 355.

[60] R. Hakluyt, *op. cit.*, vol. IX, p. 338.

[61] J. García Icazbalceta, *op. cit.*, 1963, pp. 27-29.

[62] J. García Icazbalceta, *op. cit.*, 1963, p. 29.

Por otra parte, como todo buen inglés, habrá de considerar, con una mezcla
de sorpresa y admiración, los beneficios del clima y del estado del tiempo en
México, producto de su latitud: "El clima está siempre muy templado y la
duración del día sólo difiere una hora en todo el año".[63]

En México, reportaba Tomson, hay abundancia de variedades frutícolas,
frutos "excelentes, que nosotros no conocemos", mencionaba "plátanos, guayabas, zapotes, tunas y capulines". La relación se cierra con el recuento de los
productos más valiosos que México produce: la plata, en particular la proveniente de Zacatecas; la seda y la cochinilla de la Mixteca, cueros de res, bálsa-
mos, cañafístola, zarzaparrilla, azúcar, "y otras muchas cosas buenas y útiles
que todos los años se traen a España, y allá se venden y se distribuyen a otros
muchos países".[64]

Los comerciantes ingleses, especializados en el tráfico de hilados, tejidos y
telas, tendrían en alto valor esa referencia a la importante producción de tintes
y pigmentos como la grana y el añil, que abundaban en la Nueva España. Estos
comentarios harían eco en Inglaterra. En el siglo XVII algunos osados navegantes, mercaderes ilegales y corsarios ingleses se aventurarían a establecer
ciertos puestos semitemporales en las costas de Campeche, Tabasco y otros
territorios del Caribe para sacar provecho del abundante y codiciado "palo de
tinte", el cual, en esa época, no era de los productos americanos más cotizados
por los españoles.

En su narración, Robert Tomson no concede particular importancia a los habitantes nativos de la Nueva España. Tampoco les otorga voz, como de alguna
manera lo harían John Chilton y Miles Philips[65] en sus propias relaciones.

Tomson alude a los amerindios marginalmente a lo largo de sus comentarios
y lo hace de manera semejante a la que el promedio de los colonizadores españoles de mediados del siglo XVI lo hacía. Parece haber visto a los indígenas americanos con los ojos de quien había recibido la influencia de las percepciones
de los primeros españoles en América. De manera indirecta, también pudieron
haber influido en él, como en otros mercaderes ingleses, los escritos de españoles e italianos que estuvieron en América a fines del siglo XV y durante la
primera mitad del XVI, algunos de los cuales apenas habían sido traducidos al
inglés por Richard Eden.[66]

Su primera referencia a los indígenas tiene lugar tras su llegada a San Juan
de Ulúa y después de haber pasado un mes en la casa de Gonzalo Ruiz de Córdoba en Veracruz, cuando él y la familia de John Field emprendieron el camino a la ciudad de México. Tomson comenta entonces: "Después de dos días de

[63] Id.
[64] R. Hakluyt, *The Principal Navigations...*, vol. IX, 1903-1905, p. 358.
[65] *Vide infra.*
[66] Vespucio entre ellos. González de Oviedo había sido leído por Richard Hakluyt, *el geógrafo*,
en su versión italiana traducida por Juan Baptista Ramussio.

camino hacia el interior del país [...] caí tan enfermo, que al día siguiente no era capaz de sentarme en mi caballo, sino que estaba tan débil que hubo que llevarme cargado sobre hombros de indios desde ahí hasta México..."[67]

Al parecer, consideraba ese medio de transporte como lo más natural, puesto que los españoles lo utilizaban y el mismo Ruiz de Córdoba, antes de despachar a sus huéspedes a la ciudad de México, los había provisto de "caballos, mulas, criados y dinero para gastos del camino".[68]

En el camino a México Tomson llegó a identificar en La Venta de Rinconada una pirámide, "un pináculo de cal y canto al lado del río, donde los indios solían hacer sacrificios a sus dioses".[69] Describiendo animosamente la geografía del territorio novohispano entre Veracruz y Puebla y entre ésta y la ciudad de México comenta:

> Entre Veracruz y ésta [Puebla] se pasa por muchas ciudades y pueblos de indios y muchos campos de praderas muy buenas, ríos de aguas frescas, selvas y grandes bosques, muy agradables a la vista. De Puebla de los Ángeles a México hay veinte leguas de muy buen terreno y riquezas, como lo he declarado anteriormente. En mi tiempo, México era una ciudad de no más de 1 500 vecinos españoles habitando ahí, pero los habitantes indígenas que vivían en los suburbios de dicha ciudad eran más de 300 000 según se estimaba, o aun muchos más.[70]

Tomson inquirió, al igual que John Chilton, sobre la relación porcentual de la población indígena en cuanto a la población hispana en el territorio mexicano y se admiraba de la gran cantidad de habitantes indígenas.

En sus descripciones sobre la ciudad de México, su localización, su peculiar asentamiento sobre el agua, el diseño de sus calles "anchas y rectas", su abastecimiento de agua y la compleja organización de los mercados, no acota el hecho de que todas estas estructuras databan de la época prehispánica. No concede al respecto crédito a la planeación indígena. Percibió una población indígena proveedora de servicios para la población urbana blanca y mestiza, pues su alusión directa a los indígenas de la antigua Tenochtitlan se reduce al hecho de que: "hay un gran canal de agua que atraviesa la ciudad aun hasta la Plaza Mayor, por donde vienen cada mañana, al amanecer, veinte o treinta canoas de los indios que traen todo tipo de provisiones para la ciudad, de lo que es hecho y de lo que crece en el campo, lo cual es una gran comodidad para los habitantes de ese lugar".[71]

---

[67] R. Hakluyt, *The Principal Navigations...*, vol. IX, 1903-1905, p. 347.

[68] Así lo traduce García Icazbalceta, *op. cit.* Según los registros de Hakluyt, Tomson dice: "...for our way up to the Citie of Mexico, horses, moiles, and men, and money in our purses for the expenses by the way..." R. Hakluyt, *The Principal Navigations...*, vol. IX, 1903-1905, pp. 346-347.

[69] R. Hakluyt, *op. cit.*, vol. IX, p. 355.

[70] *Id.*

[71] R. Hakluyt, *op. cit.*, vol. IX, pp. 356-357.

No obstante, al describir la Plaza Mayor habla de "Mutezuma, el gran rey de México", cuyo palacio —menciona— se encontraba donde posteriormente se construyó el palacio virreinal.

En la reseña de Tomson no son obvios los juicios morales explícitos o categóricos sobre los indígenas novohispanos, pero en sus opiniones se pone de manifiesto la idea de superioridad de la civilización europea: "Cerca de la ciudad de México, a dos, tres o cuatro leguas, existen diversos pueblos de indios, algunos de 4 000 o 6 000 vecinos, que se asientan en tan buenos suelos, que si cristianos habitaran ahí, producirían mucho más".[72]

García Icazbalceta en su traducción pone la siguiente nota: "Sin duda que el autor emplea aquí la palabra cristianos como equivalente a españoles o europeos en contraposición a indios, pues en realidad cristianos eran ya entonces todos los indios de los alrededores de México".[73]

Tomson expresa en ese párrafo, que si los "europeos", no necesariamente "españoles" —tal vez particularmente "ingleses", quienes habrían de ser sus principales lectores—, buscasen y tuviesen el acceso a tales tierras, se obtendrían de ellas abundantes beneficios. Si Tomson no estaba sugiriendo de manera conciente que otros viajeros ingleses se aventuraran a explorar el territorio mexicano, sus palabras fueron acogidas con entusiasmo por quienes lo leyeron y lo interpretaron, y en particular por quien publicó la redacción del documento: el propio Richard Hakluyt.

Roger Bodenham

Desde los últimos años del siglo XVI, los mercaderes ingleses habían llegado a penetrar en la actividad comercial que se llevaba a cabo en el Mediterráneo, incluso en su extremo oriental. Particularmente recurrían a las islas de Creta, a la que llamaban Candia por la dulzura de sus vinos y los diversos lujos que en ella se podían encontrar, y a Khíos, al oeste de la península de Anatolia.

Esta isla en aquel entonces era "el ojo derecho de Génova", a donde llevaban tejidos ingleses (*Kerseys*) y donde obtenían, además de las especias provenientes del Lejano Oriente, gran variedad de productos del Cercano y Medio Oriente.[74] Debido a que la expansión del Imperio turco había llevado a un notable fortalecimiento de su marina, después de 1550 el tráfico por parte de los ingleses llegó a suspenderse en esa región.

---

[72] R. Hakluyt, *op. cit.*, vol. IX, p. 357.
[73] J. García Icazbalceta, *op. cit.*, 1963, p. 29n.
[74] K. Andrews, *Trade, Plunder and Settlement, Maritime Enterprise and the Genesis of the British Empire, 1480-1630*, Cambridge University Press, Cambridge, 1984, p. 87.

Hakluyt hace alusión[75] a que Roger Bodenham fue uno de los últimos navegantes ingleses que tuvieron éxito en el tráfico con Levante en el periodo que precedió a la década de los cincuenta:

> era [el tráfico con Levante] muy usual y muy frecuentado desde el año de nuestro Señor de 1511 hasta el año de 1534, y después también, aunque no era tan común, hasta el año de 1550, cuando la barca *Aucher* bajo el conducto de M. Roger Bodenham, hizo un próspero viaje a Sicilia, Candia, Sio y otros lugares de Levante. Desde aquel tiempo, dicho tráfico [...] fue totalmente descontinuado, y de cierta manera, muy olvidado, como si nunca se hubiese dado, por un espacio de 20 años o aun más.[76]

Taylor[77] afirma que los peligros que enfrentaron los ingleses contra los turcos en ese viaje al Mediterráneo oriental —en el que Roger Bodenham fungía como capitán de la barca *Aucher*— fue lo que llevó al fin del tráfico inglés hacia el Oriente durante esa época y que éste no se reiniciaría sino hasta después de 30 años. Debido a eso, el capitán Bodenham se estableció en el sur de España y se introdujo en el comercio con el noreste de África,[78] familiarizándose con la gente, las leyes y las ciudades de Marruecos. No obstante, este negocio resultó ser demasiado peligroso e infructuoso para sus intereses, de modo que volvió su atención a un territorio seguramente mucho más atractivo y prometedor en su contexto histórico: las Indias Occidentales.

He aquí su testimonio:

> Yo, Roger Bodenham, habiendo vivido largo tiempo en la ciudad de Sevilla en España, y habiéndome casado ahí y teniendo, por mi residencia ahí, oportunidad de comerciar y traficar con los estados de Berbería (Barbary), llegué a tener grandes pérdidas y necesidad debido a aquel nuevo comercio que empecé en la ciudad de Fez. Así que regresando a España, empecé a discurrir dentro de mí y a a considerar de qué manera podría llegar a recuperar y mantener mi posición. Y resolví, con ayuda de mis amigos, adquirir una embarcación llamada *La Barca Fox*, perteneciente a Londres [...] y con la misma hice un viaje a las Indias Occidentales, habiendo obtenido la aprobación de los mercaderes españoles debido a que había residido por tan largo tiempo y me había casado en su país. Mi viaje era [...] a la Nueva España...[79]

De este modo Bodenham sacó de España en el verano de 1563, un cargamento con rumbo a las Indias Occidentales. Taylor informa[80] que en su retor-

[75] R. Hakluyt, *The Principal Navigations...*, vol. V, 1903-1905, pp. 71-76 y 167-168.
[76] R. Hakluyt, *op. cit.*, vol. V, pp. 167-168, citado por K. Andrews, *op. cit.*, 1984, pp. 87-88.
[77] E. G. R. Taylor, *The Original Writings and Correspondence of the Two Richard Hakluyts*, The Hakluyt Society, núm. LXXVI, Londres, 1935, p. 8 (Segundas Series).
[78] *Barbary.*
[79] Richard Hakluyt, *The Principal Navigations...*, vol. IX, 1903-1905, p. 359.
[80] E. G. R. Taylor, *op. cit.*, 1935, pp. 8-9.

no a Sanlúcar, en la primavera del año de 1564, Bodenham se enteró de que John Hawkins estaba planeando un segundo viaje de tráfico de esclavos a la América española y que durante la última etapa de éste aprovecharía para hacer un reconocimiento de la Florida. Hawkins había consultado a sir Thomas Challoner, el embajador inglés en Madrid, sobre a quién de sus conciudadanos que habitaban en España le recomendaba para llevar consigo a las Indias a fin de que actuara como su intérprete.

Bodenham solicitó la recomendación de Challoner al respecto. Sin embargo, el embajador propuso a Anthony Parkhurst, un caballero de Kent, quien inmediatamente dejó Cádiz y se dirigió a Inglaterra, y posteriormente resultó ser un valioso informante sobre asuntos americanos para el mayor de los Hakluyt.[81]

Bodenham logró cierto reconocimiento entre los mercaderes andaluces. Helen Wallis comenta que entre los mercadores anglo-españoles, para 1560, Roger Bodenham y Henry Hawks eran de los más notables.[82]

Según su propio testimonio,[83] Bodenham había vivido en Sevilla "por largo tiempo" y ahí se casó. Tenía también ahí amigos influyentes entre los españoles. Esto es claro no sólo porque obtuvo con facilidad el permiso para pasar a las Indias Occidentales, sino porque cuando realizó su siguiente viaje a las Indias y concretamente a la Nueva España, lo hizo en términos bastante amistosos con don Pedro Meléndez, general de las flotas de Tierra Firme y Perú y con su hijo, general de la flota de la Nueva España.

Roger Bodenham se embarcó en Cádiz[84] rumbo a San Juan de Ulúa cerca de 1564. De Veracruz, el comerciante se desplazó a la ciudad de México y permaneció en el país por un espacio de nueve meses. Bodenham fue a la Nueva España expresamente con el propósito de comerciar, cosa que indudablemente hizo y lo hizo legalmente. Comenta Bodenham que llegado a San Juan de Ulúa "[...] inmediatamente tomé disposiciones para descargar todas mis mercancías en el Puerto de Veracruz, de otra manera llamado Villa Rica, a fin de que fueran transportadas de ahí con rumbo a la ciudad de México..."[85]

Bodenham es un claro ejemplo de la tesis defendida por Gordon Connell-Smith,[86] quien arguye que los comerciantes ingleses que se dedicaban al co-

---

[81] A. Bodenham, por su parte, se le dio una recomendación para la duquesa de Feria, quien a su vez le dio una carta de presentación para el duque de Leicester, la cual presentaría en Londres.

[82] Helen, Wallis, "The Pacific", en *The Hakluyt Handbook, op. cit.*, 1974, p. 224.

[83] R. Hakluyt, *op. cit.*, vol. IX, 1903-1905, p. 359.

[84] Existe una discordancia entre la fecha en que Bodenham viajó a la Nueva España con Pedro Meléndez de Avilés según el escrito de Bodenham publicado por Hakluyt, en el que el mercader asienta que este viaje dio inicio en mayo de 1564 [R. Hakluyt, *The Principal Navigations...*, vol. IX, 1903-1905, p. 359] y lo indicado por la doctora Taylor en su prefacio a *The Original Writings and Correspondence of the Two Richard Hakluyts, op. cit.*, 1935, p. 9, en el que la autora asevera que éste ocurrió un año más tarde, esto es, en 1565.

[85] R. Hakluyt, *The Principal Navigations...*, vol. IX, 1903-1905, p. 359.

[86] G. Connell-Smith, *op. cit.*, 1954, pp. xi-xxii.

mercio anglo-español llegaron a tener tanto derecho a mercar en el Nuevo Mundo como los propios españoles, en los mismos términos de estos últimos, siempre que llenaran los requerimientos que la Casa de Contratación establecía para toda persona que intentara comerciar en las Indias.

Después de aquel viaje a la Nueva España, Bodenham regresó a Londres en la primavera de 1566, donde sus conocimientos de cosmografía y navegación lo hicieron el centro de interés de un entusiasta círculo de aristócratas ingleses.[87]

El embajador español en Londres, De Silva, calificaba a Bodenham como un hombre hábil. Felipe II lo escogió como a uno de los cinco que harían el nuevo viaje a las Filipinas en 1567.[88] Es probable que Bodenham efectivamente haya ido en aquella travesía, ya que el viaje tomó más de dos años y no se vuelve a tener noticias de este comerciante sino hasta agosto de 1571, cuando preparó para Lord Burghley un pequeño y práctico panfleto sobre el comercio exterior inglés y la manera de incrementarlo.

Bodenham fue requerido por Hakluyt, *el geógrafo*, para hacer un recuento de sus observaciones en México. El resultado fue un escrito bastante escueto publicado en la primera edición de *The Principall Navigations* como "The voyage of Roger Bodenham to Saint Iohn de Vllua in the Bay of Mexico. Anno 1564", y fue reimpreso en la segunda edición de la obra de Hakluyt.

Kenneth Andrews comenta que Bodenham "quien debió haber sabido mucho sobre el comercio a la Nueva España" no entendió el propósito de Hakluyt de obtener más información de primera mano sobre la región para el público inglés, ya que "terminó su magra historia refiriendo al lector a las historias de los españoles".[89] Después de relatar los antecedentes de su viaje y su llegada a San Juan de Ulúa, Bodenham se limita en su escrito a hacer rápida mención de dos ciudades importantes que se encuentran en el camino de Veracruz a México: Puebla y Tlaxcala. Al describir la ciudad de México se detiene a mencionar la situación de ésta en medio de un lago y también parece recordar las ciudades medievales europeas cuando menciona que debido a esa ubicación "no necesita de murallas estando defendida por el agua", su impresión es de que la ciudad de México cuenta con "muchas buenas casas, iglesias y monasterios". Después de lo dicho y de relatar su viaje de regreso a España con la flota de Sevilla, Bodenham concluye haciendo mención particular a la producción abundante de cochinilla y el bajo precio de la misma en

---

[87] Una pequeña sociedad de sus coterráneos le dio el comando de una embarcación cargada con productos que llevó a Andalucía, pero al estar cerca del puerto, fue tomada por piratas turcos y parte de la tripulación fue ahogada mientras que los sobrevivientes fueron tomados como rehenes. Existe una carta de Bodenham dirigida, al parecer, a un padre que fue privado de su hijo durante aquel desafortunado viaje a Andalucía. Esa carta ha sobrevivido como característica del hombre y su tiempo. E. G. R. Taylor, *op. cit.*, 1943, Documento 3, p. 72.

[88] E. G. R. Taylor, *op. cit.*, 1934, Documento 4, p. 74.

[89] K. R. Andrews, "Latin America", en *The Hakluyt Handbook, op. cit.*, 1974, p. 234.

Puebla de los Ángeles, sabiendo que tal información sería de sumo interés para los fabricantes y para los mercaderes de hilados y tejidos ingleses. Con este escrito tan parco y poco informativo Bodenham parecería estar protegiendo su situación privilegiada tanto en España como en Inglaterra. Porque en su carrera como mercader de la Compañía Andaluza Bodenham gozó del favor de personas influyentes tanto españolas como inglesas.[90]

Hay motivos para pensar que después de ese exitoso viaje a la Nueva España en el que Roger Bodenham recuperó parte de su fortuna tras haber recibido su flete de la Casa de Contratación de Sevilla por "más de 13 000 ducados", continuó con su comercio en el norte de África.[91] De lo más interesante a este respecto es el comentario de P. E. H. Heir[92] en referencia a que, entre los papeles de Estado británicos, se encuentra uno muy importante escrito por el embajador Edmund Hogan que trata sobre el comercio de salitre, en el cual alude a "una extraordinaria propuesta de 1579 del comerciante Roger Bodenham para llevar a cabo una alianza anglo-marroquí y el establecimiento de una base naval en Mogador para de ahí perseguir las Canarias y las Indias".[93]

Taylor asegura que Bodenham conservaba la confianza de los españoles, aunque actuaba como un espía inglés, así como lo hizo también su hijo William. Sus cartas a Burghley y a Walsingham serían evidencia de ello. Podemos entender entonces que la asimilación de Bodenham a España no fue irrestricta y que las Indias le impresionaron mucho más de lo que manifestó en su escrito a Hakluyt. En realidad, este mercader "españolizado" —como Taylor lo califica— mantenía vivos los vínculos con sus coterráneos y se unía a ellos en su afán de "perseguir las Indias".

John Chilton

John Chilton era un comerciante acaudalado de la ciudad de Londres cuando, en julio de 1561, decidió zarpar de esa ciudad con rumbo a España. Residió en

---

[90] Entre los amigos ingleses de Bodenham se contaban Michael Lok, Edward Dyer y muy probablemente conocía a uno de los Hakluyts, al parecer al más joven de los primos. Esto se piensa por las dos contribuciones que Bodenham llevó a cabo a las notas que sobre América los Hakluyts estaban recopilando. E. G. R. Taylor, op. cit., 1943, p. 10.

[91] P. H. Heir afirma que Hakluyt publicó únicamente el material referente a los primeros viajes regulares de los comerciantes ingleses hacia Marruecos, pero que no publicó el de los años subsecuentes, que es poco probable que tal información hubiese sido inaccesible al cronista y que es más posible que éste fuera selectivo en la documentación que publicara. Comenta Heir que el comercio con Marruecos operó muy pronto con una base permanente y como Hakluyt decidió no publicar los registros respectivos, muchos de ellos se han perdido, pero que algunos se encuentran hasta el día de hoy en la Corte del Almirantazgo.

[92] P. E. H. Heir, "Morocco, the Saharan Coast and the Neighbouring Atlantic Islands", en The Hakluyt Handbook, op. cit., 1974, pp. 194-195.

[93] P. E. H. Heir, ibid.

España siete años —seguramente en casa de su hermano Leonard—,[94] después de los cuales, en marzo de 1568, "deseoso de ver el mundo" se embarcó en la bahía de Cádiz con rumbo a México.[95]

John Chilton permaneció en la Nueva España entre 17 y 18 años, durante los cuales viajó por todo el territorio asimilado por España, e incluso por Centroamérica y parte de Sudamérica. Pasado ese tiempo regresó a España y, posteriormente, en julio de 1586, después de 25 años de ausencia, volvió a Londres. Durante sus interesantes viajes a América escribió sus apuntes personales, en los que después se basó para redactar una relación que fue publicada por primera vez en *The Principall Navigations* de Richard Hakluyt de 1589, bajo el título de *El viaje de Iohn Chilton hacia la India Occidental con muchas cosas extraordinarias tocantes a ese territorio. An. 1568.*[96] El manuscrito de Chilton parece haber sido obtenido para su publicación por el abogado Richard Hakluyt. En la Biblioteca del Museo Británico existe una copia aumentada sobre esta versión.[97]

El documento de Chilton se reimprimió —tal cual se encontraba en la publicación de 1589— en la segunda edición de las *Navigations* de Hakluyt con el nombre de *El extraordinario viaje de M. Iohn Chilton a todas las partes principales de Neuua Espanna y a diversos lugares en Perú, comenzado desde Cádiz en Andalucía en Marzo de 1568.*[98]

La edición de *The Principal Navigations* de la Sociedad Hakluyt publicada en Glasgow (1903-1905) lo registra como *El notable discurso de M. John Chilton acerca de las gentes, costumbres, minas, ciudades, riquezas, fuerzas y otras cosas notables de la Nueva España y otras provincias en las Indias Occidentales, vistas y notadas por él mismo durante el tiempo de sus travesías por aquellas regiones por espacio de diecisiete o dieciocho años.*[99]

Es importante mencionar que cuando John Chilton viajó por todas las principales regiones del virreinato novohispano hizo una narración detallada de los lugares, de sus recursos y de sus principales rasgos geográficos. Investigó detalles sobre la organización civil, la población y aun sobre los negocios transoceánicos de México, pues escribió algunos particulares sobre las fechas de llegada y la carga de la flota de Indias.

Kenneth Andrews comenta que los viajes de Chilton por México, Centroamérica y Sudamérica fueron de "amplio espectro", pero también "faltos de equilibrio".[100] Conviene destacar la sorprendente cobertura que los viajes de Chilton

---

[94] *Vide supra.*
[95] R. Hakluyt, *op. cit.*, vol. IX, 1903-1905, p. 361; J. García Icazbalceta, *op. cit.*, p. 33.
[96] D. B. Quinn (ed.), 1974, *The Hakluyt Handbook, op. cit.*, p. 368.
[97] *Id.*
[98] D. B. Quinn, *op. cit.*, 1974, p. 446.
[99] R. Hakluyt, *The Principal Navigations...*, vol. IX, 1903-1905, pp. 473, 360.
[100] Hablando del problema que enfrentó Hakluyt en cuanto a la falta de actualidad en las observaciones escritas por Robert Tomson y Henry Hawks para su publicación de 1589, Andrews

tuvieron en las principales regiones de la América española que a finales del siglo XVI habían sido realmente asimiladas por el régimen colonial. A pesar de que su viaje a Sudamérica y Centroamérica fue relativamente corto —dos años en total incluyendo su visita a Sonsonate y Chiapas— en relación con el tiempo en que vivió y viajó por la Nueva España (al menos 15 años), Chilton parece haber seleccionado bien los lugares a los que iba y, asimismo, parece haber aprovechado adecuadamente el tiempo durante esas travesías investigando e informando de cada región y ciudad importante, datos referentes a su gobierno, a la población española e indígena de cada una, a sus actividades económicas y a sus productos principales.

La relación de Chilton, junto con las de Tomson, Bodenham, Hawks, Philips y Hortop, fue una de las escasas fuentes primarias que Richard Hakluyt tuvo sobre México para dar a conocer en su obra de *The Principall Navigations*. De hecho, estas relaciones constituyen los principales registros de la actividad inglesa en el territorio novohispano del siglo XVI.[101]

La carta de Leonard Chilton a Henry Hawks[102] ilustra, como bien lo indica Taylor, la cercanía de las relaciones que mantenían los mercaderes anglo-españoles que se encontraban tanto en España como en México y es muestra de que un grupo, quizá pequeño pero bien vinculado, se había desplazado a la Nueva España y que sus negocios y perspectivas eran seguidos con atención por otros integrantes y figuras principales de la Compañía Andaluza. En su carta de julio de 1567, Leonard Chilton pide a Henry Hawks que, si se queda algún tiempo en la Nueva España "me escribas de tiempo en tiempo de tu salud y de tus asuntos y cómo les va a todos nuestros amigos por allá y cómo prosperan y sus intenciones, tanto como te sea posible, tocante a su venida a España".[103]

Taylor señala la manera en que las relaciones de parentesco y de amistad tejían una importante red en este pequeño pero organizado grupo de mercaderes. Estas relaciones no se advierten en las crónicas de Hakluyt, quien publica sus testimonios pero ignora, o pasa por alto, la organización mercantil de la Compañía Andaluza:

Robert Sweeting, cuñado de (Leonard) Chilton, era hijo de John Sweeting y de su esposa española [...] John Sweeting era uno de los mercaderes ingleses que vivían en España en 1538 y que pasó parte de su vida en México [...] Henry Hawks, John Chilton (el hermano de Leonard), Roger Bodenham y Robert Tomson (también nativo de Bristol y amigo de Hawks y de los Sweeting), todos contribuyeron con

---

comenta: "Hakluyt did well to supplement these with John Chilton's wide/ranging if *asymmetrical* travelogue coming down to 1585..." K. R. Andrews, *The Hakluyt Handbook, op. cit.*, 1974, p. 236.

[101] K. R. Andrews, "Latin America", en *The Hakluyt Handbook, op. cit.*, 1974, pp. 236-237.

[102] Publicada por E. G. R. Taylor, *op. cit.*, 1935, Documento 4, pp. 74-76.

[103] E. G. R. Taylor, *op. cit.*, 1935, p. 75.

información para los Hakluyt, la cual eventualmente fue publicada en las *Principal Navigations*.[104]

Ya nos habíamos referido a la relación que existía entre Leonard Chilton y los Sweeting debido al matrimonio de éste con una hija de John Sweeting de Cádiz. Por su parte, Aydelotte[105] asevera que Robert Sweeting era pariente de John Chilton. Aydelotte no menciona la fuente de su afirmación, aunque es de pensarse que lo infiere por la relación matrimonial entre Leonard Chilton y la hija de Sweeting. Taylor, quien tampoco da mayor información sobre sus fuentes, disipa las dudas sobre el parentesco entre Leonard y John Chilton: eran hermanos.[106]

La carta de Leonard Chilton a Hawks es seguramente una de las fuentes más importantes que sustentan esta afirmación. Después de pedirle en su carta a Henry Hawks que persuadiera a su cuñado Robert Sweeting —quien vivía en Texcoco— de que se acordara de sus padres de manera más efectiva de la que hasta entonces lo había hecho, Leonard Chilton le encomienda al mismo Hawks que proporcione "a su hermano Andrés", su "buen consejo" y que, en lo que pueda, sea su amigo, como él sabe que lo es y añade: "no le escribiré hasta que escuche de su llegada allá, por tanto, te ruego, que por lo pronto, ésta sea suficiente para él..."[107]

John Chilton viajó hacia la Nueva España en marzo de 1568, esto es, unos ocho o nueve meses después de que lo hizo Henry Hawks, por lo que creemos que John Chilton era el mismo "Andrés", el hermano al que Leonard se refería en su carta a Hawks. Como muchos ingleses, John Chilton podría contar con dos nombres propios.

Leonard Chilton había viajado a México en 1555 conduciendo a Robert Tomson, John Field y su familia. No se sabe si volvió pronto a España, lo cual es probable, ya que viajó al territorio novohispano expresamente como capitán de la nave de su suegro. Tenía familia y un negocio seguro en la Península. Es muy probable que estuviera en Andalucía en 1561, cuando su hermano John se desplazó desde Londres hacia allá. Durante los siete años que vivió en el sur de España, John Chilton habitó en casa de su hermano Leonard y se relacionó con personas de influencia de la sociedad anglo-española. Después de esto, en marzo de 1568, motivado por "conocer el mundo" John Chilton viajó a la Nueva España como comerciante. Seguramente obtuvo ayuda de

---

[104] E. G. R. Taylor, *op. cit.*, Documento 4, p. 75n. Comentarios entre paréntesis de la autora de este trabajo.

[105] F. Aydelotte, "Elizabethan Seamen in Mexico and Ports of the Spanish Main", *The American Historical Review*, vol. XLVIII, núm. 1, octubre, 1942, p. 17.

[106] Se considera la afirmación de esta autora como fidedigna por toda una vida de trabajo que Taylor llevó a cabo en archivos españoles e ingleses, la cual le confiere suficiente autoridad al respecto.

[107] E. G. R. Taylor, *op. cit.*, 1935, p. 75.

los miembros de la Compañía Andaluza para conseguir las licencias que le permitieron desplazarse al continente americano. John Chilton fue a la Nueva España 13 años después de lo que lo hizo su hermano Leonard.

John Chilton en la Nueva España

Movido por sus "deseos de ver el mundo", John Chilton se embarcó en Cádiz rumbo a la Nueva España en un día de marzo de 1568. Tras la acostumbrada escala —de tres meses en esa ocasión— en las Islas Canarias, navegaron cruzando el Atlántico durante un mes para llegar, vía Santo Domingo, a San Juan de Ulúa.

Chilton empezó a describir el territorio mexicano desde su misma entrada al país. En San Juan de Ulúa, decía, el rey español mantenía a 50 soldados y oficiales que guardaban los fuertes, y a 150 africanos, que ayudaban a asegurar las amarras de las embarcaciones que llegaban a la isla y acarreaban piedras para las construcciones del lugar. En la Villa Rica de la Veracruz,[108] vivían los agentes de los comerciantes españoles, pero solamente parte del año: de finales de agosto a principios de abril, cuando llegaba de España la flota mexicana, y durante el tiempo que se descargaba lo traído de la Península y se embarcaban de vuelta "el dinero y los efectos" que se enviaban de México. De abril a agosto, los agentes comerciales vivían en Xalapa, donde, una vez que la flota mexicana había partido hacia España, se llevaba a cabo la feria o mercado a la que acudían compradores de todo el país.

En el recorrido inicial por el territorio novohispano John Chilton dio las primeras muestras del procedimiento con el que se aplicaría a averiguar y registrar sus observaciones. Llevó a cabo una reseña de las ciudades y lugares más importantes que visitó durante su camino a México, haciendo hincapié en su estructura poblacional y en los productos por los que cada ciudad se destacaba, lo cual resultaba particularmente interesante para cualquier mercader: Perote, bosques y maderas, ciervos y mulas; Puebla, ciudad importante donde habitaban 1 000 españoles y "gran número de indios"; Ozumba y sus manantiales de agua; Tlaxcala, "ciudad de doscientos mil indios [...] que

---

[108] La Villa Rica de la Vera Cruz fue el primer asentamiento español fundado en México, fue establecido por Cortés.

Primero junto a San Juan de Ulúa y después (el 18 de mayo de 1519) en Quiahuahuixtlan [...] fue trasladada a un nuevo lugar situado a ocho leguas al sur (La Antigua) en 1525. Un cambio jurisdiccional importante se produjo en 1599-1600, cuando los habitantes de Vera Cruz se trasladaron del lugar que ocupaban desde 1525 (llamado de ahí en adelante Vera Cruz Vieja o Antigua) al lugar definitivo (Vera Cruz Nueva) en la costa frente a San Juan de Ulúa [...] En los primeros años, muchos españoles que aparecían como vecinos de Villa Rica vivían en realidad en lugares más sanos en el interior.

P. Gerhard, *Geografía histórica de la Nueva España 1519-1821*, UNAM, México, 1986, pp. 372-375.

fueron la causa de que se conquistara la ciudad de México";[109] Tepeaca, Hue-
jotzingo y Tecamachalco, comunidades productoras importantes de cochinilla; Cholula, "habitada por más de 60 000 indios tributarios"[110] y sólo 12 españoles entre ellos; Acazingo, otro ejemplo de asentamientos novohispanos donde
ni siquiera 1% del total de la población estaba constituida por los hispanos.
Esta referencia reiterativa a los tributarios indígenas y a la escasa población
española en relación con la población nativa del territorio en poblados importantes del camino Veracruz-México, pudo haber incluido cierto elemento estra-
tégico para los lectores ingleses.

Chilton describía a la ciudad de México como "la ciudad de mayor fama en
todas las Indias" y como una ciudad muy bien planeada en la que los canales
formaban parte importante para su funcionalidad.

> Esta ciudad de México es la ciudad de mayor fama en todas las Indias, teniendo
> casas buenas y costosas que en ella se han construido, todas de cal y canto. Tiene
> siete calles de largo y siete de diámetro, con corrientes de aguas que pasan cada
> dos calles por los cuales ellos transportan sus provisiones en canoas. Está situada
> al pie de ciertas montañas y tiene un área aproximada de más de veinte leguas...[111]

No obstante, Chilton no llegó a percatarse —o al menos no lo menciona,
como tampoco lo hicieron sus compañeros—, de que varias de las obras urba-
nas que le llamaron la atención, como el abastecimiento de agua, la comunicación y el aprovisionamiento de productos de la periferia por medio de canales
y canoas, eran de origen nativo y ya existían en la ciudad con anterioridad a la
llegada de los españoles. No reconoce explícitamente el desarrollo urbano
que los habitantes nativos de la ciudad de México habían logrado en épocas
precedentes a la de su contacto con Europa.

Chilton en el oeste y el noroeste de México (c. 1569)

Tras haber vivido en la ciudad de México por dos años, "deseoso de ver tierra
adentro", e invirtiendo "lo que tenía", emprendió su primer viaje de reconocimiento. Chilton se enteró de cuáles eran las principales ciudades mineras de
la época. Durante su primer viaje al interior, pasando por "ciertas minas que
se llaman Temascaltepec", se dirigió hacia la Nueva Vizcaya, "hacia las provincias de California". De Temascaltepec caminó con rumbo noroeste hasta
llegar tan lejos como el Valle de San Bartolomé[112] (véase el mapa I.1).

---

[109] John Chilton en R. Hakluyt, *The Principal Navigations...*, vol. IX, 1903-1905, pp. 362-363.
[110] *Id.*
[111] *Ibid.*, p. 363.
[112] John Chilton en R. Hakluyt, *op. cit.*, 1903-1905, p. 364.

MAPA I.1. Los viajes de John Chilton al interior de la Nueva España

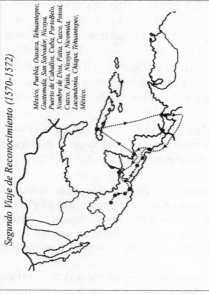

Segundo Viaje de Reconocimiento (1570-1572)

México, Puebla, Oaxaca, Tehuantepec, Guatemala, San Salvador, Nicoya, Puerto de Caballos, Cuba, PortoBelo, Nombre de Dios, Paita, Cuzco, Potosí, Cuzco, Paita, Nicoya, Nicomula, Lacandonia, Chiapa, Tehuantepec, México.

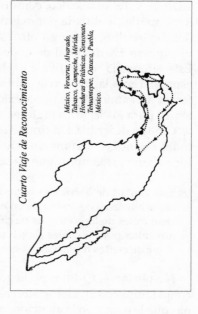

Cuarto Viaje de Reconocimiento

México, Veracruz, Alvarado, Tabasco, Campeche, Mérida, Honduras Británicas, Sonsonate, Tehuantepec, Oaxaca, Puebla, México.

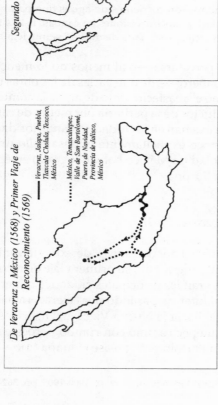

De Veracruz a México (1568) y Primer Viaje de Reconocimiento (1569)

——— Veracruz, Jalapa, Puebla, Tlaxcala Cholula, Texcoco, México

·········· México, Temascaltepec, Valle de San Bartolomé, Puerto de Navidad, Provincia de Jalisco, México

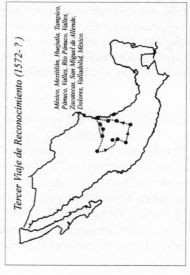

Tercer Viaje de Reconocimiento (1572- ?)

México, Meztitlán, Huejutla, Tampico, Pánuco, Valles, Río Pánuco, Valles, Zacatecas, San Miguel de Allende, Dolores, Valladolid, México.

Recorrió entonces la provincia de la Nueva Vizcaya, conoció, seguramente por los comentarios de los españoles y de los indígenas con los que viajaba, acerca de los chichimecas, a quienes diferencia de los indios del centro de México diciendo que "la mayor parte de los indios de estos parajes son salvajes y andan desnudos".[113] Se le dijo que esos indios eran caníbales. En su viaje de regreso recorrió la provincia de Jalisco y pasó por Puerto de Navidad. Comentaba al respecto: "a cuyo puerto (de Navidad) arriban siempre, en el mes de abril, los buques del Mar del Sur, procedentes de China y Filipinas, y en él desembarcan sus mercancías, que son en su mayor parte, telas de algodón, cera, vajilla fina de loza dorada y mucho oro".[114]

Queda abierta la pregunta de si Thomas Cavendish, el primer inglés en atacar la costa centro occidental y noroccidental novohispana en 1587-1588 habrá tenido acceso, vía su pariente Richard Hakluyt,[115] a la información sobre la Nueva España que Chilton concedió al cronista. Chilton volvió a Londres en 1586, el mismo año en que Cavendish dio comienzo al viaje que resultó en la tercera circunnavegación del globo, durante el cual logró enriquecerse en extremo al asaltar el galeón *Santa Ana* proveniente de Manila, en las costas de Baja California Sur.[116]

*Chilton en el sureste novohispano, Centroamérica,
Perú y Bolivia (1570-1572)*

En 1570, llevando diversas mercancías y en compañía de un amigo español,[117] Chilton inició un largo viaje hacia el sureste de México, Centroamérica y Sudamérica, mismo que le llevaría dos años. Emprendió el camino vía Puebla-Oaxaca, región productora de mantas de algodón y de la codiciada grana; pasó por Nexapa, cerca de Huatulco,[118] por Tehuantepec, a la que se refiere como la última ciudad de la Nueva España en su extremo oriental.[119]

---

[113] *Id.*

[114] *Id.*

[115] Richard Hakluyt, *el geógrafo*, estaba casado con Douglas Cavendish, prima de Thomas Cavendish.

[116] *Vide infra.*

[117] Es probable que se tratara de Robert Sweeting (*vide supra*).

[118] Huatulco, puerto importante en el Mar del Sur en el que "acostumbran embarcar las mercaderías que van al Perú y al reino de Honduras". Chilton hace un interesante comentario al margen, en el que puede advertirse que continuó en México su actividad mercantil por muchos más años, ya que afirma que nueve años después de este viaje, es decir en 1579, Drake, durante su viaje de circunnavegación, llegó a Huatulco y lo saqueó. Con esto, el propio Chilton perdería más de mil ducados que Drake "tomó con otras muchas mercaderías de varios comerciantes de México". J. García Icazbalceta, *op. cit.*, 1963, p. 38. En Hakluyt lo leemos así: "Aguatulco [...] in which place Sir Francis Drake arrived in the yeere 1579, in the moneth of April, where I lost with his being there above a thousand duckets, which he tooke away, with much other goods of other merchants of Mexico [...] R. Hakluyt, *The Principal Navigations...*, vol. IX, 1903-1905, p. 365.

[119] Es conveniente notar los comentarios que Chilton va acotando de los lugares por los que pasó. Ellos muestran que además de inquirir sobre detalles que resultarían meramente económi-

En Tehuantepec, el mercader John Chilton encontró una pieza de artillería que, habiendo pertenecido originalmente al *Jesus of Lubeck*,[120] fue capturada por los españoles después de la batalla de San Juan de Ulúa y transportada por el istmo de Tehuantepec para defender el puerto del Pacífico. En Soconusco, donde ya se producía cacao, había "hombres muy ricos y ostentosos", españoles ellos, aunque no eran muchos.[121]

Tras viajar por la ciudad de Guatemala, la provincia de Sonsonate, San Salvador, Acajutla y Nicoya en Nicaragua, pasó a Costa Rica. No pudo continuar por tierra su camino hacia el sur pues "los indios de ahí viven como guerreros".[122] Seguramente se refería a los cimarrones, quienes estaban de continuo en guerra contra los colonizadores españoles. Por esa razón volvió a San Salvador, gastó lo que tenía en añil y se lo llevó al Puerto de Caballos en Honduras y de ahí pasó a Cuba, donde permaneció sólo dos meses antes de viajar hacia Nombre de Dios en una fragata. De Nombre de Dios se fue por tierra a la ciudad de Panamá. Allí se enteró de las características del sistema transístmico de transporte interoceánico: fluvial de Nombre de Dios a Venta de Cruces. A lomo de mula de Cruces a Panamá. De Panamá viajó por mar a Paita y de ahí por tierra a Cuzco. Finalmente, llegó a Potosí.

Emprendió después el regreso a México. Al llegar a Guatemala siguió hacia el norte de Chiapas, por no poder atravesar las tierras bajas de Soconusco, pues era tiempo de lluvias e inundaciones. Se enteró de que los lacandones eran "indios de guerra que el rey no podía sujetar",[123] pasó por Chiapa de Corzo y describe el cerro de Ecatepec, al occidente del istmo de Tehuantepec.

Chilton en el norte de México

Tiempo después de haber vuelto de su viaje a Sudamérica, John Chilton y su amigo[124] se dirigieron hacia el noreste de México, rumbo a las Huastecas. En su camino a Metztitlán, ciudad de indios y algunos españoles —comenta el viajero— "los indios de todos los pueblos por donde pasábamos nos ofrecían provisiones."[125] De Meztitlán pasaron por Huejutla y de ahí entraron en la Huasteca potosina, parando en Cuyalab (Tancuilave, Tancuyalab).[126] Llega-

---

cos, se interesaba en registrar los asentamientos, las características de la población y las circunstancias políticas y sociales de las regiones que visitó.

[120] La embarcación real en la que John Hawkins llevó a efecto su tercer viaje de tráfico de esclavos africanos, viaje que tuvo un final desastroso para la compañía inglesa de traficantes ilegales en las costas orientales de la Nueva España. *Vide infra.*

[121] R. Hakluyt, *The Principal Navigations...*, vol. IX, 1903-1905, pp. 365-366.

[122] *Op. cit.*, p. 366.

[123] *Op. cit.*, p. 369.

[124] Probablemente se trataba de Robert Sweeting. *Vide supra.*

[125] J. García Icazbalceta, *op. cit.*, 1963, p. 44.

[126] Tamistla = Tancuilave = Tancuyalab = Cuyalab. P. Gerhard, *op. cit.*, 1972, pp. 355-356.

ron finalmente a Tampico y a Pánuco. En este lugar Chilton cayó presa de una enfermedad e involuntariamente se separó del grupo de viajeros. Al deambular sólo y débil en su caballo fue a dar a las chozas de algunos indígenas chichimecas, quienes —según una muchachita indígena de México que era prisionera de los chichimecas y que hizo las veces de traductora para Chilton— le habrían comido a no ser porque lo vieron enfermo y temieron que tuviera viruela y los contagiara.[127] En Valles, Chilton volvió a encontrar a su amigo. Ahí se unió a la comisión de Francisco de Pago, que estaba encargada, según él testifica, de planear el primer camino de las minas de Zacatecas a Tampico con el propósito de sacar la plata directamente hacia España.

El siguiente párrafo es claro en cuanto a los móviles que llevaron a la construcción de los caminos coloniales de México: "llegó un tal Francisco de Pago a quien el virrey [...] había enviado por capitán general para descubrir y abrir camino desde la costa del mar a las minas de Zacatecas, que están a ciento sesenta leguas de allí, a fin de transportar las mercancías por aquel camino, dejando el de México, que es jornada de siete u ocho semanas".[128]

Anduvieron los viajeros en dirección este-oeste por la frontera novohispana durante treinta días[129] hasta alcanzar Zacatecas, donde estaban "las más ricas minas de todas las Indias. Allí —comentaba Chilton— nos dio licencia nuestro capitán para partirnos..."[130] De Zacatecas regresaron a México pasando por San Miguel de Allende y Dolores Hidalgo (Pueblo Nuevo de los Dolores).[131] Chilton viajó finalmente a la provincia de Michoacán donde notó la diversidad de las actividades económicas promovida por Vasco de Quiroga. "Abundan [...] todos los productos de España; tiene viñas silvestres y bosques de nogales, hay muchas minas de cobre y gran cantidad de ganado [...] Los indios de esta tierra son muy altos y robustos".[132]

No se registra con exactitud en qué fecha regresó a la ciudad de México, pero pudo haber sido a finales del mismo año de 1572.

---

[127] R. Hakluyt, *The Principal Navigations...*, 1903-1905, p. 372.
[128] J. García Icazbalceta, *op. cit.*, 1963, p. 47.
[129] En esta parte de la narración, la traducción de García Icazbalceta incurre en un error, ya que dice "treinta *millas*" en lugar de "treinta *días*" (*sic*): "A las treinta *millas* de camino por bosques, cerros y montañas, llegamos a las minas de Zacatecas, que son las más ricas de todas las Indias y de donde se saca más plata (J. García Icazbalceta, *op. cit.*, 1963, p. 48). El original en la obra de Hakluyt dice: "Within *thirty days* after, travelling thorow woods, hilles, and mountaines, we came to the mines of Sacatecas, wich are the richest mines in all the Indies, and from them they fetch most silver... R. Hakluyt, *The Principal Navigations...*, vol. IX, 1903-1905, p. 374.
[130] R. Hakluyt, *The Principal Navigations...*, vol. IX, 1903-1905, p. 374.
[131] P. Gerhard, *op. cit.*, 1986, p. 239.
[132] J. García Icazbalceta, *op. cit.*, 1963, pp. 48-49; R. Hakluyt, *op. cit.*, vol. IX, 1903-1905, p. 374.

Otra vez en el sureste novohispano

No se sabe cuánto tiempo pasó entre el tercer y cuarto viajes de Chilton por el interior de la Nueva España, pues el viajero sólo menciona: "Más adelante volví a la provincia de Sonsonate..."[133] Esta vez el recorrido se llevó a cabo por el sureste novohispano, vía Veracruz: de Alvarado a Tabasco, a Campeche, y a la provincia de Mérida. Describió las costas del obispado de Merida y Yucatán: "La principal mercancía que cargan allí en pequeñas fragatas es una madera llamada campeche y sirve para teñir, así como también cueros y añil[134] [...] En toda esta costa no hay fortaleza que la defienda, salvo que la costa es baja y sin puerto capaz de recibir ningún buque como no sean fragatas [...]".[135]

Es muy probable que estas líneas hayan sido leídas en Inglaterra en las *Navigations* de Hakluyt y propagadas en los puertos del país animando viajes como los de los navegantes Henry Morgan, William Dampier y otros ingleses, quienes en el siglo XVII atacaron los puertos del Caribe y llegaron a establecer asentamientos semipermanentes en las costas de Tabasco y Campeche, explotando el palo de tinte, al cual, para entonces, los españoles no tenían en tan alta estima como otros productos novohispanos.

Comentarios de Chilton sobre los indígenas novohispanos

A lo largo de su escrito, John Chilton hizo consideraciones particulares relativas a los nativos del territorio novohispano. Puede decirse que aunque no fue muy explícito al respecto, llegó a percibir ciertas diferencias entre distintos grupos indígenas y a describir sus principales características y actividades, aspecto que está ausente en los escritos de la mayoría de los otros viajeros ingleses. Chilton estableció ciertas diferencias entre diversos grupos indígenas: por una parte están los indios *salvajes*, los *chichimecas*, quienes "andan desnudos [...] y acostumbran comerse a los cristianos";[136] por la otra están aquellos que pagan su tributo con abundancia al rey de España, los que ofrecen provisiones abundantes al ver pasar a los viajeros, y los que tienen habilidades particulares; por ejemplo: los que "son grandes flecheros, todos buenos flecheros desnudos",[137] o *indios nadadores*[138] o aun intérpretes como lo fue la muchachita indígena de México que los *chichimecas* tenían como prisionera y

---

[133] R. Hakluyt, *op. cit.*, vol. IX, 1903-1905, p. 374.
[134] J. García Icazbalceta, *op. cit.*, 1963, pp. 48-49; R. Hakluyt, *op. cit.*, vol. IX, 1903-1905, pp. 374-375.
[135] J. García Icazbalceta, *op. cit.*, p. 49.
[136] J. García Icazbalceta, *op. cit.*, 1963, p. 37.
[137] *Op. cit.*, pp. 44-47.
[138] *Id.*, p. 48.

esclava, misma que previno a Chilton de esos indígenas bárbaros cuando éste llegó enfermo, buscando ayuda de ellos en las cercanías de Pánuco.[139]

A lo largo de su reseña, Chilton concedió atención particular a los tributos que los indígenas novohispanos pagaban al rey de España. Aunque no hizo una explicación abierta del sistema de tributos, se referiría frecuentemente a ellos, en ocasiones mencionaba el número de tributarios y, en otras más, el tipo de productos que en cada región eran exigidos por la Corona española. En la conclusión de su escrito hizo una reseña de la riqueza que España recibía anualmente en función de los tributos indígenas: entre nueve y diez millones en oro y plata.[140]

Hizo un recuento de los indígenas y españoles que eran tributarios al rey de España por el simple hecho de ser sus súbditos o por la compra de las bulas papales. Respecto a estas últimas, hacía una severa crítica en tono irónico, así como de la actitud de los frailes cuando trataban de persuadir a *los pobres indios* de que compraran las indulgencias:

> y los frailes en sus sermones persuadían a los pobres indios que tomasen esas indulgencias, diciéndoles que con dar cuatro reales por una misa, librarían del purgatorio aquellas almas[141] [...] Arreglada de este modo la renta de las bulas, produce anualmente al tesoro más de tres millones de oro [...] últimamente, rehúsan tomar las bulas, porque ven que se convierte en un tributo anual, sino que cada indio toma una licencia para toda su casa [...] y partiéndola en pequeños pedazos, dan uno a cada persona de la casa, diciendo que no necesitan ahora más, pues ven en la que se compraron el año pasado, que ya tienen más de mil años de perdón.[142]

En la opinión de Chilton, la población novohispana estaría dispuesta a entablar relaciones comerciales con otros países de Europa que no fuesen España, pero las prohibiciones reales y sus consecuencias eran un obstáculo: "Y para tenerla [la tierra] siempre sujeta y aprovecharse de ella, ha prohibido estrechamente, por ley, bajo pena de muerte y confiscación de bienes, que ningún habitante de estos países comercie con alguna otra nación, aunque la gente lo desea mucho y lo harían indudablemente, si no fuera por temor del peligro a que se exponen".[143]

Por ejemplo, Chilton se percataba y denunciaba que por mandato del rey español, la Nueva España se mantenía dependiente de las mercaderías peninsulares a pesar de la abundancia y bondad de sus recursos naturales y del potencial de sus diferentes regiones para elaborar gran diversidad de produc-

---

[139] *Op. cit.*, p. 46.
[140] John Chilton en R. Hakluyt, *The Principal Navigations...*, vol. IX, 1903-1905, p. 375.
[141] J. García Icazbalceta, *op. cit.*, 1963, p. 50.
[142] *Op. cit.*, pp. 50-51; R. Hakluyt, *The Principal Navigations...*, vol. IX, 1903-1905, pp. 376-377.
[143] J. García Icazbalceta, *op. cit.*, 1963, pp. 50-51; R. Hakluyt, *The Principal Navigations...*, vol. IX, 1903-1905, pp. 376-377.

tos: "so pena de muerte, que no se cultive la viña y el olivo, sino que siempre tengan necesidad de recibir de España el vino y el aceite, aunque se recogería más allí (en la Nueva España) en cuatro años que en España en veinte, según es de fértil la tierra".

Aunque es evidente que Chilton exageraba en cuanto al potencial del suelo novohispano e ignoraba las particularidades climáticas requeridas para cultivar vides y viñedos, las restricciones y prohibiciones en cuanto a la producción local de bienes de consumo tuvo repercusiones definitivas en el virreinato, inhibiendo, durante largos periodos, el desarrollo regional y la diversificación natural de las actividades económicas en el territorio.

Chilton vivió en la Nueva España durante el periodo de más graves y crecientes conflictos entre la nación inglesa y la española y durante la época en que el territorio novohispano sufrió las primeras intrusiones violentas por parte de los ingleses. No fue sujeto a juicio por la Inquisición en la Nueva España, pero un error en la traducción que de Robert Tomson hace Joaquín García Icazbalceta, puede llevar a una falsa interpretación y a hacer pensar que Chilton tuvo problemas con el Santo Oficio en México. A pesar de las circunstancias políticas de la época, ni el escrito de Chilton ni otras fuentes dan alguna pauta para pensar que haya tenido dificultades con la Inquisicion española. En julio de 1586, después de haber navegado de regreso de México a España, y después de 25 años de ausencia, John Chilton volvió a la ciudad de Londres.

Henry Hawks

La relación de Henry Hawks sobre la Nueva España apareció publicada por primera vez en *The Principall Navigations Voyages, Traffiques and Discoveries of the English Nation...* en 1589 como *Una relación de los productos de Nueva España y de las maneras de sus habitantes, escrito por Henry Hawks, mercader, quien vivio cinco años en el país.*[144] Se reimprimió en la segunda edición de la obra de Hakluyt como *El viaje del mercader Henrie Hawks a Nueva España (en cuyo país viajó por espacio de cinco años y observó muchas cosas notables) escrito a petición de M. Richard Hakluyt de Eyton en el condado de Hereford, Esquire, 1572.*[145]

Henry Hawks vivió cinco años en México y escribió su relación a petición del mayor de los Hakluyts en 1572, año en que volvió a Inglaterra. A diferencia del resto de los mercaderes ingleses que estuvieron en México durante el siglo XVI y dejaron una relación escrita de su experiencia —Roger Bodenham, John Chilton y Robert Tomson—, Hawks no mencionó en su narración detalle

---

[144] D. B. Quinn (ed.), *The Hakluyt Handbook*, Hakluyt Society, vol. 145, 1974, p. 373, segunda serie.
[145] D. B. Quinn (ed.), *The Hakluyt Handbook*, op. cit., 1874, p. 446.

alguno sobre su traslado de Europa hacia América. No hizo comentarios sobre la manera en que zarpó de algún puerto español ni en compañía de qué otros mercaderes viajó como sus colegas lo hicieron. No obstante, Henry Hawks se define a sí mismo como mercader.[146] Hellen Wallis[147] sugiere que era, junto con Robert Bodenham, uno de los más notables dentro del grupo de mercaderes anglo-españoles. Kenneth Andrews parece estar de acuerdo con Wallis cuando refiere que: "El mejor de los reportes comerciales (es) aquél escrito por Henry Hawks a petición del mayor de los Hakluyt".[148] Aunque lo que este autor pondera en particular es la información del testimonio de Hawks relativo al tráfico con el oriente de Asia.

En el escrito de Hawks puede advertirse la experiencia de un comerciante por el tipo de comentarios que hace, y por el hecho de que, en su explicación sobre la Nueva España, dedica una porción sustancial a la descripción detallada de sus productos.

En el análisis de la figura de Hawks ha surgido un supuesto curioso a través del estudio de Báez-Camargo,[149] quien, citando a Conway, asevera que Henry Hawks llegó a México como parte de la tripulación de la flota de John Hawkins:

> No se sabe a punto fijo si fue de los capturados en San Juan de Ulúa o de los desembarcados y luego apresados en Tampico. Trabajaba en las minas de Zacatecas cuando lo volvieron a aprehender. Lo procesaron en 1571 en Guadalajara, y fue obligado a abjurar y condenado a destierro perpetuo. Pero logró escaparse en junio de ese mismo año. No tenemos más datos excepto que Hawks fue autor de una relación sobre la Nueva España.[150]

La información que sobre Hawks nos ofrece el estudio de Báez-Camargo podría ser interesante si no contáramos con otro documento que nos proveyera con una explicación sobre la llegada de Hawks a la Nueva España.[151] Sin embargo, la carta que el mercader Leonard Chilton (hermano de John) le dirigió al propio Hawks de Sevilla a Canarias,[152] justo en vísperas de que éste se

[146] Quinn (ed.), The Hakluyt Handbook, op. cit., 1874, p. 446.

[147] Hellen Wallis, 1974, "The Pacific", The Hakluyt Handbook, op. cit., vol. I, p. 224.

[148] K. R. Andrews, 1974, "Latin America", The Hakluyt Handbook, op. cit., p. 236.

[149] Gonzalo Báez-Camargo, Protestantes enjuiciados por la Inquisición en Iberoamérica, Casa Unida de Publicaciones, México, 1960, p. 42 (Colección Documentos). Para sus juicios sobre Hawks Báez-Camargo se apoya principalmente en la edición de G. R. G. Conway del testimonio de Robert Tomson, An Englishman and the Mexican Inquisition, México, 1927.

[150] Báez-Camargo, op. cit., pp. 42-43.

[151] Báez-Camargo se refiere a Henry Hawks como un "Marino de la expedición de John Hawkins" (G. Báez-Camargo, op. cit., 1960, p. 42). Si hubiera sido así, cabría preguntarse por qué los cronistas del tercer viaje de Hawkins y de los marinos desembarcados en Pánuco no hacen referencia a Henry Hawks.

[152] Publicada por E. G. R. Taylor, The Original Writings..., Documento 4, 1935, pp. 74-76.

trasladara al virreinato, resulta de gran valor en este contexto, confirmando la identidad de Henry Hawks como la de un mercader importante relacionado con la Compañía Andaluza. Por lo anterior, es muy improbable que Hawks hubiera sido un comerciante que viajara en la flota de John Hawkins y que llegara sin proponérselo, por accidente, a San Juan de Ulúa, en aquel fallido tercer viaje de venta de esclavos africanos a las Antillas. Chilton confirma el hecho de que Henry Hawks se encontraba en Canarias solamente esperando el momento para zarpar rumbo a la Nueva España. Durante ese tiempo la tripulación de Hawkins pensaba dirigirse a las costas de África oriental para obtener su mercancía principal y de ahí dirigirse a las costas de Venezuela, de Colombia y a las Antillas Menores. No sabían, en el momento de su partida, que llegarían eventualmente a la Nueva España. Por otra parte, ni Hawks en su escrito, ni Chilton en su carta, ni las relaciones de ese tercer viaje de Hawkins a la América española mencionan algo respecto a que Hawks viajaba con Hawkins, y el haber viajado en la compañía de Hawkins habría sido algo digno de mención. Es muy probable que la confusión de Báez-Camargo se deba a la relativa cercanía entre la época en que Hawks llegó a la Nueva España y la fecha en que la flota de Hawkins arribó a San Juan de Ulúa.[153] En segundo lugar, a Hawks le sucedió lo mismo que a la mayoría de los ingleses de la expedición de Hawkins que aún permanecían en México en 1571:[154] había sido apresado por la Inquisición, que apenas el año precedente se había establecido en el territorio novohispano.[155]

Resulta claro, en función de la carta de Leonard Chilton, que Henry Hawks era un mercader, amigo de Bodenham, de los Chilton y de los Sweeting. Según Taylor, se había españolizado a tal grado que tenía un nombre español,[156] una esposa española y una residencia en Gran Málaga desde 1552. Un joven pariente lejano de Hakluyt, *el abogado*, que habitaba en Málaga, pudo haber presentado a Hawks ante Hakluyt en las Cortes de la Ley, pues Hawks apare-

---

[153] Según la carta de Leonard Chilton, Hawks se encontraba en Canarias —esperando zarpar a Nueva España— en julio de 1567. Aunque no se menciona en su relación, es probable que haya llegado a San Juan de Ulúa a finales de ese mismo año. El hecho de que no se aclare en su escrito la fecha en que este mercader partió de España, sino solamente que estuvo en el país alrededor de cinco años y que regresó a Inglaterra en 1572, pudo llevar a estudiosos como Báez-Camargo a inferir la fecha de su arribo a México alrededor de 1568. La flota de John Hawkins zarpó de Plymouth el 2 de octubre de 1567 y al final de su viaje —a mediados de septiembre de 1568— entró en San Juan de Ulúa, buscando refugiarse de las tormentas tropicales del Golfo de México.

[154] Robert Barret, Job Hortop y otros habían sido enviados a España en 1570.

[155] Con la llegada en 1571 del primer inquisidor de México, Pedro Moya de Contreras, se daría inicio a los juicios del Santo Oficio con los primeros sospechosos de herejía que se encontraran en el país, correspondiendo en este caso el deshonor a los ingleses que habían llegado en la flota de John Hawkins y algún otro, como Henry Hawks. G. Báez-Camargo, *op. cit.*, 1960, pp. 5-18, 23-64, 128-132.

[156] Hawks era conocido entre los españoles con el nombre de Piero Sánchez, E. G. R. Taylor, *op. cit.*, 1935, p. 75n.

ce como testigo de una querella que el mercader de Bristol, John Frampton, mantuvo contra el rey de España.[157] El mismo Richard Hakluyt, *el abogado*, fue quien hizo a Hawks la petición de que realizara para él una descripción escrita de la Nueva España, lo cual resultó un documento muy valioso, ya que incluye el primer informe inglés del descubrimiento de las islas del Rey Salomón, en el Pacífico, y del supuesto rico continente que existía más allá de ellas.

El texto de Henry Hawks y las fantasías sobre China

Aunque en medida vaga y a menudo inadecuada, los europeos de finales de la Edad Media se habían formado cierta idea de lo que empezaron a llamar, por su situación respecto a Europa, el Lejano Oriente. La imagen predominante que tenían sobre éste era la de un mundo *extraño*, pero de abundantes riquezas. La fuente principal de esa percepción del Oriente fue, sin duda, la descripción que de la región hizo Marco Polo a fines del siglo XIII. Es necesario reconocer también la influencia de los escritos de lugares imaginarios de sir John de Mandeville, que fueron dirigidos primeramente a un público inglés. Las fantasías geográficas de Mandeville, indudablemente influyeron no sólo en la imaginación del pueblo inglés, sino en la de los europeos de la alta Edad Media en general.

Desde los últimos años del siglo XV, pero particularmente a partir de la primera mitad del siglo XVI, Inglaterra empezó a aprender de italianos, portugueses y de traducciones del castellano al inglés, el arte de navegar en altamar.[158] En 1560 Humphrey Gilbert escribió en su *Discourse of the Western Planting* sobre la necesidad de emprender viajes hacia el Nuevo Mundo y a través del *pasaje del Noroeste*, hacia las riquezas de Asia. En ese contexto, el escrito de Hawks, de 1572, y la información que incluye sobre la carrera Acapulco-Manila-China resultó de gran interés para los navegantes ingleses. Influyó particularmente en la realización de los dos primeros viajes ingleses de circunnavegación[159] y para animar la búsqueda de las rutas hacia el oriente de Asia. Las noticias sobre el descubrimiento de las islas del Rey Salomón se

---

[157] Frampton fue aprehendido dos veces en España por los temidos inquisidores, los Reconocidos. La segunda vez sucedió en Gran Málaga, y Hawks, mezclándose con la multitud, había presenciado la ignominia de la entrada de Frampton a Sevilla con los pies atados debajo del vientre de una mula, hecho del que pudo ser testigo en las Cortes de Londres. G. Connell-Smith, *op. cit.*, 1954, E. G. R. Taylor, *op. cit.*, 1935, p. 75n.

[158] Ortega y Medina menciona que: "Hasta 1594 los marinos ingleses dependieron de los manuales españoles de navegación; sobre todo el escrito por Martín Cortés: el *Breve compendio de la esfera y de la arte de navegar* (1511), y acaso también el publicado en México por Diego García de Palacio: *Instrucción náutica para navegar* (1587)". J. A. Ortega y Medina, *op. cit.*, p. 55.

[159] El viaje de circunnavegación de Francis Drake (1577-1580) y el de Thomas Cavendish (1586-1588).

esparcieron con prontitud por toda la Nueva España cuando, en enero de 1569, dos abatidas embarcaciones habían llegado a la costa occidental del territorio mexicano. Henry Hawks se encontraba en México y contaba con la confianza del cartógrafo y piloto Diego Gutiérrez[160] y, por tanto, nada de interés geográfico se le escapó.

Los puertos mexicanos en el escrito de Hawks

Hawks inició su relación sobre la Nueva España con una descripción del puerto de San Juan de Ulúa:

> San Juan de Ulúa es una isla no muy alta sobre el nivel del agua, donde actualmente los españoles —por haber estado ahí Sir John Hawkins— están construyendo un gran fuerte. En este lugar descargan todas las embarcaciones que salen de España hacia estos lugares, porque no tienen otro puerto tan bueno como éste [...] En estos lugares el viento del norte tiene tan gran dominio que a menudo destruye muchas naves y embarcaciones.[161]

Hablaba de los arrecifes coralinos, de la isla de Sacrificios como un lugar que había dejado de ser frecuentado por los españoles porque decían que había en ella *espíritus o diablos* y se refiere al puerto de Veracruz como un lugar muy insalubre, al igual que lo hacía John Chilton.

Acapulco era el puerto donde había buques para la navegación ordinaria de China; Culiacán, por su parte —muy probablemente se refería a Mazatlán— era el puerto en el que los españoles habían hecho ciertos navíos para buscar el Estrecho de los Ingleses, es decir el pasaje del Noroeste, el cual supuestamente, debía quedar cerca de China, a la que, decía: "los españoles consideran maravillosamente rica —y añadía entusiasmado—: Han traído de allá oro y mucha canela, así como vajilla de loza tan fina, que el que quiere conseguir una pieza dá por ella su peso de plata [y] hubo un marinero que trajo una perla tan grande como un huevo de paloma".[162]

Hawks afirmaba conocer a Diego Gutiérrez, primer piloto que pasó de la Nueva España a Filipinas y que contaba, "mil maravillas de aquel país, así de riquezas como de otras cosas extrañas, y afirmaba que si existía el paraíso en la tierra, era en las dichas islas".[163]

Palabras de Hawks llenas de admiración por el oriente de Asia, exageraciones de la realidad e inexactitudes. Testimonios escritos que animarían el

---

[160] Diego Gutiérrez era uno de los pilotos que hicieron el primer viaje a las Filipinas y el tornaviaje, a través del Pacífico Norte, por la ruta determinada por Andrés de Urdaneta.

[161] R. Hakluyt, *op. cit.*, p. 378; J. García Icazbalceta, *op. cit.*, pp. 52-53.

[162] R. Hakluyt, *op. cit.*, vol. IX, pp. 56 y 67.

[163] *Op. cit.*, p. 69.

interés de los ingleses por descubrir y colonizar aquellos territorios y archipiélagos allende el Pacífico.

El escrito de Hawks como fuente sobre la Nueva España

El cronista Richard Hakluyt consideraba el informe de Henry Hawks como uno de los más interesantes entre los que obtuvo en relación con el continente americano, no sólo para su primera edición de *The Principall Navigations*, sino también para su edición de 1598-1600. Hakluyt se topó con ciertos problemas en cuanto a la obtención de información actualizada sobre la Nueva España. El cronista estaba asumiendo una perspectiva histórica en cuanto a la narración de Hawks cuando en una de las notas marginales comentaba: "Esto debe entenderse del tiempo cuando este discurso fue escrito. En el año de 1572".[164]

El escrito de Hawks tiene pocos datos anecdóticos y biográficos. Es más bien una relación consistente acerca de la población, los productos y los recursos de la Nueva España. Inicia su escrito hablando de San Juan de Ulúa, Veracruz y La Antigua. Habla también de Tlaxcala como un lugar importante entre Veracruz y la ciudad de México.

Sobre la ciudad de México dice que "es una gran ciudad", en la que habitaban más de cincuenta mil vecinos, de los cuales, sólo cinco o seis mil eran españoles y el resto eran "indios que viven bajo las leyes españolas". Hizo un comentario singular sobre la particular maldad de los habitantes de la ciudad de México: "Los hombres de esta ciudad son maravillosamente viciosos, y de igual manera las mujeres son deshonestas de sus cuerpos más que en otras ciudades y pueblos de este país".[165]

Había en la ciudad de México "soberbios edificios y muchos monasterios"; comentaba que ésta se hallaba en medio de un gran lago y que el agua entraba por la mayor parte de las calles. Señalaba que las canoas transportaban toda clase de mercancías por los canales y que la ciudad estaba bien abastecida de "toda suerte de mantenimientos", además de agua para beber. La variedad de los productos de los mercados mexicanos, la diversidad de la fauna y flora que ahí se exponían sorprendía a un hombre acostumbrado a la austeridad de los productos agrícolas de una isla como Inglaterra. Cada semana, advertía Hawks, había tres mercados "sumamente concurridos": el de San Hipólito,

---

[164] K. R. Andrews, "Latin America", en *The Hakluyt Handbook, op. cit.*, 1974, p. 236.

[165] R. Hakluyt, *The Principal Navigations...*, p. 380. J. García Icazbalceta, *op. cit.*, 1963, p. 55. Al parecer, Hawks no dirige su comentario en particular a los habitantes indígenas de la ciudad de México, aunque de acuerdo con las anotaciones previas a su comentario, solamente entre 10 y 12% de la población de la ciudad era española, cosa que podría asignar a su declaración mayor aplicación hacia los vecinos indígenas (*vide infra*). Los habitantes indígenas novohispanos en el escrito de Hawks.

los lunes; el de Santiago, los jueves, y el de San Juan, los sábados, en los que se hallaba a la venta "cuanto uno puede imaginar, pero especialmente productos de la tierra".

Hawks señalaba la sismicidad que padecía la ciudad de México: "Sufre la ciudad de temblores de tierra que a veces derriban las casas y matan a la gente".[166]

Hablaba de los cocodrilos como de criaturas monstruosas: "en los alrededores y cerca de México hay muchos ríos y aguas estancadas donde se encuentra una especie de pez monstruoso que hace muchos estragos y devora hombres y ganado. A menudo acostumbra dormir en tierra, y si un hombre o animal lo despierta o inquieta, tendrá que ser muy ligero para que se le pueda escapar. Es como una serpiente pero no vuela ni tiene alas".[167]

Los recursos novohispanos

Entre los recursos naturales y productos novohispanos que Hawks mencionaba en su escrito encontramos:

- Ríos caudalosos con pescados diferentes a los "suyos".
- Bosques "grandísimos" y árboles de diversas clases "de los más hermosos que puedan verse", entre ellos algunos que podrían proveer madera para mástiles y navíos; abetos, pinos, encinos y mesquites.
- Frutas tropicales en abundancia y "muy buenas", gran cantidad de azúcar, con lo que se hacían "diversas conservas muy buenas que envían al Perú, donde se venden perfectamente por no hacerse allí ninguna..."
- Entre otros productos mencionaba, por supuesto, el cacao, que se obtenía en abundancia en las provincias de Guatemala y Soconusco; hablaba de la miel de abeja y la miel de los magueyes, de los que, por cierto, decía, eran árboles que "sirven para muchas cosas"; gran cantidad de pescado y ostras, particularmente en el Mar del Sur.
- Había montañas muy altas, donde existían puerco espines, leones y tigres. Estos últimos lastimaban con frecuencia a los transeúntes.[168]
- A los volcanes, descritos como "montañas y cerros cubiertos de nieve [...] que [...] generalmente arden y dos veces al día arrojan mucho humo y cenizas por cierta abertura que tienen en la cima" [...].[169]

---

[166] R. Hakluyt, *The Principal Navigations...*, vol. IX, p. 380. J. García-Icazbalceta, *op. cit.*, 1963, p. 54.

[167] R. Hakluyt, *op. cit.*, p. 381, J. García Icazbalceta, *op. cit.*, 1963, pp. 55-56.

[168] J. García Icazbalceta, *op. cit.*, 1963, pp. 59-60. R. Hakluyt, *The Principal Navigations...*, *op. cit.*, vol. IX, 1903-1905, p. 385.

[169] *Id.*

- Se refirió a la asombrosa proliferación del ganado mayor y del ovino, debido a la gran extensión de terreno en las Indias. Y apunta a algo que definitivamente ha cambiado desde ésa época: el ganado novohispano era más corpulento que el ganado inglés.
- Mencionaba la existencia de gamos que los españoles cazaban con arcabuz y galgos, y los indios con arco y flecha. Con sus pieles se hacían gamuzas como las que en Inglaterra se usaban para hacer calzado y justillos y había pieles curtidas "tan excelentes" como las que se hacían en Flandes.[170]

Debido a la cría extensiva de ovejas resultaba una gran producción de lana, "tan buena como la de España". Se fabricaban paños para la *gente común* del país y llevaban mucho al Perú donde no se fabricaban y donde en lo sucesivo, por la presencia de estos paños mexicanos, decía Hawks, "los nuestros serán muy poco estimados como no sean de los finos".[171]

La Nueva España producía pastel, alumbre, palo de Brasil y otros tintes, con los que se lograban "toda clase de colores". La Nueva España era también autosuficiente en cuanto a la fabricación de sombreros y los exportaba hacia el Perú. Tanto en la industria de hilados y tejidos como en la de la confección de sombreros, se ocupaba mucha gente. El hilado de la lana en la Nueva España se efectuaba de manera semejante a como lo hacían los ingleses, mencionaba Hawks, pero en México no se lograba un hilado tan delgado ni se hacían *Kerseys* (estameñas), como en Inglaterra. Además de paños, en México se hacía seda y con ella se tejían tafetanes, rasos y terciopelos de todos colores. Mencionaba que la sedería era tan buena como la de España, salvo que los colores no eran tan perfectos. "Pero los negros —afirmaba Hawks— son mejores que los de España."[172]

También había en Nueva España "gran cantidad de algodón con el cual se hace una especie de tela de la que se visten los indios, tanto hombres como mujeres [...] También la usan en vestidos semejantes los españoles que no pueden comprar otros. Y si no fuera por esta clase de tela, todas las demás que vienen de España, quiero decir, telas de lino, se venderían a precios exorbitantes".[173]

Las minas de plata, decía Hawks, eran las de mayor renombre en la Nueva España y su fama trascendía a otros países por escritos como el suyo: "Hacia el norte de México hay muchas minas de plata. Se encuentra mayor cantidad de plata en esas minas que están hacia el norte, que en ninguna otra parte. Y según aseguraba la mayoría de los expertos, se encuentran las minas más

---

[170] J. García Icazbalceta, *op. cit.*, 1963, p. 69. R. Hakluyt, *The Principal Navigations...*, p. 393.
[171] J. García Icazbalceta, *op. cit.*, 1963, p. 66. R. Hakluyt, *op. cit.*, p. 390.
[172] *Id.*
[173] J. García Icazbalceta, *op. cit.*, 1963, p. 62.

ricas mientras más se avanza hacia el norte. Generalmente estas minas se encuentran sobre cerros muy altos y rocas muy duras de labrar".[174]

Hawks también advertía la existencia de oro en el virreinato y comentaba que se encontraba generalmente en los ríos o muy cerca de ellos, y que para la época en que él visitó el territorio mexicano, este mineral ya no se obtenía tanto como antes. Aunada a la abundante producción de plata se encontraba el plomo: "En aquella tierra hay mucho plomo, tanto que con él cubren las iglesias y otros edificios religiosos, de manera que —y aquí se refería a los españoles— ya no necesitarán de nuestro plomo como necesitaban en tiempos pasados".[175]

Existía también en la Nueva España abundancia de cobre, pero se encontraba subexplotado, pues sólo se extraía el necesario para cubrir las necesidades del país, ya que no era costeable, por encontrarse las minas lejos del mar, embarcarcar ese mineral para llevarlo a España. Por otra parte, aseguraba Hawks, "las autoridades no darían licencia para fabricar artillería", sin duda por el peligro de una rebelión armada. Por esas razones las minas de cobre se encontraban subexplotadas.[176]

Hablaba con admiración de la opulencia de los dueños de minas y sus mujeres, sólo comparable a la de los nobles ingleses:

> El lujo y largueza de los dueños de minas es cosa maravillosa de ver. Su traje y el de sus mujeres sólo puede compararse con el de los nobles. Cuando las mujeres salen de casa, sea para ir a la iglesia o a otra parte, van con tanta pompa y con tantos criados y doncellas como la mujer de un señor. Aseguro haber visto a una mujer de minero ir a la iglesia acompañada de cien hombres y de veinte dueñas y doncellas. Tienen casa abierta y todo el que quiere puede entrar a comer: llaman con campana a la comida y a la cena. Son príncipes en el trato de su casa.[177]

Mencionaba la gran cantidad de esclavos que debía poseer un "buen minero" para moler los minerales y para mantener las minas; de los costos y elementos necesarios para el beneficio y de la decadencia de las minas debido a "el corto número de indios con que cuentan los dueños para laborarlas".[178]

Hablando de las tierras novohispanas, el escrito de Hawks se refirió también a la tierra de Cíbola, a las Siete Ciudades situadas al noroeste del territorio novohispano y la "oculta" ciudad de Copala, de las cuales explicaba: "Dicen ser tanto el poder de los indios hechiceros, que cuando los españoles pasan cerca de esas ciudades, las ocultan aquellos con una niebla, de modo que no pueden ser vistas".[179]

---

[174] R. Hakluyt, *The Principal Navigations...*, p. 382. J. García Icazbalceta, *op. cit.*, p. 56.
[175] J. García Icazbalceta, *op. cit.*, pp. 63-64. R. Hakuyt, *op. cit.*, pp. 388-389.
[176] R. Hakluyt, *op. cit.*, p. 388.
[177] R. Hakluyt, *The Principal Navigations...*, vol. IX, pp. 388-389.
[178] *Id.*
[179] J. García Icazbalceta, *op. cit.*, p. 57. R. Hakluyt, *op. cit.*, pp. 382-383.

Cíbola, decía, era una ciudad totalmente despoblada, descubierta reciente-mente por los españoles.[180] Tenía "buenos edificios, hermosas chimeneas, ven-tanas de madera y piedra excelentemente labradas, buenos pozos con ruedas para sacar el agua y un lugar donde enterraban a los muertos con muchas pri-morosas piedras en los sepulcros..."[181]

Los indígenas novohispanos en el texto de Henry Hawks

Para Hawks los indígenas eran *bárbaros* aunque reconocía en ellos a seres hu-manos, con alma. En cuanto a su apariencia, Hawks describía a los nativos novohispanos como "de buena estatura, color trigueño, cara ancha y nariz chata".[182] En este sentido podría pensarse en Hawks no sólo como un sujeto europeo sino, más aún, como un sujeto "españolizado", influido por la visión del español medio del siglo XVI en relación con los indígenas americanos, quie-nes de manera indirecta o directa habían sido afectados por los escritos de algunos de los primeros hispanos que redactaron sus impresiones sobre los habitantes de las Indias Occidentales. En sus comentarios sobre los indígenas parecen reconocerse las opiniones de Gonzalo Fernández de Oviedo plasma-das en su *Historia general y natural de las Indias, islas y tierra firme del mar Océano* y en su *Sumario de la natural historia de las Indias*.[183]

La semejanza de los juicios de Hawks y los de Oviedo[184] puede notarse en comentarios como el expresado por el inglés: "Son hombres de gran simplici-

---

[180] El viaje de Francisco Vázquez de Coronado de Nueva Galicia a Cíbola (Nuevo México), Acuco, Quiriria y hacia el Océano Occidental, dio inicio en abril de 1540. D. B. Quinn (ed.), *The Hakluyt Handbook, op. cit.*, pp. 442-444. Se menciona una expedición posterior a Cíbola en mayo de 1590, planeada por Rodrigo Río de la Loza, oficial importante de la frontera norte de México y gobernador de Nueva Vizcaya. *Ibid.*, p. 248.

[181] J. García Icazbalceta, *op. cit.*, pp. 57-58; R. Hakluyt, *op. cit.*, p. 383.

[182] J. García Icazbalceta, *op. cit.*, pp. 60-61.

[183] J. Z. Vázquez, *La imagen del indio en el español del siglo XVI*, Biblioteca Universidad Veracruzana, Jalapa, Veracruz, México, 1991, p. 14. Josefina Zoraida Vázquez estima que Fernández de Oviedo era "el exponente más representativo de lo que un hombre de mediana cultura, en su época que vivieron las inquietudes y trabajos del Nuevo Mundo, pensaba acerca de los habitantes de aquellas tierras". El *Sumario* de Fernández de Oviedo apareció en febrero de 1525 y fue traducido al latín inmediatamente por Fernando Chauveton. En 1534 se hizo la pri-mera traducción al italiano, en 1555 al inglés y el mismo año al francés por Juan Poleur. Juan Bautista Ramusio lo incluyó en su obra *Navegaciones y viajes* de 1540-1547. En cuanto a la *Histo-ria general y Natural* de Oviedo, su primera parte fue publicada en 1535 y reimpresa en 1547. Tan pronto como fue publicada se tradujo al francés, alemán, latín, griego, toscano, árabe y turco. J. Z. Vázquez apunta que según Amador de los Ríos, ninguna obra moderna había recibido hasta ese entonces la distinción de ser traducida a tantos idiomas como la *Historia* de Oviedo. Ramusio incluyó también partes de ésta en sus *Navegaciones y viajes*.

[184] En los escritos de Fernández de Oviedo, a diferencia de lo que se leía en otras crónicas como las de fray Bartolomé de las Casas o como en las *Relaciones geográficas de Indias* que parecen tener más objetividad, los indígenas del Nuevo Mundo le merecían un juicio adverso y radical, ya que debido a la terrible religión que tenían, carecían de toda estructura moral. Generalizaba

dad y muy cobardes, faltos de todo ánimo. Son grandes hechiceros y acostumbran hablar con el diablo".[185]

Reconoce, sin embargo, la destreza, habilidad y versatilidad de los artesanos indígenas:

> Esa gente se da a aprender toda clase de ocupaciones y empleos, que por la mayor parte han aprendido después de la venida de los españoles; quiero decir, toda clase de oficios. Son muy diestros en hacer imágenes de pluma, o la representación y figura de cualquier persona, en un todo como ella sea. Es admirable la finura y excelencia de la obra, así como que siendo gente bárbara, se apliquen a un arte tan delicado. Hay entre ellos plateros, herreros, cobreros, carpinteros, albañiles, zapateros, sastres, silleros, bordadores y toda clase de oficiales. Hacen la obra tan barata, que los mancebos pobres que vienen de España a buscar su vida no encuentran trabajo, y por eso hay tanta gente ociosa en la tierra pues el indio vive la semana entera con menos de un real, lo cual no puede hacer el español ni nadie.[186]

La pobreza de los indígenas y su capacidad de supervivencia con lo mínimo, son un tema recurrente en los comentarios del mercader inglés respecto a los nativos novohispanos.

> Las pobres indias andan cada día dos o tres leguas, con su hijo a cuestas, para ir al mercado y llevan frutas, raíces o cualquier mercancía como algodón o cintas de estambre. Y todo ello no vale un penique y con eso se mantienen porque es maravilla lo poco que necesitan para vivir [...] Son tan pobres los indios que quien tiene necesidad de viajar a caballo, consigue un indio que por un real de plata vaya todo el día siguiéndole con la cama a cuestas. Y los encuentra uno de un pueblo a otro.[187]

Era evidente, a los ojos de Henry Hawks, el abuso del que los indígenas eran sujetos, no sólo en sus pagas sino en el trato que recibían de los españoles:

> Cuando un español se ve lejos de México o de otro lugar donde haya justicia, piensa que podrá hacer con el pobre indio lo que se le antoje, considerando que está muy lejos de donde puede esperar remedio, y así le obliga a hacer lo que le manda, y si no lo hace, le golpea y maltrata muy a su sabor. El indio disimula hasta encontrar una ocasión y entonces toma consigo un vecino y se va con él a México para dar su queja, aunque haya veinte leguas de camino. La queja es admitida, y aunque el español sea un noble o todo un caballero, se le manda traer inmediatamente y se le

---

—ya que había grandes diferencias religiosas entre diversas civilizaciones indígenas y también por el hecho de que Fernández de Oviedo conoció solamente a los indios de las islas y de aquéllos grupos que contaban con civilizaciones muy precarias— de modo que consideraba a los nativos americanos de naturaleza "ociosa, viciosa é de poco trabajo é melancólicos é cobardes é viles é mal inclinados é mentirosos é de poca memoria é de ninguna constancia". J. Z. Vázquez, *op. cit.*, p. 51.

[185] J. García Icazbalceta, *op. cit.*, 1963, p. 61.

[186] J. García Icazbalceta, *op. cit.*, 1963, p. 61; R. Hakluyt, *op. cit.*, vol. IX, pp. 386-387.

[187] J. García Icazbalceta, *op. cit.*, p. 70; R. Hakluyt, *op. cit.*, pp. 394-395.

castiga en sus bienes [...] esta es la causa de que los indios estén tan dóciles y sujetos; porque si no tuviesen ese favor, pronto acabarían los españoles con ellos o ellos matarían a los españoles. Pero pueden llamarlos perros o decirles otras malas palabras, cuanto se les antoje, y el indio tiene que aguantarles y pasar delante.[188]

A pesar de ser un inglés españolizado con todas las influencias y prejuicios que un europeo de mediados del siglo XVI podía tener hacia los indígenas, le sorprendía a Hawks el mal trato que se les daba a éstos y la resignación con la que respondían.

Decía que a los indios les estaba prohibido portar armas, tener en su casa espada, daga o cuchillo con punta; no se les permitía montar a caballo, ni en mula, ni en especie alguna de silla; tampoco beber vino. Parece clara la influencia de los prejuicios hispanos en los criterios que expresaba Henry Hawks respecto a los indígenas novohispanos, a pesar de que reconoce él mismo esta situación desventajosa como injusta, atribuye el sometimiento de las rebeliones indígenas a su "excesiva y bestial cobardía".[189] En otro orden de cosas, Hawks informa algunos aspectos de la grandeza de Moctezuma:

Mutezuma, último rey de aquella tierra fue uno de los príncipes más ricos que se ha visto en nuestros tiempos y mucho atrás. Tenía figuradas en plata y oro todas las bestias que se crían en el país, así como los pájaros de todas especies, los pescados y los reptiles que se arrastran por el suelo e igualmente los árboles, flores y hierbas, lo cual formaba una parte principal de su tesoro, y él se deleitaba mucho con ello, según dicen los indios viejos. Y hasta el día de hoy afirman que el tesoro de Mutezuma está escondido, y no han podido hallarle los españoles.[190]

La higiene cotidiana del pueblo mexicano fue otro elemento que Henry Hawks observó con asombro. Refiriéndose a Moctezuma escribió: "Lavábase el cuerpo todos los días, por mucho frío que hiciese, y hasta hoy, tienen la misma costumbre todos los indios, y en especial las mujeres".[191]

Este comentario indica que ésta era una rutina con la que el viajero no estaba familiarizado, pero no abunda en sus consideraciones al respecto.

LA NUEVA ESPAÑA EN LA PERCEPCIÓN DE LOS MERCADERES Y LA INFLUENCIA DE SUS INFORMES EN INGLATERRA

Podemos afirmar que las expectativas ideales que se habían forjado los mercaderes anglo-españoles Henry Hawks, Roger Bodenham, Robert Tomson y

---

[188] J. García Icazbalceta, *op. cit.*, pp. 69-70; R. Hakluyt, *op. cit.*, p. 394.
[189] *Ibid.*, p. 397.
[190] J. García Icazbalceta, *op. cit.*, p. 72; R. Hakluyt, *op. cit.*, p. 396.
[191] *Id.*

John Chilton sobre la Nueva España del siglo XVI fueron satisfechas a pesar de las circunstancias que prevalecieron durante sus diferentes visitas al territorio. Así lo escribieron para Hakluyt. La mayoría de ellos expresó su admiración por la ciudad de México, por su arquitectura, la estructura y organización urbana, el abastecimiento de agua y de productos alimenticios y por la complejidad de los mercados.

En cuanto a la percepción de la población nativa de la Nueva España, encontramos en los cuatro mercaderes diferencias sutiles. Henry Hawks se refiere a los amerindios y en particular a los nativos con términos peyorativos, semejantes a los que encontramos en escritos hispanos contemporáneos como los de Fernández de Oviedo. Robert Tomson, por su parte, sin ser directo en sus juicios hacia los indígenas novohispanos, considera que él y su compañero de prisiones, parecen *como ángeles* en comparación con *los salvajes*. Roger Bodenham no hace alusión alguna a la población indígena en su escueto informe, mientras que John Chilton, quien tuvo el mayor contacto con la población novohispana en general por vivir en el país durante casi 20 años y haber viajado a lo largo y ancho del territorio, alude a los indígenas en términos mucho más personales y humanos. Se refiere a las diferentes habilidades de ellos en diferentes circunstancias y los incluye en sus anécdotas personales.

Los ingleses del siglo XVI eran primordialmente productores de hilados y textiles. Los mercaderes anglo-españoles en las Indias comerciaban principalmente este tipo de productos.[192] Por esta razón, tanto Hawks y Bodenham, como Tomson y Chilton, señalaron con detalle la abundancia, calidad y bajo costo de los pigmentos y tintes autóctonos en la Nueva España, así como la poca diversidad y calidad de producción textil a escala local.

Los comentarios de los cuatro mercaderes ingleses, cuyos escritos revisamos, persuaden sutilmente a sus coterráneos de las posibilidades y ventajas para Inglaterra de un comercio entre ese país y la Nueva España. Además de reforzar el nacionalismo inglés al introducirse sagazmente en el debate político–ideológico entre España y la Gran Bretaña, los testimonios de los comerciantes mencionados transcribieron argumentos que animaron a la nación inglesa a la competencia mercantil en América en contra del monopolio español.

---

[192] Los productos que Inglaterra importaba de España durante el siglo XVI y durante décadas posteriores eran básicamente: el tinte azul de la *Isatis tinctoria*, hierro, aceite, vinagre, azúcar, sal, frutas, cera, jabón y peines. Por su parte, las importaciones de la isla hacia la península ibérica, consistían en: telas galesas angostas (*Welsh straits*), otras telas galesas, alabastro, carnaza, estaño forjado, arenques y merluza. El volumen de exportaciones inglesas tendía a ser mucho más importante en el rubro de hilados y tejidos.

II. LOS PIRATAS

JOHN HAWKINS

El registro historiográfico de la carrera de John Hawkins —quien fue uno de los navegantes británicos más sobresalientes del periodo isabelino— está marcado por acciones y eventos que animan juicios contradictorios.

Las mismas crónicas inglesas que elogian al Hawkins que se dedicó al mejoramiento y renovación de la ingeniería naval isabelina durante las últimas décadas del siglo XVI, y que participó en la derrota de la Gran Armada española, reconocen a este navegante como el autor de los primeros viajes ingleses a las costas de Guinea y Sierra Leona en los que mediante estrategias poco éticas, llevó a cabo la captura de gran número de africanos de todas edades, para su venta masiva como esclavos en las Indias Occidentales. Su carrera se conduce en función de tales acciones: la trata de esclavos y el desarrollo de la ingeniería naval de su país. Sin embargo, en la carrera de John Hawkins sobresale un acontecimiento que resultó crucial e indeleble para la memoria histórica británica previctoriana, un suceso que marcó un parteaguas en las vidas de Hawkins y Francis Drake: la batalla de San Juan de Ulúa.

Una controvertida batalla de la que poco se habla en la historiografía mexicana y que tuvo lugar en el puerto más importante de la costa oriental novohispana, durante el tercer viaje de Hawkins hacia el Caribe en el año de 1568. Dicho combate determinó, por una parte, el rumbo de las relaciones anglo-españolas y, por otra, las políticas de Felipe II en cuanto a la protección de los puertos y regiones costeras americanas en general, y de la costa mexicana en particular, a partir de ese año.

En el análisis historiográfico de John Hawkins es interesante advertir el tono apologético que usan algunos de sus biógrafos cuando tratan de explicar los motivos y peculiaridades de sus tres primeros viajes hacia las Indias Occidentales.[1] Un aspecto menos obvio pero quizá más determinante que se hace patente al leer las crónicas que narran las primeras expediciones esclavistas de ingleses hacia África, es la carencia de una voz contemporánea de los hechos que, desde la cultura europea, cuestionara la legitimidad de los mismos.

---

[1] Apologías historiográficas en cuanto a los viajes del tráfico de esclavos: Philip Gosse, *Sir John Hawkins, John Lane the Bodley Head*, Londres, 1930, p. 9; James A. Williamson, *Hawkins of Plymouth*, Adam and Charles Black, Londres, 1949, p. 42; James A. Williamson, *Sir John Hawkins*, Oxford, Clarendon Press, 1927, p. 83.

Quizá la falta de una labor equivalente a la de Las Casas, en relación con la esclavitud de los indígenas americanos, haya permitido que con menos culpabilidad y más justificaciones se prolongara el esclavismo en las costas africanas por parte de los europeos.

John Hawkins nació en 1532, en el seno de una familia de navegantes y comerciantes de Plymouth enriquecida por sus actividades en el tráfico comercial. Su abuelo formó parte de la marina de Enrique VIII. Su padre, William Hawkins, un conocido comerciante de Plymouth, fue uno de los primeros comerciantes ingleses que dirigió sus empresas más allá del océano Atlántico y fue el iniciador del comercio con ciertos grupos nativos del Brasil ya en 1530. William Hawkins parece haber mantenido esas relaciones comerciales con Brasil durante aquella década[2] pese al supuesto monopolio de Portugal sobre ese territorio. Estas acciones las continuaron posteriormente otros mercaderes pudientes de Southampton. De 1532 a 1533 sus contactos comerciales lo llevaron a ser alcalde de Plymouth justo en el año en que nació John, su hijo menor.

Se sabe que John Hawkins tuvo un hermano:[3] William, trece años mayor que él, y que éste llevó a cabo dos expediciones por mar, en las que su hermano John participó, pero fuera de esto, parece haber permanecido la mayor parte de su vida cerca de Plymouth en donde fue "el típico magnate, poseedor de cargos locales, propietario de embarcaciones, sustentador de la Corona y empleado en su administración".[4] William Hawkins fungió, en tres ocasiones, como alcalde de esa ciudad portuaria y como gobernador en la misma durante 1580.[5]

A diferencia de su hermano William, John Hawkins vivió volcado hacia el mar y las embarcaciones. Durante la década de los cincuenta, realizó varios viajes a las islas Canarias. El trayecto de Inglaterra a Canarias se hacía entonces generalmente en pequeñas embarcaciones de entre 20 y 50 toneladas que permitían realizar el viaje de ida y vuelta en menos de tres meses. Las Canarias ya eran entonces legalmente un territorio perteneciente a la España unida de los Reyes Católicos, Isabel y Fernando, pero algunos traficantes ingleses negociaban en ellas, tanto como en Sanlúcar y en Sevilla.

Para mediados del siglo XVI, John Hawkins ya había viajado varias veces a las islas Canarias y tenía conocidos cercanos entre los ingleses que traficaban

---

[2] James A. Williamson, *op. cit.*, p. 32.

[3] Tuvo también una hermana que se casaría con Robert Horsewell, madre de Paul Horsewell Hawkins, conocido como Paul Hawkins o Pablo Aquines de la Cruz, quien viajó con Hawkins en su tercer viaje al Caribe y durante la batalla de San Juan de Ulúa se quedaría en Veracruz, sería apresado por las autoridades novohispanas, juzgado por la Inquisición y reconciliado. Se casó con una mestiza mexicana con quien tuvo hijos y se quedó a vivir en México. (*Vide infra*.)

[4] J. A. Williamson, *op. cit.*, p. 37.

[5] *Cf.* R. Hakluyt, *The Principal Navigations...*, vol. IX, Glasgow, 1904, p. 433; The British Library, *Sir Francis Drake*, 1977, p. 38, n. 28.

distintos productos en las costas de África.[6] Por otra parte, había obtenido de
su padre, quien viajó a Brasil durante los años treinta, información referente
al comercio en las Indias Occidentales. Sus estancias en Canarias le permitieron llegar a conocer con mayor detalle la situación económica y política en la
que se encontraban los territorios allende el Atlántico.

Supo que en las Antillas, donde las plantaciones tropicales estaban en ple-
no crecimiento y expansión, existía una gran demanda de mano de obra. La
muerte masiva de nativos indígenas durante las primeras décadas de colonización española hacía expresa la demanda de fuerza de trabajo en esos territorios. Por estas razones, los ricos colonos españoles de las Antillas estaban
generalmente bien dispuestos a disimular ante las políticas del rey Felipe y
comprar esclavos de cualquier tratante, fuera portugués o inglés, a pesar de
que con sus prácticas evadían el pago de impuestos e infringían las leyes comerciales impuestas por y para la Corona española.[7]

El profesor Raleigh afirma: "fue John Hawkins quien les mostró —a los
comerciantes ingleses activos durante los primeros años del XVI— cómo las
armas podían ayudar notablemente a la expansión del comercio", y que una
vez aprendido lo que hasta entonces se había llevado a cabo como acciones
comerciales en la costa occidental del África, "a partir de 1562 fomentó un
esquema más atrevido".[8]

Se cree que a fines de 1550, John Hawkins ya tenía en mente emprender ese
tipo de actividad comercial, por lo que "era necesario estar en contacto de
manera más cercana con el gobierno inglés y asegurarse con un respaldo más
poderoso del que Plymouth podría proveer".[9] De modo que cerca de 1559 se
mudó a Londres, donde se casó con Katherine Gonson, hija de Benjamín
Gonson, tesorero de la Marina[10] y obtuvo el apoyo económico de un sindicato
del que su suegro formaba parte.

---

[6] Mientras John Hawkins se familiarizaba con las islas Canarias, Thomas Wyndham, un
amigo de su padre, procuraba abrir nuevas ramas en el comercio con África. Véase
J. A.Williamson, *op. cit.*, 1949, p. 48.

[7] El comercio ilícito de esclavos hacia las Indias Occidentales que los portugueses estaban
llevando a cabo, y que Hawkins decidió imitar en su propia versión, era considerado ilegal por
parte de España; no por el hecho de que no se consentía que comerciantes no españoles trafica-
ran en las colonias hispanas, sino porque se cobraba, a aquellos comerciantes españoles que
gozaban de licencia especial para este tipo de tráfico, un impuesto de 30 ducados por cada
esclavo vendido. Debido a ese alto gravamen, a los españoles concesionarios del tráfico de esclavos hacia las Antillas no les resultaba particularmente reditable el ejercer su monopolio.

[8] Walter Raleigh, "The English Voyages of the Sixteenth Century", en Richard Hakluyt,
op. cit., vol. XII, Glasgow, 1905, p. 47.

[9] J. A. Williamson, *op. cit.*, p. 48.

[10] Con Katherine Gonson, John Hawkins tuvo a su único hijo, Richard, quien aparece como
uno de los acompañantes de Drake a las Indias Occidentales en 1585, ocasión en la que tomaron
Santiago, Santo Domingo, Cartagena y el Fuerte de San Agustín en Florida. Tras la muerte de
Katherine Gonson en 1591, Hawkins se casó con Margaret Vaughan, hija de un caballero de Her-

El primer viaje de John Hawkins a las Indias Occidentales en 1562

En el registro del primer viaje de Hawkins a las Indias Occidentales que se encuentra en *The Principal Navigations* de Richard Hakluyt[11] y que fue escrito por el mismo navegante, Hawkins comenta que estando en Canarias se enteró, entre otras novedades, de que los africanos estaban llegando a ser una "muy buena mercancía" en La Española, y que una gran cantidad de ellos "podía fácilmente ser obtenida en la costa de Guinea".[12] Había resuelto intentar este tipo de tráfico.

Tras su mudanza a Londres y su matrimonio con Katherine Gonson, logró obtener el patrocinio de una asociación de comerciantes londinenses, entre los que se encontraban su suegro Benjamin Gonson, William Winter, inspector de la Marina y oficial de artillería, sir Lionel Ducket y sir Thomas Lodge, magnates de la ciudad de Londres, y M. Bromfield. A sus patrocinadores "les gustaron tanto sus intenciones" que contribuyeron y se aventuraron en la acción, proveyendo con presteza tres embarcaciones en buenas condiciones: *Salomon* con capacidad de 120 toneladas, en la que Hawkins actuaría como general; *Swallow*, de 100 toneladas, y *Jonas*, una barca de 40 toneladas.

Esta primera empresa inglesa de tráfico ultramarino de esclavos, funcionó como un viaje "piloto", como una prueba de cuyos resultados dependería la realización de futuras y mayores empresas semejantes.

En octubre de 1562 Hawkins zarpó de la costa inglesa con 100 hombres, procurando evadir los inconvenientes de las enfermedades con una tripulación grande. Después de pasar por Tenerife y Sierra Leona se dirigió a la costa de Guinea, donde por casi cinco meses "tomó posesión, en parte por la espada y en parte por otros medios",[13] de 300 africanos. En marzo de 1563, con la ayuda de un piloto español llamado Juan Martínez de Cádiz, y con cartas de recomendación de Pedro de Ponte, comerciante portugués que tenía amigos en La Española, pudo cruzar el Atlántico con su valiosa carga de africanos y algunas manufacturas. Pasó por el puerto de Isabella y puerto de Plata, donde realizó algunas ventas. En Monte Christi, al norte de La Española, pudo vender sin violencia de parte de los españoles, a los africanos que había obligado a venir consigo al otro lado del Atlántico, obtuvo por ellos pieles, jengibre de China, azúcar y perlas "y entonces con próspero éxito y muchas ganancias

---

fordshire, quien lo sobrevivió por 24 años y quien tendría más cuidado de la herencia de Hawkins que de su hijastro Richard. *Vide infra.* R. Hakluyt, *op. cit.*, 1904, p. 99.

[11] El registro de éste, del segundo y tercer viajes de Hawkins, se encuentra en Richard Hakluyt, *The Principal Navigations...*, vol. X, Glasgow, 1903-1904, pp. 7-74. El primero y tercer viajes fueron escritos por el mismo John Hawkins. El segundo viaje fue reportado por John Spark (el joven), quien lo acompañó durante esa travesía. *Cf.* pp. 7, 63 y 74.

[12] R. Hakluyt, *The Principal Navigations...*, vol. X, Glasgow, 1904, p. 7.

[13] R. Hakluyt, *op. cit.*, p. 8.

para sí mismo y para los aventureros mencionados, se fue a casa y llegó en el mes de septiembre de 1563".[14]

Después de este viaje de relativamente fácil acción comercial que duró cerca de un año, Hawkins ganó, además de prosperidad por las cuantiosas ganancias que obtuvo, el prestigio y la confianza necesarios para la realización de viajes sucesivos (véase el mapa II.1).

El segundo viaje de Hawkins a las Indias Occidentales, del 18 de octubre de 1564 al 20 de octubre de 1565

Después del viaje de 1562, Felipe II envió órdenes expresas a las Indias de prohibir terminantemente el comercio americano con cualquier embarcación inglesa. No obstante, las ganancias y la experiencia que Hawkins obtuvo durante su primer viaje lo habían decidido a proyectar un segundo, para lo cual solicitó a Isabel I una embarcación. Ese segundo viaje inició el 18 de octubre de 1564 y contó con una flota de cuatro embarcaciones: el *Jesus of Lubeck*, propiedad de la reina, y cuya capacidad era de 700 toneladas; el *Salomon*, cuya capacidad había aumentado a 140 toneladas; el *Tiger*, una barca de 50, y el *Swallow*, de 30 toneladas.[15]

La razón por la que los mercaderes ingleses procuraban incluir en sus expediciones alguna de las embarcaciones reales, era la de persuadir a los colonos americanos renuentes de entablar el tráfico con estos ilegales, a llevar a cabo las transacciones, aludiendo a una facultad supuestamente conferida por esos barcos y sugiriendo el respaldo de la Corona inglesa. En ese tipo de viajes, el rey inglés compartía con los navegantes las ganancias que pudieran resultar de la empresa. Se dice que: "Isabel incrementó la escala de esta política cuando ascendió al trono, sus naves, una a una, contribuyeron en muchas de estas aventuras".[16]

La narración del segundo viaje de Hawkins, que fue escrita por John Sparke, un miembro de la tripulación, fue recogida por Hakluyt. Cuenta ésta que, después de tres meses en Tenerife, Guinea, Cabo Verde, Cabo Blanco y Sierra Leona, el 29 de enero de 1565 partieron con sus embarcaciones de Sierra Leona hacia las Indias. Tras pasar por la isla de Dominica, donde comenta acerca de la existencia de caníbales, pasaron por la isla Margarita y posteriormente llegaron a Santa Fé, donde pudieron abastecerse de agua y conocieron por vez primera las tortillas de maíz y las papas, que siglos después llegarían a

[14] John Hawkins en R. Hakluyt, *op. cit.*, vol. X, p. 8.
[15] Debió haber sido una embarcación diferente al *Swallow* que Hawkins llevó consigo durante el viaje de 1562, ya que aquélla tenía una capacidad de 100 toneladas, mientras esta otra sólo 30. *Cf.* R. Hakluyt, *op. cit.*, vol. X, 1903-1905, pp. 7 y 9.
[16] Peter Kemp y Richard Ormon, *The Great Age of Sail*, Phaidon, Oxford, 1986, p. 19.

MAPA II.1. *Los viajes de tráfico de esclavos de John Hawkins a las Indias Occidentales*

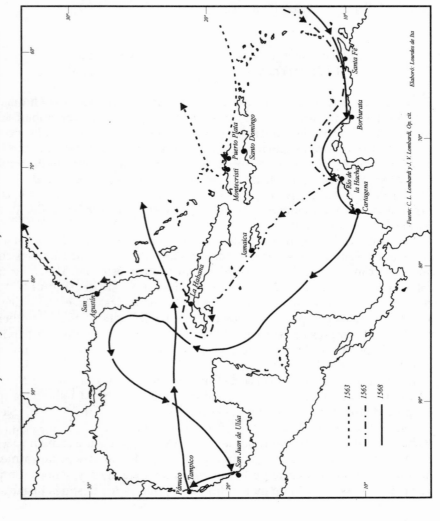

Fuente: C. L. Lombardi y J. V. Lombardi, Op. cit.   Elaboró: Lourdes de Ita

ser tan populares en Europa y a las que John Sparke describe como: "las más delicadas raíces que pueden ser comidas, las cuales sobrepasan con mucho a nuestras chirivías[17] y nuestras zanahorias".[18]

Describe también a los indígenas de Tierra Firme de acuerdo con los nativos que conoció en Santa Fé, territorio que actualmente pertenece a Venezuela. Por el detalle y asombro con que los define, muestra que fueron estos los primeros indígenas con los que tuvo contacto:

> Estos indígenas son de color bronceado, como un olivo, tienen todos ellos, tanto hombres como mujeres, el cabello completamente negro y no de otro color, las mujeres lo usan cayendo a la altura de debajo de sus hombros, y los hombres redondeado y no tienen barba [...] son tan buenos arqueros que los españoles, por temor a ellos, se arman a sí mismos y a sus caballos con mallas tejidas de dos pulgadas de grosor [...] La población [indígena] es tan gentil y tratable y está tan deseosa de vivir en paz, que de no ser así hubiese sido imposible para los españoles haberla conquistado de la manera en que lo hicieron y, más aún, vivir actualmente de manera pacífica, siendo los indígenas tantos en número y los españoles tan pocos.[19]

Se toparon con una tribu de caribes que, aseguraba Sparke, practicaban el canibalismo, cerca de Borburata, y persuadieron a los españoles de comerciar con ellos.

Llegando a Borburata Hawkins bajó a tierra para hablar con los españoles que habitaban ahí, con quienes se identificó como un inglés que había llegado ahí a traficar con ellos. Estos le respondieron que: "tenían prohibido por el rey traficar con cualquier nación extranjera bajo pena de perder sus bienes, por lo que deseaban que no los molestara más, sino que regresara de la misma manera en que había llegado, y que no esperara de ellos nada más, ya que ellos eran súbditos que no irían contra la ley".

Hawkins replicó que no regresaría a su país, pues:

> Viniendo en una de las Armadas de la Reina de Inglaterra y trayendo muchos soldados, necesitaba vituallas y refrigerios para su flota y dinero también, sin lo cual, no regresaría, y con muchas otras palabras los persuadía [...] y que él pensaba que no correrían peligro al traficar con ellos, ya que sus reyes estaban en situación amistosa uno con el otro, y que los ingleses podían comerciar libremente en España y Flandes [...] y que por tanto él no sabía por que razón no habrían de poderlo hacer en esos dominios.[20]

---

[17] En inglés *parnsip*.
[18] R. Hakluyt, *op. cit.*, p. 27.
[19] *Ibid.*, pp. 27-29.
[20] *Ibid.*, pp. 30-31.

Los españoles insistieron en que no dependía de ellos darle la licencia de comerciar sino al gobernador de esa región, pero que si se esperaba 10 días en el lugar, ellos podrían enviar un mensaje a aquél y que en ese tiempo obtendrían una respuesta del mismo al respecto. Hawkins aceptó, pero al cuarto día de espera, y temiendo una respuesta negativa de parte del gobernador, convenció a los colonos de que le compraran aquellos prisioneros africanos que estaban débiles y enfermos a fin de que no murieran a bordo en el transcurso de los 10 días, ya que a ellos ya no les estaban proporcionando alimentos. Los habitantes de Borburata aceptaron finalmente y Hawkins partió del lugar. Este episodio es un ejemplo de la manera en que Hawkins proponía su tráfico de esclavos de manera "pacífica". En otras ocasiones, cuando este método no resultaba, usaba estrategias más violentas. Por estos esclavos enfermos vendidos en Borburata demandó que se le pagara con vituallas. Obviamente, Hawkins se negó a pagar el impuesto de 30 ducados *per cápita* que la legislación mercantil de España e Indias exigía a los traficantes autorizados de esclavos a las Indias y que el gobernador de Borburata le estaba demandando. Se detuvieron más tarde en Río de la Hacha y al pasar por Jamaica y Cuba atacó con sus lombardas pedreras. En la última fase de su trayecto se detuvieron en Florida, donde entonces se encontraba el hugonote francés René Laudonnière. En su descripción de Florida John Sparke abunda en detalles sobre la flora y fauna del lugar. Así, "con la pérdida de veinte personas en todo el viaje y con grandes ganancias para los aventureros del mencionado viaje, así como para todo el reino, trayendo a casa tanto oro, plata, perlas y otras joyas de gran valor..."[21]

Con un saldo a favor regresó la flota a Inglaterra el 20 de septiembre de 1565.

Al volver de ese segundo viaje a Centro y Sudamérica, Hawkins llevó a Inglaterra grandes réditos, tanto para sí, como para quienes le habían financiado la expedición. Esto aumentaría la motivación para futuros viajes. Felipe II se enteró pronto del viaje de Hawkins, tanto por parte de los gobernadores de los territorios americanos visitados por el inglés, como por Diego Guzmán de Silva, quien en 1564 remplazó a Álvarez de Quadra como embajador de España en Inglaterra.

Hawkins y la expedición del capitán Lovell a Centroamérica (1566)

Desde el regreso de Hawkins a Inglaterra en 1565, Guzmán de Silva, quien ha sido considerado como "el mejor embajador enviado por España a la corte isabelina",[22] investigó con diligencia todo lo que pudo en relación con el re-

---

[21] *Ibid.*, p. 63.
[22] J. A. Williamson, *op. cit.*, 1927, p. 98.

cién concluido viaje; en particular, cuáles habían sido las "ganancias" obtenidas y quiénes los socios de Hawkins. De manera diplomática, en diciembre de ese año invitó a cenar a Hawkins a fin de investigar sobre sus planes de realizar una tercera expedición. El nuevo embajador se esforzó por evitar futuros viajes de ilegales ingleses hacia América. A Felipe II le escribió: "Parece aconsejable hacer salir del país a este hombre, para que no enseñe a otros, pues éstos tienen buenas embarcaciones y son gente codiciosa que goza de más libertad de la que les es conveniente tener".[23]

En octubre de 1566 Guzmán de Silva escribió al rey de España que se había enterado de que el traficante definitivamente estaba planeando repetir sus operaciones en Guinea y Centroamérica, ya que, durante su segundo viaje, había hecho una lista de los colonos de Santo Domingo que le solicitaban les llevara otra carga de esclavos africanos y había acordado con ellos que pronto regresaría llevándoles sus peticiones.[24] Se quejó ante la reina Isabel y sus consejeros, quienes estaban familiarizados con el proyecto y, como formalidad diplomática, hicieron comparecer a Hawkins para que hiciera un recuento de sus planes, ya que no era momento para enemistarse seriamente con España. Debido a esta presión política, en esa ocasión Hawkins no pudo salir *personalmente* hacia las Antillas a seguir realizando el tipo de negocio que había emprendido. Sin embargo, decidió llevar a cabo el encargo prometido en Santo Domingo por medio de una flota a cargo del capitán John Lovell[25] y en la que participó Francis Drake, entonces de 24 años. Ese viaje constituyó el primero que Drake realizaba a las Indias Occidentales.

El tercer y "difícil" viaje de John Hawkins a las Indias Occidentales (1567 a 1569)

El viaje de Lovell de 1566 resultó poco afortunado para las expectativas de Hawkins. Miguel de Castellanos, el gobernador de Río de la Hacha, se quedó con los esclavos sin pagar por ellos,[26] de modo que Hawkins, sin detenerse ante la política mercantil española, ni ante las sospechas de Guzmán de Silva y las presiones que resultaron de ellas, decidió llevar a cabo el tercer viaje de tráfico de africanos.

Este tercer viaje ha sido narrado por tres diferentes participantes de la expedición y reunido en *The Principal Navigations*..., de Hakluyt. Una de las na-

---

[23] Spanish Calendar, 1558-1567, núm. 330. Citado por J. A. Williamson, *op. cit.*, p. 119.

[24] Irene A. Wright, *Spanish Documents Concerning English Voyages to the Caribbean, 1527-1568*, Hakluyt Society, vol. LXII, Londres, 1929, 167 pp., segunda serie. Documento núm. 13, pto. 14, p. 89.

[25] Cf. I. A. Wright, *op. cit.*, 1927, pp. 15-16; J. A. Williamson, *op. cit.*, 1927, pp. 122-123.

[26] I. A. Wright, *op. cit.*, documentos 18, 19 y 20.

rraciones es la del propio Hawkins, que podría considerarse como *la historia oficial* del acontecimiento por parte de Inglaterra, y que antes de haber sido incluida en la primera edición de la recopilación de Hakluyt fue publicada en Londres durante 1569. El título del escrito que se encuentra en la segunda edición de Hakluyt es: *El tercer y penoso viaje hecho con el* Jesus of Lubeck, *el* Minion *y otras cuatro embarcaciones, a las regiones de Guinea y a las Indias Occidentales en los años de 1567 y 1568 por M. John Hawkins.*[27] Las otras dos narraciones las escribieron Job Hortop y Miles Philips. Ambos fueron marinos de la flota de John Hawkins y de los desembarcados en el norte del Pánuco al día siguiente de la batalla de San Juan de Ulúa, y los dos vivieron en la Nueva España: Job Hortop por unos dos años y Miles Philips durante cerca de quince. A ambos, posteriormente, los juzgó la Inquisición y lograron escapar. Miles Philips escapó de la Inquisición novohispana en 1580 y llegó a Inglaterra en 1582. Job Hortop logró escapar de Sevilla y regresar a su país, tras 23 años de ausencia, los últimos días de diciembre de 1590. Cada uno de ellos escribió su historia a petición de Richard Hakluyt.[28]

La primera parte del relato de Miles Philips (desde el inicio de la expedición hasta el desembarco en Pánuco) parece estar basado en el escrito de Hawkins, pues hace prácticamente los mismos comentarios y de manera casi idéntica. Philips, a diferencia de Job Hortop, menciona exactamente las mismas fechas que Hawkins. Hay que recordar que tanto en el caso de Hortop como en el de Philips, transcurrieron muchos años antes de que escribieran los hechos. Es posible entonces, que Philips haya recurrido al escrito de Hawkins al redactar la primera parte de su narración.

En los tres registros mencionados queda asentado que la expedición salió de Plymouth el 2 de octubre de 1567 con seis embarcaciones de las que Hortop y Philips dan los nombres: la *Jesus of Lubeck* y la *Minion*, ambas de la reina Isabel; la *William and John*;[29] la *Judith*, capitaneada por Francis Drake, y las barcas *Angel* y la *Swallow*. Hawkins, que era el capitán general de la expedición, navegó en la *Jesus of Lubeck*, misma que llevó como maestre de navegación a Robert Barret, quien hablaba muy bien el castellano.[30]

A un mes de iniciada la expedición, llegaron a Cabo Verde. De su estancia en ese lugar Hawkins comenta "desembarcamos 150 hombres esperando ob-

---

[27] R. Hakluyt, *op. cit.*, vol. X, 1903-1905, pp. 64-74.

[28] *Vide infra.*

[29] Por los nombres es claro que ésta era una embarcación perteneciente a Hawkins.

[30] Cuando Hawkins zarpó de Plymouth lo hizo con seis navíos: el *Jesus of Lubeck*, que era propiedad de la Corona inglesa y era, en esa ocasión, la nave capitana, cuyo maestre era Robert Barret; el *Minion*, cuyo capitán era John Hampton y el maestre John Garret; el *William and John* con Thomas Bolton como capitán y James Raunce como maestre; el *Judith* con Francis Drake como capitán; el *Angel* y el *Swallow*. Antes de que saliesen de las costas de África con rumbo a América, se desató una tempestad en la que de hecho se perdió una de las embarcaciones, el *William and John*, del que no volvió a saberse más como tampoco de su tripulación.

tener algunos negros, donde sólo logramos adquirir unos pocos, y éstos, con gran dolor y daño hacia nuestros hombres".[31] Pasaron por Guinea y Sierra Leona, donde se aliaron con un grupo de nativos para hacerse de un buen número de esclavos. Hawkins dice:

> Fui personalmente y [...] asalté el poblado, tanto por tierra como por mar y muy duramente con fuego estando sus casas cubiertas con hojas de palma seca [...] ahí tomamos 250 personas, hombres, mujeres y niños [...] Así que ahora contábamos con entre cuatro y cinco mil negros por lo que creímos razonable buscar la costa de las Indias Occidentales y ahí, esperábamos obtener por nuestros negros y otra mercancía [...] algunas ganancias.[32]

Dejaron Guinea el 3 de febrero y se dirigieron a las Antillas, a donde llegaron el 27 de marzo. Pasando de largo por Dominica y Margarita, la expedición de Hawkins procuró el comercio en Río de la Hacha, pero el tesorero del lugar no lo permitió y se encontraron con la novedad de que la ciudad estaba amurallada y pertrechada con 100 arcabuces. Hawkins comenta que el tesorero pensó que "por hambre nos forzaría a bajar a tierra a nuestros negros, propósito que no le hubiera fallado de no haber sido que por la fuerza entramos a la Ciudad".[33] Una vez dentro de ésta, comerciaron con algunos españoles que querían comprar esclavos. Otros, como eran amigos del tesorero, hicieron con Hawkins un negocio a ocultas: fueron con él por la noche y le compraron 200 esclavos. Procuraron sin éxito vender el resto de los africanos en Cartagena, pero *el gobernador era tan recto* que no pudieron realizar ningún tráfico ahí.[34] A fin de no perder más tiempo, no desembarcaron, sino que solamente acercaron el *Minion* y dispararon a la ciudad y al castillo mismo.[35] El comentario de Hawkins fue: "como nuestro comercio estaba casi terminado, no pensamos conveniente el aventurar otro desembarco o el perder más tiempo, sino más bien partir de ahí en paz el 24 de julio, esperando escapar a tiempo de sus tormentas, que empiezan a ocurrir poco después, y a las cuales ellos llaman furricanos".[36]

Era demasiado tarde. En su camino a Florida, mientras pasaban por la costa occidental de Cuba, el día 12 de agosto se vieron envueltos en una tormenta que duró cuatro días, azotó con fuerza al *Jesus*, la embarcación de la reina, de tal modo que estaba haciendo agua y sus mástiles se habían aflojado. Tras cortar todas sus estructuras más altas, pensaron dejarla en ese punto del océa-

---

[31] *Ibid.*, p. 64.
[32] *Ibid.*, p. 65.
[33] *Ibid.*, pp. 66-67.
[34] R. Hakluyt, *op. cit.*, vol. IX, p. 401. *Cf.* vol. 10, p. 67.
[35] *Ibid.*, p. 450.
[36] R. Hakluyt, *op. cit.*, vol. X, p. 67.

no; sin embargo, en un último intento, buscaron la costa de Florida, pero una vez ahí, no encontraron ningún lugar donde hacer puerto, debido a la gran plataforma continental de la costa.

Posteriormente, los sorprendió otra tormenta que duró tres días. Es ése el momento en que Hawkins decidió —sin imaginarse las consecuencias y sin considerar los riesgos que corría tras su actividad ilícita en las Antillas y en Tierra Firme— buscar hacer tierra en el único puerto de la costa occidental de la Nueva España, San Juan de Ulúa. El afán de Hawkins por salvar al *Jesus* se debió no sólo a que éste era propiedad de la reina y la nave capitana del viaje, sino que era la embarcación de mayor capacidad de carga de todas las de la expedición y la que transportaba la carga más cuantiosa que habían logrado durante el viaje.

pasando por el extremo occidental de Cuba hacia las costas de Florida, el día 12 de agosto, nos tomó una extrema tormenta que continuó por espacio de cuatro días, la cual golpeó tanto al *Jesus*, que cortamos todos sus mástiles más altos, su timón también estaba sensiblemente flojo y en general, estaba tan extremadamente dañada que estuvimos a punto de dejarla y no conservarla más; sin embargo, esperando llevar todo a buen fin buscamos las costas de Florida, donde no encontramos lugar ni puerto para nuestras naves debido a la poca profundidad de la costa...[37]

Fue entonces cuando Hawkins decidió:

tomar para socorro nuestro el puerto que sirve a la ciudad de México, llamado San Juan de Ulúa, que se encuentra a los diecinueve grados, en busca de cuyo puerto tomamos en nuestro camino tres embarcaciones que transportaban pasajeros hasta el número de cien. Dichos pasajeros esperábamos que fueran un medio para nosotros para obtener, de mejor manera, vituallas por nuestro dinero y un lugar tranquilo para reparar nuestra flota. Poco después de esto, el 16 de septiembre, entramos al puerto de San Juan de Ulúa...[38]

Cuando se habla de este viaje en la historiografía inglesa, es común argumentar que ante los cambios meteorológicos repentinos, la única opción para la flota de Hawkins fue la de refugiarse en San Juan de Ulúa. Pero, si tras la primera tormenta que inició el 12 de agosto y continuó por espacio de cuatro días, éste hubiera optado por dejar al *Jesus* en lugar de buscar hacer puerto en Florida arriesgando al resto de las embarcaciones y hubiera dirigido su flota de vuelta a Inglaterra, habría esquivado los huracanes sucesivos y evitado los penosos eventos que posteriormente ocurrieron. Pero el *Jesus of Lubeck* era el barco más grande, y era de Isabel I.

---

[37] John Hawkins, en R. Hakluyt, *op. cit.*, vol. x, p. 67.
[38] *Id.*

Importancia de San Juan de Ulúa durante el siglo XVI

Para entender la batalla de San Juan de Ulúa de 1568 es esencial bosquejar su situación geográfica e histórica durante el siglo XVI.

Desde el primer siglo de colonización americana, una de las restricciones que la Corona española impuso para proteger su monopolio en América fue la de reducir al máximo la construcción de puertos habilitados para la importación, además de distanciar lo más posible la existencia de cada uno de ellos.

Para servir al virreinato de la Nueva España sólo existía en el Atlántico el puerto de San Juan de Ulúa. Ésta era la única entrada para las mercaderías europeas en las provincias mexicanas. Por su parte, toda Sudamérica, con excepción de la costa del Caribe, se abastecía por el Pacífico, vía el istmo de Panamá. El tráfico directo por el estrecho de Magallanes estaba prohibido. Los puertos menores y las islas del Caribe eran abastecidos por buques pequeños que zarpaban en compañía de las flotas anuales. A estos buques se les permitía distribuir las mercancías de uno a otro de estos asentamientos menores, pero no se podían conducir por ningún motivo a los grandes puertos: Veracruz, Cartagena y Porto Velo. Estos eran abastecidos por los galeones y por las flotas mexicanas.[39]

La importancia de San Juan de Ulúa no sólo consistía en que era el único puerto que recibía los productos europeos destinados a la Nueva España, sino que de sus playas salía toda la mercancía americana y asiática —además de los frutos de la creciente producción minera del virreinato novohispano—, y el Tesoro del rey hacia el mercado y las cortes europeas.[40]

La Villa Rica de la Vera Cruz fue el primer asentamiento español en la Nueva España. Fue erigida por Hernán Cortés en abril de 1519 en Quiahuitzlán en su arribo a las costas mexicanas, antes de conducir a sus tropas a la capital del Imperio azteca. Seis años después, esta localidad fue trasladada siete leguas hacia el sur, al lugar actualmente conocido como *La Antigua*.[41] En 1599 este poblado volvió a ser mudado: la Veracruz Nueva esta vez ocupó su actual asiento, frente al arrecife coralino de la isla de San Juan de Ulúa.

Desde mediados de 1520 hasta fines del siglo XVI, la Villa Rica se ubicaba en La Antigua y constituía un lugar muy peligroso como anclaje para los buques, debido a que se encontraba expuesta a los fortísimos vientos del norte, que son dominantes en esa región del Golfo de México y que llegan a produ-

---

[39] *Cf.* W. Borah, *Early Colonial Trade and Navigation Between Mexico and Peru*, Ibero-Americana núm. 38, Berkeley y Los Ángeles, 1954; P. Gerhard, *Pirates on the West Coast of New Spain 1575-1742*, The Arthur H. Clark, Glendale, California, 1960; C. H. Haring, *Comercio y navegación entre España y las Indias en la época de los Habsburgos*, Fondo de Cultura Económica, México, 1979.

[40] C. H. Haring, *op. cit.*, p. 258.

[41] Peter Gerhard, *A Guide to the Historical Geography of New Spain*, Cambridge University Press, Cambridge, 1972, pp. 7, 364.

cir serios trastornos en sus aguas y costas, particularmente durante el otoño. Por esta razón, mucho antes de 1599, el canal entre San Juan de Ulúa y la costa, de unos 450 metros de anchura, servía de puerto de abrigo a las flotas provenientes de Sevilla. "El puerto [...] está protegido por la isla y por una hilera de pequeños arrecifes. Como el oleaje penetraba con ímpetu tierra adentro por mucho espacio, los navíos, para resistir al viento, atracaban a un muro mediante cadenas de hierro, proa al mar, echando anclas a tierra desde la popa y tan arrimados a la isla que podía caminarse de la proa al muro".[42]

Durante el siglo XVI, del puerto de San Juan de Ulúa se transportaban, mediante lanchas y botes pequeños, todas las importaciones a la Villa Rica, mientras los pasajeros desembarcaban frente a la isla y después[43] proseguían el viaje por Veracruz, desde donde podían dirigirse, al igual que la mercancía, a Puebla, a la ciudad de México, a Zacatecas o a otras regiones del país (véase el mapa II.2).

Durante el siglo XVI, gran parte de la población de la Villa Rica de la Vera Cruz vivía la mayor parte del año en Xalapa, asentada en tierras del interior "más altas y saludables". La población estable del asentamiento portuario parece haber estado constituida principalmente por esclavos africanos y por sus descendientes, que durante la mayor parte del año "vivían en haciendas ganaderas (de dueños españoles) a lo largo de la costa entre Zempoala y Nautla"[44] y ayudaban a desembarcar los barcos a la llegada de las *flotas*.

Gerhard[45] comenta que tras haberse trasladado la Villa Rica de la Vera Cruz a su sitio actual en 1599-1600, fue protegida por una pared, por artillería adicional y fortificaciones. Haring dice respecto a la ciudad:

> levantábase en una playa arenosa, plana y estéril, sólo a unos cuantos pies sobre el nivel del mar, rodeada de pantanos y dunas y tan insalobre que muchos marinos extraños al clima perecían allí. La parte mejor de la población, toda dedicada al comercio y a ocupaciones marítimas, residía allí sólo cuando la flota estaba en puerto, y el tiempo restante lo pasaba en la más salubre ciudad de Jalapa, erigida en tierras más altas del interior, y donde después de la descarga de cada flota, celebrábase la gran feria, a donde acudían los comerciantes del país para comprar a precios exorbitantes los artículos extranjeros.[46]

El navegante inglés Henry Hawks, quien vivió en la Nueva España de 1568 a 1572,[47] testificaba respecto al puerto de San Juan de Ulúa:

---

[42] Clarence H. Haring, *Comercio y navegación entre España y las Indias en la época de los Habsburgos*, Fondo de Cultura Económica, México, 1979, p. 255.

[43] Gerhard comenta que desde 1588 existían en esa porción de la costa tres mesones o "Ventas de Buitrón". P. Gerhard, *op. cit.*, p. 362.

[44] P. Gerhard, *op. cit.*, p. 365.

[45] *Ibid.*, p. 362.

[46] C. H. Haring, *op. cit.*, p. 255n.

[47] *Vide supra.*

MAPA II.2. *San Juan de Ulúa y Veracruz (siglo XVI)*

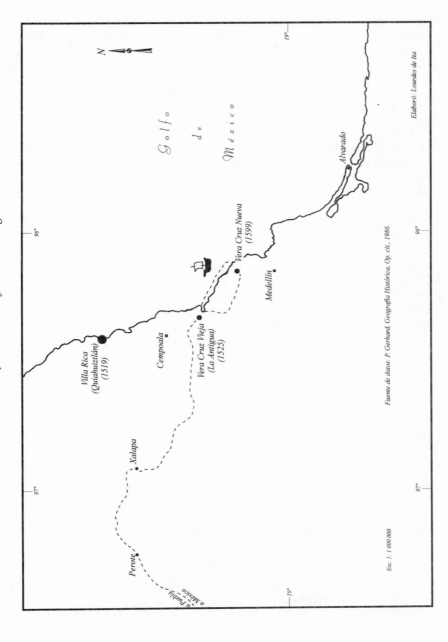

Esc. 1: 1 000 000

Fuente de datos: P. Gerhard, *Geografía Histórica, Op. cit.*, 1986.

Elaboró: Lourdes de Ita

San Juan de Ulúa es una Isla no más alta que el nivel del agua, donde actualmente, tras la llegada ahí de M. John Hawkins, los españoles están construyendo una sólida fortaleza. En este lugar descargan todas las embarcaciones que salen de España con bienes para estos lugares: porque no tienen otro puerto tan bueno como éste [...] En estos lugares el viento del norte tiene tan gran dominio, que muchas veces ha destruido muchas embarcaciones y naves [...] Estas islas se ubican a los 18 grados y medio y cerca del mismo hay gran abundancia de pescado. A cinco leguas de San Juan de Ulúa, hay un río ancho; éste yace al noroeste del puerto, y va a una pequeña ciudad de los españoles llamada Vera Cruz, y con pequeñas naves o barcas, las cuales ellos llaman frigatas, ellos acarrean toda la mercancía que sale de España hacia dicha Ciudad; y de igual manera traen todo el oro, plata, cochinilla, pieles, y todas las demás cosas que las embarcaciones llevan de ellos hacia España. Y estando los productos en Veracruz, los acarrean ellos a México y a Puebla de los Ángeles, Zacatecas, y San Martín, y otros diversos lugares tan lejanos dentro del país, que algunos de ellos se encuentran a 700 millas de distancia, y algunos más y algunos menos, todo sobre caballos, mulas y en carretas jaladas por bueyes y en carros jalados por mulas.[48]

Hay que resaltar el hecho de que el *hinterland*[49] de San Juan de Ulúa se extendía hasta la ciudad de México y aun a regiones más remotas del virreinato.[50] El propio John Hawkins y sus marinos reconocieron esto al referirse al puerto como "el Puerto que sirve a la Ciudad de México llamado San Juan de Ulúa"[51] y "el puerto de S. Juan de Ullua, o Vera Cruz, situado a los 19 grados de latitud y a los 279 grados de longitud, el cual es el puerto que sirve para la Ciudad de México".[52]

Fue en ese puerto singular donde entró la flota de Hawkins en septiembre de 1568.

John Hawkins en San Juan de Ulúa

El 16 de septiembre de 1568, la flota de John Hawkins entró en el puerto de San Juan de Ulúa. En el lugar, las autoridades y la población se preparaban para un evento poco común: El cuarto virrey de la Nueva España, don Martín Enríquez de Almansa, estaba a punto de hacer su arribo, junto con la Flota de Indias, al puerto del Atlántico novohispano. La población en Veracruz no ima-

---

[48] R. Hakluyt, *op. cit.*, vol. IX, 1903-1905, pp. 378-379.

[49] Hinterland: área de influencia. El área servida por un puerto u otro centro. El distrito detrás de una costa o los bancos de un río (del alemán *hinter*, detrás)", *The Hutchinson Encyclopedic Dictionary*, Hutchinson, Oxford University, Londres, 1991, p. 512.

[50] Sacando provecho de los ríos y mediante carros y carretas jalados por mulas, bueyes y caballos, del puerto se pasaba a todas las regiones novohispanas.

[51] John Hawkins, en R. Hakluyt, *op. cit.*, p. 67.

[52] Miles Philips, en R. Hakluyt, *op. cit.*, pp. 402.

ginaba, ni remotamente, la presencia de naves inglesas en el Golfo de México. Al grado que, cuando los ingleses hicieron puerto, los principales de la ciudad, confundiendo sus naves con la Flota de Indias, subieron a bordo del *Jesus*, sólo para darse cuenta del gran error en el que habían incurrido. Hawkins, al enterarse de la próxima llegada de la Flota que conducía al virrey, supo que se avecinaba una situación más delicada de la que había previsto, así que optó por retener, como rehenes, a dos de las personas que originalmente habían abordado su nave: don Lorenzo de Alva y don Pedro de Rivera.

El alcalde mayor de Veracruz comenta el pánico que cundió entre los habitantes de la Villa Rica al percatarse de la presencia de "el Inglés" en el puerto de San Juan de Ulúa,[53] a pesar de que en las costas novohispanas no se había dado nunca un ataque ni la toma de alguna ciudad por parte de piratas; pero seguro es que las noticias sobre su presencia y acciones en otros puertos hispanoamericanos ya habrían llegado a oídos de los habitantes de la Nueva España mediante historias y leyendas contadas por marineros, esclavos y comerciantes.

Al día siguiente de la entrada de las embarcaciones de Hawkins en el puerto de Veracruz, aparecieron los barcos de la flota mexicana, que proveniente de Sevilla, llegaba a la Nueva España, transportando a quien iba a tomar posesión como cuarto virrey: Martín Enríquez de Almansa.

---

[53] El alcalde mayor Luis Zegri a la Audiencia en la ciudad de México, de Vera Cruz, septiembre 18 de 1568:
Al muy poderoso Presidente y Jueces de la Real Audiencia [...] de Nueva España:
Muy Poderoso Señor: [...] Ayer, viernes, el 17 del presente mes de septiembre, en la tarde, 13 naves aparecieron cerca de la desembocadura del río de esta Ciudad. Esto sucedió después de que el Inglés había tomado la isla de San Juan de Ulúa con ocho embarcaciones, como le escribí a su alteza desde Jalapa ayer en la mañana y nuevamente hoy, después de que llegué a esta ciudad, cerca de las ocho de la mañana. Bajé a la boca del río a esperar una fragata que fue enviada a averiguar qué embarcaciones eran aquellas que estaban ancladas allende la desembocadura del río. Esta regresó como a las dos de la tarde, después de la comida, con la noticia de que ellos eran la flota, con Francisco de Luján como comandante general. Don Martín Enríquez, hijo del Marqués de Alcañizes (p. 11) está a bordo, comisionado como virrey para Nueva España. Hay 13 embarcaciones y dicen haber salido de España el 6 de julio. Su excelencia trae consigo un hijo de 10 o 12 años de edad, quien ya se encuentra en esta ciudad. Vino a tierra en la frigata que trajo la noticia, junto con algunos objetos de valor del virrey. Un caballero que acompaña al hijo del virrey dice que el Inglés envió decir al virrey que sus intenciones son pacíficas; que quiere hacer disposición de cierta mercancía que transporta y que como garantía de que guardará su palabra, cedió como rehenes a diez hombres principales de su tripulación, y de la flota española otros tantos le fueron enviados a él. A pesar de ésto, se ha apertrechado en la isla y está muy alerta. Para encontrarse en mayor libertad ahí, envió a la playa a los negros y a todas las personas que estaban en la isla. De acuerdo a lo que ellos dicen, me refiero, a lo que este caballero que vino con el hijo del virrey dice, esta noche, si el tiempo lo permite, toda la flota entrará al puerto [...] De los prisioneros que tenía, el Inglés liberó a Antonio Delgadillo para que sirviese como intermediario, pienso yo. También liberaron a Martín de Marcana.
Esta ciudad está completamente asolada, más que si el Inglés la hubiese tomado, porque como consecuencia de la alarma causada por la entrada del Inglés al puerto, aquellas personas que poseían poco quisieron ayudar a los que tenían algo que salvar, o así parecía, y lo salvaron para ellos mismos, por lo que no hay nada disponible para comer, ni nadie a la

En esos momentos, Hawkins se encontraba en el dilema de permitir a la flota del virrey entrar al puerto, o no hacerlo y dejarla expuesta al naufragio a causa de los fuertes vientos nortes del Golfo de México. Lo detuvo lo delicado de la situación política, los pagos que eventualmente tendría que resarcir y la indignación y el castigo de la reina Isabel I: "si los hubiese dejado fuera, entonces se hubiese dado un naufragio de toda la flota, cuyo valor ascendía a seis millones, lo que equivale a 1 800 000 libras. Consideré que no era yo capaz de responder, temiendo la indignación de la reina, Su Majestad, en tan grave asunto".[54]

Optó por enviar un mensaje al virrey por medio de uno de los capitanes españoles que habían confundido a las dos flotas, Antonio Delgadillo, quien actuó como intermediario entre ellas. Mandó decir al virrey que antes de permitirle entrar, debía mandar que se les respetara y que conseguirían lo que requerían: "vituallas por nuestro dinero, y licencia de vender tantos productos como sea necesario para suplir nuestras necesidades y que de cada parte se intercambien doce hombres principales como rehenes para el mantenimiento de la paz, y que la Isla, para nuestra mayor seguridad, esté en nuestra propia posesión durante nuestra estancia ahí, así como la artillería instalada en la misma..."[55]

En el registro de los hechos por Job Hortop, se percibe el tono de Hawkins en ese momento de tensión:

Al día siguiente [de la llegada de los ingleses] descubrimos la flota española, sobre la que un español llamado Luçon [Luján] era general: con él venía un español llamado Don Martín Henríquez, al cual el rey de España mandaba para ser su Virrey de las Indias. Él envió un bote con una bandera de tregua a nuestro general, a investigar de qué país eran esas naves que estaban ocupando el puerto del rey de España; a él le dijo que esas eran las embarcaciones de la reina de Inglaterra, que entraron ahí para avituallarse por su dinero; que por tanto si su general quería entrar ahí "debía darme vituallas y todas las demás cosas necesarias y me retiraré

mano a quién dar orden de procurarlo, porque desde que la flota apareció, todos los colonos están fuera, buscando sus bienes, para ver si pueden recobrar parte de lo que habían escondido en los matorrales.

Con ésto he reportado brevemente a vuestra alteza sobre los eventos ocurridos hasta ahora y lo mismo haré respecto a lo que pueda suceder de aquí en adelante. Vuestra alteza tomará medidas para proveer para el trayecto del virrey porque pienso que no permanecerá aquí por mucho tiempo.

Nuestro Señor preserve a la poderosa persona que es vuestra alteza con prosperidad durante muchos años, así como nosotros, los servidores de vuestra alteza, lo deseamos.

Vera Cruz, sábado a las cuatro de la tarde del 18 de septiembre, *El servidor de vuestra alteza, Don Luis Zegri*. (Citado por Irene A. Wright, *Spanish Documents Concerning English Voyages to the Caribbean*, The Hakluyt Society, núm. LXII, Londres, 1929, pp. 10-12).

[54] Sir John Hawkins, en Hakluyt, *op. cit.*, vol. X, p. 69.
[55] R. Hakluyt, *op. cit.*, vol. X, pp. 69-70.

hacia un lado del puerto y él deberá entrar por el otro lado". El español dio por respuesta, que él era un virrey y que tenía mil hombres y que por tanto entraría. Nuestro general (Hawkins) dijo que si él era un virrey, "yo represento la persona de mi reina y yo soy un virrey tanto como él, y si él tiene mil hombres, mi pólvora y disparos tendrán el mejor lugar".[56]

Wright afirma que al estar presente en San Juan de Ulúa, Hawkins era tres veces transgresor de la legislación española y que, por cada una de estas infracciones, se exponía a ser arrestado y a que sus bienes fueran confiscados:[57]

1) Hawkins era un extranjero (no español). Su sola presencia en las Indias era contra la ley, pues no contaba con una licencia de "Su Majestad católica" para "pasar" a esos territorios.[58]
2) No sólo había "pasado"[59] a las Indias, sino que había llevado consigo naves que transportaban mercancías que no habían sido manifestadas en Sevilla, como lo mandaban las leyes y ordenanzas de entonces.
3) Hawkins negociaba en Hispanoamérica sin tener derecho a ejercer esa actividad en la región, según las legislaciones españolas, pues para hacerlo era necesario poseer una licencia especial para ese efecto.

Por lo anterior, la actitud de Hawkins en la narración de Hortop se antojaría prepotente, pero sin duda se debía a una artimaña defensiva, sabiendo que según la legalidad española, tenía pocos argumentos ante el representante del rey Felipe II. El acta que Enríquez de Almansa levantó el 27 de septiembre, en la que declara cuál fue la situación vista desde los ojos de los españoles,[60] permite deducir que el virrey daba por sentada la ilegalidad de Hawkins al ocupar San Juan de Ulúa.

El poner condiciones para permitir a la flota mexicana entrar a su *propio* puerto debió parecerle al virrey una actitud insolente. Era la primera misión de Enríquez de Almansa como representante de Felipe II, y la ilegalidad de Hawkins quedaba expuesta con evidencias no sólo a juicio del rey español,

[56] Job Hortop, en R. Hakluyt, *op. cit.*, vol. IX, p. 451.
[57] I. A. Wright, *Spanish Documents Concerning English Voyages to the Caribbean*, The Hakluyt Society, núm. LXII, Londres, 1929, p. 8 (Segundas Series).
[58] *Id.*
[59] Cuando se le confiscó a Hawkins en España un cargamento de azúcar que había enviado desde Haití, el fiscal refirió a la Corona la situación ilegal del hecho de la siguiente manera: "John Hawkins, nativo de Inglaterra [...] sin licencia de vuestra alteza pasó a las dichas *Indias* con barcos cargados con negros y con otras mercancías inglesas [...] violando de esa manera ordenanzas y leyes que vuestra alteza ha emitido respecto a la manera en que los productos deben ser manifestados". (Citado por I. A.Wright, *op. cit.*, p. 8, n2.)
[60] Publicada por I. A.Wright, *op. cit.*, Documento núm. 27.

sino al de la opinión pública en España y la Nueva España. Por eso, desde que recibió el mensaje de Hawkins, el virrey Enríquez llamó a los generales de la flota a consejo y les preguntó su opinión sobre la conveniencia de entrar a la fuerza al puerto. La opinión de los capitanes fue que,

> no era sabio entrar por la fuerza, sino hacer puerto pacíficamente y asegurar las embarcaciones y que habiendo cumplido esto, ellos harían como su ilustre señoría aconsejase, porque hasta que eso fuese hecho, las naves estaban en peligro de pérdida porque el viento era del norte y el enemigo contaba con la ventaja de que estaba dentro del anclaje y sus naves aligeradas, mientras aquellas de la Flota eran naves mercantes y pesadamente cargadas.[61]

Después de discutirlo, las autoridades de la flota proveniente de Sevilla acordaron seguir las instrucciones de Hawkins a fin de lograr desembarcar a salvo. Y tal como lo habían considerado antes, una vez hecho eso, ordenaron otro consejo "para determinar los procedimientos y los medios para arrestarlo y castigarlo y sacarlo de la isla [...] y vuestra ilustre señoría determinó que el siguiente jueves, que era el veintitrés del mencionado mes de septiembre, cerca de las once de la mañana, el ataque debía llevarse a cabo".[62]

En la historiografía inglesa y española, la batalla de San Juan de Ulúa se presenta como un hecho muy controvertido. La batalla ha sido narrada desde dos muy polarizados puntos de vista: el anglófilo y el hispanófilo. Mientras desde uno de los extremos se habla indefectiblemente de *deshonesta traición*,[63] en el otro se enfatiza la calidad de *piratas* de los marinos ingleses en las aguas hispanoamericanas. Lo anterior se debe a que se ha partido de dos diferentes premisas que ya desde el XVI se dejaban sentir y que se derivaban de la aceptación o el rechazo de la legitimidad del derecho exclusivo de España sobre el territorio americano.

---

[61] I. A. Wright, *op. cit.*, pp. 131-132.

[62] *Id.*

[63] Desde el punto de vista del propio Hawkins y sus marinos (quienes se refieren a la operación como una "alta traición"), así como Richard Hakluyt (quien en sus comentarios al margen de cada una de las narraciones de la batalla acota: "El virrey traidor" y "La villanía traicionera de los españoles y su crueldad"), hasta escritos de biógrafos contemporáneos como Williamson (*op. cit.*) coinciden en considerar las acciones ordenadas por Enríquez como traición y villanía. Los escritos de la doctora Irene Wright sobre los viajes de John Hawkins a las Indias Occidentales consideran y comentan el contexto político en el que estos viajes se llevaban a cabo, las estrictas regulaciones españolas respecto a la presencia y tráfico en los territorios americanos y, consecuentemente, la ilegalidad (según los cánones europeos de la época) de la presencia y actividad de Hawkins en las costas del Caribe y Golfo de México. Con todo, su opinión sobre la batalla en las costas de Veracruz, con base en el documento que contiene las declaraciones tomadas por el virrey Enríquez de Almansa en San Juan de Ulúa del 27 al 30 de septiembre de 1568, es la siguiente: según ella, el documento "muestra por las declaraciones juradas de sus propios enemigos, que en San Juan de Ulúa Hawkins fue —precisamente como él aseguraba haber sido—, la víctima de una deshonesta traición". I. A.Wright, *op. cit.*, p. 20.

The admired Empresse through the worlde applauded. Unto the eares of every forraigne Nation,
For supreme Virtues rares t. Imitation : Cannopey'd under powreful Angells wings
Whose Scepters rule fames lowde-vove'd trumpet lawdets, To her Immortall praise sweet Science sings

Are to be sould in Popes head Alley by Io Sudbury and Geor Humble.

FIGURA 3. *Isabel I. La admirada emperatriz aplaudida a lo largo del mundo, por raras virtudes supremas e imitación la trompeta proclama en alta voz que su cetro reina con fama, a oídos de cada nación extranjera. Cobijada bajo las alas de poderosos ángeles, a su inmortal alabanza canta la dulce sabiduría*

© National Maritime Museum, Londres

Sʳ JOHN HAWKINS

FIGURA 4. *John Hawkins*
© National Maritime Museum, Londres

Sʀ FRANCIS DRAKE.
Receiving y̎ Homage & Regalia of y̎ King of NEW ALBION.

I. Cole sculp.

FIGURA 5. *Francis Drake*
© National Maritime Museum, Londres

THOMAS, CANDISH,

De, L'armeſſin, ſcul,

FIGURA 6. *Thomas Cavendish*
© National Maritime Museum, Londres

La memorable batalla de San Juan de Ulúa

El día 24 de septiembre de 1568[64] se llevó a cabo la batalla de San Juan de Ulúa.

El 17 de septiembre llegó la Armada de España. Hawkins envió un mensaje al capitán general de ésta, Juan de Ubilla, pidiendo que como condición para dejarles entrar al puerto debían establecer previamente un acuerdo de paz entre ambas escuadras. Los ingleses pusieron sus condiciones y Enríquez de Almansa, quien, conforme a los derechos de los que gozaba como virrey había determinado dirigir la operación en lugar del capitán general, accedió.[65]

Los buques españoles anclaron junto a los ingleses. Los españoles pasaron al continente y a los ingleses se les concedió que permanecieran en la isleta de San Juan de Ulúa. Cuando estaban bastante confiados, el 24 de septiembre de 1568, la flota española atacó repentinamente a la flotilla de Hawkins.

Hawkins había sospechado algo al descubrir que en el lado de la costa estaba más gente de la que usualmente ahí se encontraba, y que muchos hombres habían entrado en una gran barcaza que se hallaba anclada con las naves españolas. Envió entonces a Robert Barret, quien era el maestre del *Jesus* y hablaba bien el castellano, a averiguar.

El virrey Enríquez, dándose cuenta de que su plan de atacar en secreto a la flota de Hawkins estaba en peligro de ser descubierto, aprehendió a Barret y dio la orden de atacar en seguida.

El ataque, dice Miles Philips, "causó tal sorpresa y confusión en nuestra gente que muchos cedieron y corrieron a buscar salvación en los buques".[66] Los españoles, en la costa, se encontraban preparados. En botes se dirigieron a la isla y mataron a la mayoría de los marinos ingleses que se hallaban ahí. Como Philips dice, algunos escaparon a los buques. El *Minion* se desamarró y resistió el primer ataque de los 300 hombres que se encontraban en la gran urca. Los españoles, expertos en ganar las luchas abordando las embarcaciones enemigas, lograron abordar el *Jesus,* hicieron un combate severo y fueron rechazados. El *Jesus* soltó también sus amarras y se unió al *Minion*. Los españoles tomaron posesión de la artillería que los ingleses habían colocado en la isla para protegerse y les causaron con ella aún más bajas. El *Jesus,* ya muy

---

[64] En su traducción de la relación de Miles Philips, García Icazbalceta cometió una equivocación al informar que la batalla de San Juan de Ulúa se había llevado a cabo el 21 de septiembre de 1568: "el virrey y el gobernador habían reunido secretamente en tierra hasta mil hombres escogidos y bien armados para dar sobre nosotros por todos lados, el jueves siguiente, 21 de septiembre, a la hora de comer". J. García Icazbalceta, *op. cit.*, p. 99. El escrito de Miles Philips dice que esto sería el 24 de septiembre: "For the Viceroy and the governour thereabout had secretly at land assembled to the number of 1000 chosen men, and well appointed, meaning the next thursday being the 24 of September at dinner time to assault us, and set upon us on all sides". R. Hakluyt, *op. cit.*, vol. IX, p. 405.

[65] I. A.Wright, *op. cit.*, pp. 131-132.

[66] J. García Icazbalceta, *op. cit.*, p. 100; R. Hakluyt, *op. cit.*, vol. IX, p. 406.

lastimado, sirvió de parapeto al *Minion*, que recibió a sus hombres. El *Swallow* y el *Angel* fueron quemados y hundidos.

Los únicos buques de la expedición de Hawkins que se salvaron fueron el *Minion*, en el que rescataron a Hawkins, y el *Judith*, aún bajo el comando de Drake. Philips se refiere al *Judith* como a "una pequeña barca de 50 toneladas [...] la misma noche [de la batalla] esa barca nos dejó, estando nosotros en gran necesidad".[67]

Philips no habla acerca del desempeño de Drake con el *Judith* en la batalla. Tampoco sobre el del *Swallow* y el *Angel*. Sin embargo, el *Judith* debió haber merecido atención particular, ya que no sufrió pérdidas tan graves como las de los otros buques.

Consecuencias de la batalla de San Juan de Ulúa

La batalla de San Juan de Ulúa fue un hecho particularmente singular, pues tuvo una influencia decisiva en la navegación y en los navegantes ingleses después de 1568, influencia que se deja sentir notable y definitivamente en la actitud que comisionados ingleses como Drake tomaron de por vida en relación con España, sus autoridades y sus territorios americanos, o como Hawkins, que se dedicó a renovar, a partir de ese suceso, la Marina Real isabelina. San Juan de Ulúa fue el acontecimiento que dio un giro determinante a las relaciones anglo-españolas y que culminó con la también controvertida derrota de la Armada Invencible de España en 1588.

A su retorno a Inglaterra John Hawkins se dedicó a la renovación y remodelación de las naves británicas, la mayor parte de ellas de propietarios privados. En el Golfo de México, Hawkins se había dado cuenta de que el *Jesus* había sido incapaz de seguirle el paso al resto de las embarcaciones más pequeñas de su flota, debido a que la proa, muy grande, presentaba un área mayor al viento, lo que la frenaba empujándola en dirección contraria a los vientos dominantes; durante las calmas, asimismo, la hacía más lenta.

Como solución, Hawkins planeó acortar la altura de las partes laterales de las embarcaciones, de manera que éstas descansaran de manera más sólida y cercana en el agua, removió la alta proa y la remplazó por una estructura más baja. También pensó en acortar la popa, sustituir el timón cuadrado por el redondo tradicional y aumentar la longitud de línea de radio. El nuevo diseño de la embarcación resultó ser más veloz, más fácil de maniobrar por el timonel, capaz de aprovechar mejor el viento y más rápido durante las calmas. Este nuevo modelo influyó en la construcción de naves en Europa a finales del siglo XVI y se propagó a Holanda durante la última década de la centuria.

[67] *Ibid.*, p. 408.

Esta remodelación de la Marina isabelina rendiría sus frutos para Hawkins en 1588, cuando las naves de Inglaterra, con la ayuda de algún fenómeno meteorológico, vencerían a la Gran Armada de España.

FRANCIS DRAKE

Es una tarea complicada la de descifrar, calificar y definir a un personaje histórico que por sus hazañas, circunstancias y fortuna singulares ha llegado a ser un mito. El caso de Francis Drake es particularmente difícil. No obstante todo lo que se ha dicho y escrito sobre sus acciones y su persona, y a pesar de haber sido uno de los personajes más importantes de la Marina inglesa del siglo XVI y un pilar en los orígenes del Imperio británico, la figura de Drake, sigue siendo motivo de polémica.

Las historiografías inglesa y española muestran muy diferentes facetas de Francis Drake. Mientras en la inglesa la figura de Drake ha sido motivo de diferentes estudios en los que se ensalzan aspectos de sus actividades estratégicas en relación con España y América, en la historiografía española Drake porta, peyorativamente, el apelativo de *pirata*. A pesar del recato mostrado al referirse a los navegantes *irregulares* o *ilegales* ingleses del siglo XVI, los que han escrito la historia de la navegación inglesa no pueden evitar referirse a Drake con cierta fascinación. Su audacia y su celo nacionalista en su actitud hacia España son elementos inevitables al evaluar sus acciones dentro de un marco saturado de acciones políticas adversas entre los países de la Europa atlántica del XVI.

A esta marcada polarización contribuyó en gran manera la situación de Inglaterra en ese periodo y la política oficial de los primeros años de la era isabelina.

El origen de la "grandeza" de la pequeña *Gran* Bretaña y el principio de su expansión imperial se remontan al siglo XVI. La expansión imperial de Inglaterra se dio vía el occidente y comenzó en el periodo isabelino. Durante los primeros 22 años del reinado de Isabel I, esto es, de 1558 hasta el retorno de la circunnavegación de Drake en 1580, las tendencias de la política exterior inglesa parecen poco definidas si se atiende a las acciones y decisiones oficiales de la reina y de sus consejeros, sir Francis Walsingham y sir William Cecil (lord Burghley). Hacia el interior del país, Isabel I parece haber estado ocupada manteniendo la unidad religiosa de Inglaterra y evitando la sedición. Hacia el exterior, su política oficial fue la de procurar mantener la paz y la independencia respecto a sus vecinos más cercanos: Francia y España, de los cuales este último había llegado a ser la potencia mundial en función de la anexión de nuevos territorios y, en particular, por la explotación intensiva de los recursos de las colonias americanas.

El gobierno inglés se mantenía quieto, inactivo, sólo apoyando a Francia en los momentos en que el equilibrio relativo europeo parecía estar amenazado, poniendo con ello en peligro su propia soberanía, por lo que puede parecer inexplicable el hecho de que a lo largo del siglo XVI Inglaterra llegara a formar una flota naval capaz de vencer a la Gran Armada de Felipe II de España:

> En febrero de 1559 [Isabel I] [...] poseía veintidós naves efectivas de cien o más toneladas; en marzo de 1603 [tenía] veintinueve; así que prácticamente, lo único que hizo fue remplazar aquellas que estaban gastadas por el paso del tiempo, porque solamente dos fueron perdidas en actos de guerra [...] veintinueve naves no es una gran marina; pero cuando la Armada llegó, ciento treinta naves la estaban esperando en los estrechos mares.[68]

Isabel I participaba en un doble juego respecto a su política naval. La fortaleza y capacidad de la Marina Real inglesa tuvieron su origen y se fundaron en las acciones de los *irregulares*, de los enfáticamente llamados *privateers*. Es pues de crucial importancia discernir las diferentes motivaciones y percepciones que los navegantes ingleses de la segunda mitad del siglo XVI llevaban al desestabilizar y saquear las costas y puertos de la América hispana. Entre estos navegantes, Francis Drake sobresale por su visión, sus estrategias y el alcance logrado en sus empresas.

Francis Drake y la marina isabelina

Francis Drake nació en Crowndale, cerca de Tavistock, alrededor de 1545. Cuando joven fue aprendiz en el canal costero y heredó de su maestro una embarcación que trabajó durante un tiempo. Se cree que Francis Drake tuvo once hermanos,[69] y se cuenta con evidencias de tres de ellos: John y Joseph, quienes también viajaron al continente americano y murieron en las Indias Occidentales en 1572 y 1573, respectivamente, y Thomas, quien sobreviviría a todos.[70]

El primer registro que se tiene de la presencia de Francis Drake en América es de 1565-1566 en Centroamérica,[71] adonde llegó con el capitán Lovell,[72] quien

---

[68] W. Raleigh, *op. cit.*, 1905, p. 44.

[69] El profesor Walter Raleigh comenta que fueron once sus hermanos. W. Raleigh, "The English Voyages of the Sixteenth Century", 1905. R. Hakluyt, *op. cit.*, vol. XII, p. 48.

[70] The British Library, *Sir Francis Drake*, British Museum Publications, Londres, 1977, p. 32.

[71] The Spanish Main.

[72] En *The Principal Navigations* de Hakluyt no se narra este viaje ni se da información sobre el capitán John Lovell. Lo que en este trabajo referimos al respecto (*vide infra*) proviene de los trabajos de Williamson: J. A. Williamson, *Sir John Hawkins, the Time and the Man*, Clarendon Press, Oxford, 1927, 542 pp.; *The Age of Drake*, 2a. ed., Adam y Charles Black, Londres, 1946, 401 pp.; *Hawkins of Plymouth*, Adam y Charles Black, Londres, 1949, 348 pp.

por encargo de John Hawkins llevaba una carga de esclavos africanos para venderlos en las Indias Occidentales. El gobernador español en Río de la Hacha rehusó pagar los esclavos que tomó de Lovell. Este suceso, que Drake interpretaría como *traición* por parte del español, parece haber sido la primera mala experiencia de Drake con los peninsulares hispanos en América, experiencia que influyó en su actitud posterior hacia ellos. Ya desde entonces, Drake deseaba tomar venganza de los españoles.[73]

El incidente que indudablemente marcó la vida y carrera de Drake, cuando contaba con 22 años, fue lo ocurrido en San Juan de Ulúa durante su segundo viaje a los territorios americanos, cuando acompañaba, como comandante de la *Judith*, a su primo John Hawkins en su tercer viaje de tráfico de esclavos africanos hacia las Indias Occidentales. De esa batalla solamente salieron ilesas dos naves de la flota inglesa: la *Judith*, al mando de Drake, y la *Minion*, en la que Hawkins logró escapar (véase el mapa II.3).

Desde el día de la batalla, durante su huida hacia Inglaterra, la *Judith* y la *Minion* se separaron.[74] Esta acción de Drake, aunque no abiertamente censurada, fue informada por John Hawkins y por Miles Philips y, si no calificada como una deserción, al menos fue recordada como un acto de abandono en la necesidad. Al narrar lo ocurrido en Veracruz, Hawkins mencionaba:

> La mayor parte de los hombres que quedaron con vida en el *Jesus*, se apresuraron a seguir al *Minion* en un pequeño bote, el resto, los que no cupieron en el bote, se vieron forzados a sufrir la misericordia de los españoles (la cual, me temo, fue muy poca), así que escapamos sólo con el *Minion* y la *Judith*, una pequeña barca de cincuenta toneladas, la cual, esa misma noche nos abandonó en nuestra gran miseria.[75]

Debido a la falta de alimento y espacio en las embarcaciones inglesas, decidió dejar 114 tripulantes en Pánuco, quienes tras haberse dividido y haber pasado por una serie de percances,[76] fueron remitidos a la ciudad de México por Luis de Carvajal. En dicha ciudad fueron detenidos en diferentes casas y conventos por espacio de tres años hasta que fueron juzgados y sentenciados al ser formalmente establecida la Inquisición en México.

Miles Philips, uno de los ingleses desembarcados en Pánuco por John Hawkins, informó el hecho de la siguiente manera:

> el Virrey Don Martín Henriques, faltó a su fé y a su promesa y trató cruelmente con nuestro General el Maestro Hawkins en San Juan de Ulúa, donde la mayor parte de sus hombres fueron muertos y ahogados por los españoles, y todas sus naves

---

[73] Philip Gosse, *Sir John Hawkins*, John Lane, The Bodley Head, Londres, 1930, p. 67.
[74] P. Gosse, *op. cit.*, 1930, p. vi.
[75] J. Hawkins, en R. Hakluyt, *op. cit.*, vol. X, p. 72.
[76] R. Hakluyt, *op. cit.*, vol. IX, p. 412.

MAPA II.3. *Los viajes de Francis Drake a las Indias Occidentales (1568-1596)*

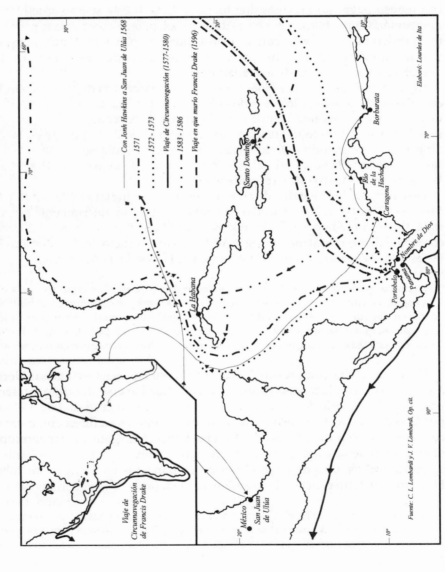

Con Jonh Hawkins a San Juan de Ulúa 1568
1571
1572 - 1573
Viaje de Circunnavegación (1577-1580)
1583 - 1586
Viaje en que murió Francis Drake (1596)

Viaje de
Circunnavegación
de Francis Drake

México
San Juan
de Ulúa

La Habana

Santo Domingo

Borburata

Río
de la
Hacha

Cartagena

Nombre de Dios

Portobelo

Panamá

Fuente: C. L. Lombardi y J. V. Lombardi. Op. cit.

Elaboró: Lourdes de Ita

hundidas y quemadas, con excepción de la *Minion* y la *Judith*, la cual era una pequeña barca de cincuenta toneladas, sobre la que era entonces Capitán el ya mencionado Maestro Francis Drake. La misma noche, esa barca nos dejó, estando nosotros en gran necesidad y nos vimos forzados a mover el *Minion* durante toda la noche y con muchos trabajos, por dos tiros de arco de la flota española.[77]

Philips hizo ese único comentario al respecto. Pero su sujeción y respeto a los capitanes Drake y Hawkins se hizo patente cuando meses después, al ser llevado ante la presencia del virrey para obtener de él información sobre Francis Drake, respondió, al igual que sus compañeros, no saber nada de él.

Después de la batalla de San Juan de Ulúa, Drake fue el primero de la expedición en regresar a Inglaterra. No se sabe con certeza qué fue lo que sucedió una vez que se separó de Hawkins y de los tripulantes del *Minion*, pues se llevó más de tres meses en el viaje. Drake había dejado San Juan de Ulúa en septiembre de 1568 y llegó a Plymouth hasta enero del año siguiente. Tras la prolongada ausencia del *Minion*, y a instancias de William Hawkins, gobernador de Plymouth y hermano mayor de John Hawkins[78], Drake fue enviado a contar lo ocurrido en la Nueva España a sir William Cecil.[79] Es probable que ése haya sido el primer contacto que tuvo Drake con la corte de Isabel I.[80]

El episodio de San Juan de Ulúa quedó registrado en la historia inglesa como un día terrible. De manera particular causó un efecto permanente en la memoria de Francis Drake, pues durante todas sus correrías contra España hizo alusión a ese evento. Drake se afirmó en acción y fama como el *azote* de los puertos y embarcaciones de la España colonial. Durante tres años consecutivos, de 1570 a 1572, Drake visitó el Caribe "buscando información, observando costas y puertos, capturando españoles e interrogándolos acerca de los asentamientos y guarniciones hispanas [en América] en particular sobre Nombre de Dios en Panamá.[81] El objetivo de todo esto era, según Drake, obtener algunas compensaciones de sus pérdidas en San Juan de Ulúa".[82]

En los viajes de 1570 y 1571, tras obtener "tan cierta noticia como creyó necesario acerca de los lugares que le interesaban",[83] después de haber recopilado información sobre los lugares y personas más importantes de Centroamérica, decidió hacer el viaje de 1572-1573.

En mayo de 1572 zarpó de Plymouth hacia Nombre de Dios con sus hermanos John y Joseph y con John Oxenham. Su plan era atacar el almacén donde

---

[77] Miles Philips, en R. Hakluyt, *op. cit.*, vol. IX, p. 408.
[78] Miles Philips, en R. Hakluyt, *op. cit.*, p. 433.
[79] Quien posteriormente sería el primer lord Burghley, principal secretario de Estado de la reina Isabel I.
[80] The British Library, *op. cit.*, p. 32.
[81] *Id.*
[82] R. Hakluyt, *op. cit.*, vol. X, pp. xi, xii.
[83] *Id.*

los españoles guardaban los cargamentos de piedras preciosas y oro provenientes de Perú.[84] En este viaje, que resultó sumamente rentable, Oxenham y
Drake lograron divisar el Mar del Sur a cierta distancia. Drake se prometió a
sí mismo que navegaría en él. Oxenham regresó dos años después y, cargando
una barcaza desarmada a través del istmo y con la guía de los cimarrones, se
convirtió en el primer inglés en navegar en el océano Pacífico, hasta entonces
considerado como un gran *lago español*. Oxenham y sus hombres capturaron
un barco español donde viajaba una muchacha de la que, según Richard
Hawkins,[85] Oxenham se enamoró. Por indultar la vida de la tripulación del
mencionado barco y por entretenerse demasiado en el lugar, John Oxenham
fue descubierto, atrapado por las autoridades del virreinato del Perú y conducido a Lima, donde sería juzgado por el tribunal del Santo Oficio, no por
pirata sino por *luterano*. Fue ahorcado después de 1581.[86]

Por su parte, los hermanos de Francis Drake no regresaron a Inglaterra
después del viaje de 1572. John murió en ese mismo año en algún lugar de la
América del Sur. Joseph corrió la misma suerte al año siguiente, pero Francis
Drake, cargado de riquezas, regresó a Plymouth un domingo de agosto de
1573. Se cuenta que al correrse la voz de su llegada entre los feligreses que se
encontraban reunidos en la iglesia local, hubo entre ellos tal alboroto y deseos
de verlo, que muy pocos, si es que alguno, permaneció en el templo atendien-
do al predicador.[87]

Durante esos años Isabel I procuraba buenas relaciones con España, de modo
que Drake debió retirarse a Irlanda por espacio de cuatro años, a servir al
primer duque de Essex. En esa época conoció a Thomas Doughty, quien lo iba
a acompañar en su viaje de circunnavegación.

El viaje de circunnavegación de Francis Drake

El viaje de circunnavegación de Francis Drake es registrado como su *famoso
viaje*. Hakluyt lo presenta en sus *Principal Navigations* como *El famoso viaje de
sir Francis Drake al Mar del Sur y de ahí alrededor del globo terrestre, el cual comenzó*

---

[84] El relato de este viaje está registrado en López Vaz:
The first voyage attempted and set foorth by the expert and valiant captaine M. Francis
Drake himselfe, with a ship called the Dragon, and another ship and a Pinnesse, to Nombre
de Dios, and Dariene, about the yeere 1572, Written and recorded by one Lopez Vaz a Portugall
borne in the citie of Elvas, in maner follow: which Portugalle, with the discourse about him,
was taken at the river of Plate by the ships set forth by the Right Honourable Earle of
Cumberland, in the yeere 1586. R. Hakluyt, *op. cit.*, vol. x, pp. 75-77.

[85] Citado por P. Gerhard, *Pirates on the West Coast of New Spain*, Glendale, Ca., 1960.

[86] G. Báez-Camargo, *Protestantes enjuiciados por la Inquisición en Iberoamérica*, México, 1960, p. 49
(Colección Documentos, Casa Unida de Publicaciones).

[87] R. Hakluyt, *op. cit.*, p. xii.

en el año del Señor de 1577.[88] Fue un viaje que marcó un parteaguas en la historia de la navegación inglesa.

En 1577, Francis Drake zarpó de Plymouth con una flota compuesta por el *Pelican* —rebautizado como *Golden Hind* después de pasar el estrecho de Magallanes—, que tenía 70 pies de largo y entre 100 y 120 toneladas de capacidad; el *Elizabeth*, dos barcos menores, un bote y alrededor de 150 hombres. Zarpaba, también, con una comisión de exploración de la costa noroeste de América y con el secreto patrocinio de la reina Isabel I.

Drake tenía varios motivos para su expedición: uno de los principales objetivos del marino era el de "navegar en el Océano Pacífico en una nave inglesa" saqueando las posesiones americanas de la Corona española.[89] Otra de sus metas era la de buscar el extremo occidental del supuesto estrecho de Anián, del que Frobisher creía haber encontrado el extremo oriental en el Atlántico siete meses antes. El profesor Raleigh comenta que es probable que Drake intentara circunnavegar América por el norte, para regresar a Inglaterra en dirección oriente a través del inexistente estrecho.[90] Según Gerhard, algunos autores sugieren que entre sus finalidades originales estaba la de abrir una línea comercial entre Inglaterra y las islas Molucas.[91]

Lo cierto es que, por una parte, tenía una comisión de parte de Isabel I y, por otra, lo movía el celo patriótico de vengar la afrentosa derrota que John Hawkins había sufrido en Veracruz en 1568.

Es muy interesante notar lo ocurrido en Brasil durante ese viaje, cuando Drake, tras haberse percatado de los intentos de boicot y sublevación por parte de Thomas Doughty, decidió juzgarlo y ajusticiarlo sin reparar en su calidad de noble. Doughty no sólo intentó amotinar a la tripulación diciendo que no debían obediencia a Drake, ya que éste realizaba acciones de piratería, sino que había revelado a Burghley, el secretario del Tesoro de la Reina, y contra los deseos de ésta, que no se trataba de un viaje más al Caribe, a las

---

[88] Con este nombre Hakluyt enfatiza las principales acciones de Drake durante ese importante viaje: su presencia en el Océano Pacífico y la segunda circunnavegación de la tierra. En su segunda edición de 1598-1600, Hakluyt reportó los viajes de circunnavegación de Drake y de Cavendish como:
The two Famous Voyages Happily performed round about the world, by Sir Francis Drake and M. Thomas Candish Esquire (*sic*) together with the rest of of our English voyages intended to the South Sea, the kingdomes of Chili, Peru, the backe side of Nueva Espanna, the Malucos, the Philipinas, the mightie empire of China, though not so happily perfourmed as the two former: whereunto are annexed certaine rare observations touching the present state of China, and the kingdome of Coray, lately invaded by Quabacondono the last monarch of the 66 princedomes of Japan. R. Hakluyt, *op. cit.*, vol. XI, pp. 101-133.

[89] P. Gerhard, *op. cit.*, p. 57; A. M. Smyth, *A Book of Famous Pirates*, Geoffrey Cumberlege, Oxford University Press, Londres, 1949, p. 23.

[90] Profesor Walter Raleigh, "The English Voyages of the Sixteenth Century", en R. Hakluyt, *op. cit.*, vol. XII, p. 55.

[91] P. Gerhard, *op. cit.*, p. 62.

Indias Occidentales, sino que la meta era el Océano Pacífico y lo que en él hallasen. Al realizar el juicio, Drake se arriesgó haciendo pública la comisión de la reina Isabel a fin de que la tripulación decidiera con base en esta nueva información, si continuaba con él o no. Todos decidieron seguirlo.[92]

Aún en el Atlántico, Drake destruyó dos de sus barcas. Una de las naves resultó dañada en una tormenta y otra regresó a Inglaterra por el Atlántico. De modo que solamente quedó la nave capitana, la *Golden Hind*, que iba armada con lanzadores, cañones y numerosos arcos y arcabuces.

Los españoles consideraban al Pacífico como una extensión de su propio territorio, como un lago particular,[93] y hasta entonces no se había violentado la hegemonía hispana en el Mar del Sur por ningún forastero.[94] Éste fue un factor muy favorable para el éxito de Drake en sus correrías por el Pacífico: los barcos cargados de tesoros navegaban sin armamento ni protección alguna, los puertos no contaban con fuertes y los mismos galeones y barcos que se usaban en viajes transoceánicos eran construidos en las pequeñas ciudades portuarias.

En Sudamérica, la *Golden Hind* atacó Valparaíso, Coquimbo, Callao y los puntos intermedios. Al norte de Ecuador atraparon un barco que se dirigía a España vía Panamá con gran carga de oro, plata, perlas y joyas. Era el *Nuestra Señora de la Esperanza*, apodado el *Cacafuego*. En Centroamérica repararon la embarcación y se hicieron de provisiones y de mercancía china muy costosa y de valiosísima información sobre los viajes transpacíficos del *Galeón de Manila*.

El 13 de abril de 1578 la flota de Drake llegó al puerto novohispano de Huatulco, que empezaba a decaer en importancia debido al surgimiento de Acapulco como principal puerto comercial novohispano.[95] A pesar de ello, la bahía de Santa Cruz de Huatulco[96] aún contaba con una pequeña población

---

[92] Profesor Walter Raleigh, en R. Hakluyt, *op. cit.*, p. 58.

[93] O. H. K. Spate, "The Spanish Lake", *The Pacific since Magellan*, vol. I, Croom Helm, Londres, 1979, 372 pp.

[94] Solamente John Oxenham había osado antes introducirse al Pacífico por el istmo panameño en 1575. No obstante, su actividad se llevó a cabo en pequeños botes construidos rápida y expresamente para la ocasión y su éxito efímero se opacó al ser aprehendidos por el gobierno hispano en Centroamérica y enviados, juzgados y ajusticiados por la Inquisición en Lima. P. Gerhard, *op. cit.*, pp. 56-60; G. Báez-Camargo, *op. cit.*, p. 49.

[95] Para esas fechas Acapulco era el puerto más importante del Pacífico novohispano, ya que desde 1564, con el primer tornaviaje desde Filipinas hecho por Andrés de Urdaneta a ese puerto, se había empezado a hacer el camino que uniría Acapulco con la ciudad de México. Urdaneta había propuesto al puerto de Acapulco, sustituyendo a Huatulco, como la meta del comercio transpacífico. En 1573 llegó a Acapulco el primer galeón con mercancía china. P. Gerhard, *op. cit.*, pp. 36-42.

[96] La bahía protegida de Huatulco empezó a ser usada en la década de los treinta como el destino oriental del comercio marítimo entre la Nueva España y Filipinas, y como la meta norte del tráfico entre el territorio novohispano, Centroamérica y Perú. Por varias décadas fue un asentamiento muy activo, pero declinó después de 1573, cuando Acapulco lo sustituyó convirtiéndose en el puerto oficial del comercio con el oriente de Asia. Aunque para la década de 1580

que, además de sostener contacto comercial regional con Centroamérica, solía mantener relaciones comerciales ilegales de mercancía china con Perú. Pero durante el periodo comprendido entre abril y junio no se preparaba ningún viaje hacia el Perú, ya que durante esa época del año los vientos hacían de la navegación hacia el Pacífico sur una empresa dificilísima.[97] Como la noticia de la presencia de los ingleses aún no había llegado a Huatulco, el alcalde mayor del puerto, Gaspar de Vargas, confundió en un principio a la *Golden Hind* con una nave que se creía proveniente del Perú. En cuanto vieron la bahía de Huatulco, los ingleses hicieron tierra y se dirigieron a la ciudad y a la casa del Ayuntamiento, donde encontraron que se estaba llevando a cabo un juicio contra tres esclavos negros. Tras tomar a bordo al juez, a los acusados y a tres oficiales que estaban presentes, obligaron al primero a escribir una carta en la que se ordenara a todos los pobladores que dejaran a los recién llegados abastecerse de agua sin ningún riesgo. El juez así lo hizo y los pobladores huyeron tierra adentro; los ingleses saquearon la ciudad. En la narración que Hakluyt registra,[98] se hace explícito el botín que se obtuvo de Huatulco: "en una casa encontramos una olla de ocho galones[99] lleno de reales de plata, la cual nos llevamos a nuestra nave".[100] Después de Huatulco, Drake se considera satisfecho y decide volver a su país:

> Nuestro general, en este lugar y tiempo, pensando en sus propias ofensas recibidas de los españoles, así como en la falta de respeto e indignidades ofrecidas a nuestro país y a nuestro reino en general, suficientemente satisfecho y vengado, y suponiendo que a su regreso su Majestad reposaría complacida con este servicio, se propuso ya no continuar sobre las costas españolas sino comenzar a considerar y a consultar por el mejor camino para regresar a su país.[101]

Pensó que no era conveniente regresar por el estrecho de Magallanes, ante la gran probabilidad de que a esas alturas los españoles lo estuvieran esperando ahí, y como contaba solamente con una nave, Drake decidió intentar la ruta del fabuloso *estrecho de Anián* para regresar a su país.

Navegó en dirección oeste-suroeste respecto a Huatulco buscando los vientos favorables que pudieran llevarlo hacia el norte, a la Alta California. En junio de 1579 alcanzaron los 43 grados de latitud norte. El frío extremo los

---

Huatulco había ya declinado en su papel de puerto internacional, mantenía aún una importancia relativa como vínculo con algunos puertos centroamericanos y ocasionalmente con Perú. El lugar fue asaltado por Drake en 1579 y por Cavendish en 1587. En 1616 el virrey Fernández de Córdoba ordenó, como medida de seguridad, que se abandonara. W. Borah, *op. cit.*; P. Gerhard, *op. cit.*, pp. 31-37.

[97] W. Borah, *op. cit.*

[98] R. Hakluyt, *op. cit.*, vol. IX, pp. 319-326.

[99] *Un bushel* (*sic*), equivalente a 36.37 litros.

[100] R. Hakluyt, *op. cit.*, p. 320.

[101] *Id.*

hizo regresar hacia el sur, y a los 38 grados norte encontraron una bocana accesible, donde repararon la nave e hicieron un contacto amistoso con los indígenas. Drake, en nombre de la reina Isabel, tomó posesión del territorio y lo llamó Nova Albión.[102]

Usando las cartas de navegación confiscadas a los españoles, Drake y su tripulación se lanzaron hacia el suroeste para cruzar el Pacífico por la ruta que seguía el Galeón de Manila. Gracias a que los vientos les fueron favorables, llegaron a las islas Carolinas al cabo de casi tres meses. Permanecieron cerca de un año en las islas del oriente de Asia e iniciaron relaciones comerciales entre Inglaterra y la región. En septiembre de 1580, cargados con oro y plata de América, navegaron con dirección oeste hacia Plymouth, adonde llegaron ese mismo año. Drake fue recibido con honores, y poco tiempo después fue nombrado caballero por Isabel I.

Entre los beneficios que Inglaterra recibió del viaje de circunnavegación de Drake, se pueden mencionar los siguientes: con este viaje los ingleses obtuvieron valiosísima información sobre la navegación tanto en el Atlántico[103] como en el Pacífico. Se obtuvo, como nación, la confianza de su suficiencia en los viajes transoceánicos, siendo un inglés el segundo comandante en circunnavegar el mundo. Obtuvo Inglaterra muchas riquezas materiales que fueron invertidas en la isla. Drake mismo formó parte de la comisión que en 1584 procuró a Plymouth la dotación de agua en la que invirtió parte de sus *ganancias*. Y, sobre todo, se establecieron los primeros contactos comerciales con algunas islas del oriente de Asia.

Otro de los resultados notables del viaje de Drake de 1577-1580, es el cambio de la política oficial de la reina Isabel I de Inglaterra. Hasta entonces había dado su apoyo velado a algunos *privateers*, y en particular a Drake y a Hawkins. Pero a partir del exitoso viaje de circunnavegación de Francis Drake, además de reconocer y celebrar públicamente al marino nombrándolo caballero, su respaldo y apoyo hacia los navegantes irregulares británicos fue explícito y abierto.[104]

---

[102] Gerhard comenta que, según Wagner, el punto más al norte que alcanzó Drake y su tripulación en este viaje navegando en la *Golden Hind* y en una barca que se habían apropiado, fue la latitud 40° norte, en la costa occidental de Norteamérica, a unas 200 millas al oeste de Cabo Mendocino. Al parecer, en esos días de principios de junio de 1579, se produjo una tormenta en el Pacífico. Las embarcaciones fueron arrastradas por los vientos a la costa y anclaron en una bahía donde soportaron tempestades y neblinas. Las montañas de tierra adentro estaban cubiertas de nieve. El 17 de ese mes lograron hacer puerto en lo que hoy se conoce como bahía de Drake, dentro de la propia bahía de San Francisco. Permanecieron en ese lugar por más de un mes, calafateando la *Golden Hind* y entablando relaciones "amistosas" con los indígenas. Según Gerhard, Drake fue *coronado rey por los nativos* y tomó posesión del territorio en nombre de la reina Isabel y lo llamó *Nova Albión*. P. Gerhard, *op. cit.*, pp. 74-77.

[103] En las islas de Cabo Verde, Drake capturó al piloto portugués Nuño da Silva, quien le fue muy útil como oficial y navegante. P. Gerhard, *op. cit.*, p. 73.

[104] La doctora Eva Taylor comenta al respecto: "Es extraño que la gran maniobra de Drake de 1577-1580, no dejó huella alguna en la literatura geográfica de su época (aunque las razones de

Después de su famoso viaje y de su nombramiento como caballero, aunque menospreciado por algunos nobles, quienes lo consideraban un *advenedizo*, Drake formó parte importante de la administración real isabelina. Durante 1585-1586, el nuevo *sir* encabezó otra expedición a las Indias Occidentales atacando Santo Domingo, Puerto Rico y Cartagena, y devastando el fuerte español de San Agustín al norte de Florida. En julio de 1586 volvió a Inglaterra y fue puesto a cargo de las embarcaciones en Plymouth. Ese noviembre fue enviado a una misión en los Países Bajos. En abril de 1587, Drake recibió una comisión para atacar la flota naval española en Cádiz ante las sospechas de una temida invasión de Inglaterra por España. Tomó el castillo de Sagres, cabo San Vicente en Azores, capturó una embarcación portuguesa que llegaba de la India y regresó a Inglaterra en junio de ese año.

En julio de 1588 la flota inglesa, formada principalmente por *privateers* y comandada por Francis Drake, salió a enfrentar a la Armada de España, llamada *La Invencible*. Es sabido que en esa ocasión, Francis Drake desempeñó un papel protagónico atacando a distancia a las naves españolas sin darles la oportunidad de seguir su vieja táctica de abordaje. En compañía de lord Howard de Effingham, Drake persiguió a sus enemigos canal arriba hasta que las embarcaciones españolas se refugiaron en Calais. Posteriormente, cortaron sus cables y se hicieron al mar abierto hasta que un fuerte viento los arrastró hacia el norte. Muchos de los galeones naufragaron en las costas de Escocia e Irlanda.[105]

El último viaje de Drake y Hawkins se inició en 1595, después de casi 30 años desde su primer viaje juntos en aquella memorable y trágica expedición de 1568. Se dirigían otra vez a la cuenca del Caribe. Se dice que uno de sus propósitos era el de llegar a Panamá procurando obtener el rescate del único hijo de John Hawkins, Richard, quien había sido aprehendido frente a las costas de Chile y se encontraba preso por la Inquisición en Perú. Sucedió que "la tripulación fue azotada por la fiebre y retrasada por el mal tiempo".[106] Se desató una

---

ese silencio son aparentemente políticas), pero es una coincidencia curiosa que el 26 de septiembre de 1580, el mismo día de su regreso, el publicista Thos. Purfoote obtuvo una licencia para imprimir *El viaje de Ferdinando Maganases* (*sic* por Magallanes) hacia las Maluccos. ¿Sería esto acaso para abarcar también la historia de Drake?" E. G. R. Taylor, *Tudor Geography 1485-1583*, Methuen, Londres, 1930, pp. 43.

[105] Sobre la batalla entre la Armada Invencible española y la Marina británica de 1588: K. R. Andrews, *Trade, Plunder and Settlement, Maritime Enterprise and the Genesis of British Empire*, Cambridge University Press, Cambridge, 1991, pp. 223-255; M. Marshall, "The Ocean Traders Comes of Age", en *Ocean Traders, from the Portuguese Discoveries to the Present Day*, B. T. Batsford, Londres, 1989, pp. 24-55; K. O. Morgan (ed.), *The Oxford Illustrated History of Britain*, Oxford University Press, Oxford, 1991, pp. 269-276; J. A. Ortega y Medina, *El conflicto anglo-español por el dominio oceánico, siglos XVI y XVII*, UNAM, México, 1981, pp. 192-210; P. Kemp y R. Ormond, *The Great Age of Sail*, Phaidon Press, Oxford, 1986, pp. 20-22; G. M. Trevelyan, *A Shortened History of England*, Penguin Books, Londres, 1987, pp. 252-258.

[106] *The English Hero: or, Sir Francis Drake Reviv'd, Being a Full Account of the Dangerous Voyages, Admirable Adventures, Notable Discoveries and Magnanimous Atchievements of that Valiant and*

epidemia entre la tripulación y John Hawkins murió en el Atlántico, antes de llegar a lasAntillas, a los 64 años. En el transcurso de unos días[107] falleció Francis Drake, cerca de las costas de Porto Belo, a los 53 años, víctima de disentería.

Durante este último viaje de Drake y Hawkins se llevó a cabo un "diario de navegaciones", en el que hubo órdenes de alguien, aparentemente de Drake, de que todos los principales puntos costeros de la travesía fueran registrados a color por un "pintor". El resultado fue un cuaderno de 22 folios[108] en el que con notas precisas se describen la hidrografía de los lugares visitados, se registran las maneras de acceder a los puertos, la ubicación de las corrientes, la profundidad del agua y las características del lecho marino. Información de gran utilidad para poder arribar a la región circuncaribeña.

En uno de los folios, el artista incluyó una breve nota sobre la muerte de Drake: "Esta mañana, cuando se estaba haciendo la descripción de esta tierra, siendo el 28 de enero de 1595 (*i.e.* 1596 n.s. [*sic*]), siendo miércoles en la mañana, sir Francis Drake murió de la fiebre hemorrágica, a la derecha de la isla de Buena Ventura, unas seis leguas mar adentro. Quien ahora, descanse con el Señor".[109]

Terminaba, con Drake y Hawkins la primera generación de marinos ingleses que incursionaron en el Caribe. Fueron estos hombres, junto con Walter Raleigh, los principales navegantes de la época isabelina.

THOMAS CAVENDISH

A principios del año de 1586 se prepararon en Inglaterra dos expediciones que, imitando el impresionante viaje de Francis Drake de 1577 a 1580, pretendían llegar al Pacífico. El estado de guerra que existía entre Inglaterra y España desde el año anterior, favoreció el apoyo de la Corona inglesa a empresas que procuraban obtener algo de las riquezas de los dominios americanos de España. Una de las expediciones no logró llegar al Pacífico. Fue organizada por George Clifford, conde de Cumberland y comandada por Robert Withrington y Christopher Lister. Una de las embarcaciones participantes en esa expedición era propiedad de sir Walter Raleigh.

La otra empresa, que es la que nos ocupa, fue organizada por Thomas Cavendish. Esta pasó a la historia por haberse constituido, después de las de Oxenham y Drake, en la tercera flota inglesa que navegó en el Océano Pací-

---

Renowned Commander... Recommended to the Imitation of all Heroick Spirits, R. B. The Fourth Edition Enlarged, Londres, impreso para Nath. Crouch, 1695. Cit. por The British Library, *Sir Francis Drake, op. cit.*, p. 124.

[107] El 28 de enero de 1596, Drake murió del flujo hemorrágico (disentería) en la bahía de Nombre de Dios. The British Library, *op. cit.*, p. 124.

[108] Actualmente este documento se preserva en la Biblioteca Nacional de París.

[109] *The Navigational Journal of the Last Voyage*, folio 13, cit. por The British Library, *op. cit.*, p. 126.

fico,[110] por los increíbles botines que logró capturar en las costas novohispanas, y por completar el tercer viaje de circunnavegación del globo.

Thomas Cavendish, o Candish, como en su época solía llamársele, nació en 1560 en Trimley St. Mary, en Suffolk. Estudió en el College Corpus Christi, en Cambridge, pero sólo por poco tiempo, ya que dejó esta universidad a la edad de 19 años, cuando recibió una cuantiosa herencia, se instaló en la corte real y en poco tiempo gastó su fortuna. Fue precisamente entonces cuando Cavendish decidió, aún muy joven, lanzarse a la *empresa* del Océano, persiguiendo riquezas.

En su primer viaje hacia las costas americanas, Cavendish equipó un barco, el *Tiger*, y con sir Richard Grenville como capitán tomó parte en la expedición planeada por sir Walter Raleigh para colonizar Virginia en 1584-1585. Cavendish, quien era uno de los *caballeros* principales que se mencionan en el informe de la travesía,[111] no llegó a la etapa más difícil de la misión, que consistía en pasar el invierno en la nueva colonia. Se dirigió en cambio a las Antillas, donde se aventuró saqueando algunas embarcaciones y regresó a su país al año siguiente. En realidad, no obtuvo de ese primer viaje muchas ganancias. Su adquisición más valiosa fue la experiencia adquirida en el territorio americano y el trato con los españoles, los enemigos de Inglaterra. Tal experiencia le sería de utilidad para definir su estrategia en la expedición que inició en 1586, al año siguiente de su regreso de Virginia, en el que procuró, a su manera, imitar a Francis Drake.

La historia del viaje de circunnavegación de Thomas Cavendish fue registrada por Richard Hakluyt en las dos ediciones de sus *Principal Navigations*. Cuando Cavendish regresó de ese viaje, la marina inglesa acababa de vencer a la Armada Española y se levantó la prohibición de Isabel I respecto a la publicación de los actos llevados a cabo por los *privateers* ingleses en aguas hispanoamericanas. De esta manera, Richard Hakluyt tuvo la autorización para publicar desde su primera edición de *The Principall Navigations*, algunos materiales que logró obtener respecto al viaje gracias a su parentesco con Thomas Cavendish.[112] En la primera edición de las *Navigations* de Hakluyt (1589), la narración del viaje se llevó a cabo con base en un escrito que carecía de detalles y del que se desconoce con precisión la identidad del autor, ya que éste aparece como "N. H."[113] En esa edición de 1589, además de la escueta

---

[110] Después de las incursiones de John Oxenham y Francis Drake. (*Vide supra.*)

[111] R. Hakluyt, *op. cit.*, vol. VIII, pp. 310, 316.

[112] Richard Hakluyt estaba casado con Douglas Cavendish, la prima de Thomas Cavendish.

[113] El título del escrito al que nos referimos es: *The famous voyage of M. Thomas Candish Esquire round about the globe of the earth, in the space of two yeeres and leese then two moneths begunne in the yeere 1586.* El autor simplemente se registró como *N. H.*, de modo que no se sabe con certeza de quién se trataba, aunque se ha sugerido que podría tratarse de "M. H." y que éstas fuesen las iniciales de M(aster Robert) Hues, matemático que fue parte de la tripulación de Cavendish en ese viaje y que pudo haber ayudado a Hakluyt a recolectar y a editar el material en cuestión. *Cf.* D. B. Quinn (ed.), *The Hakluyt Handbook*, Hakluyt Society, núms. 144-145, Londres, 1974, pp. 229, 370.

narración de "N. H.", Hakluyt añadió una carta que Cavendish envió a Henry Carey, lord Hunsdon, de la Cámara real de Isabel I,[114] en la que hace un resumen de los eventos del viaje. Un tercer documento consistió en una serie de notas sobre China que provenían de la traducción de la leyenda de un gran mapa de la región que Cavendish llevó a Inglaterra y que, muy probablemente, pasó personalmente a su cuñado Richard Hakluyt.

En 1598, fecha en que Hakluyt inició la publicación de su segunda versión de *The Principal Navigations,* los viajes de Drake y de Cavendish eran aún las únicas dos grandes empresas no españolas en el Pacífico. Para esta segunda edición, Hakluyt contó con un escrito de Francis Pretty, un caballero que como Cavendish era natural de Suffolk y uno de los miembros de la tripulación. Cuenta con mayores detalles que el de "N. H." y fue uno de los textos que el sucesor de Hakluyt, Samuel Purchas, incluyó de manera abreviada en su monumental obra: *Hakluytus Posthumus o Purchas his Pilgrimes* (1625).[115] Es probable que el mismo Cavendish le haya proporcionado a Richard Hakluyt una copia del escrito de Francis Pretty antes de partir al que sería su último viaje en 1591.

Se dice que Pretty, a diferencia de John Janes, quien escribió sobre el último viaje de Cavendish, cuidó en su reseña de no hacer ningún comentario contencioso sobre Thomas Cavendish.[116] John Janes, por su parte, sostuvo una serie de observaciones críticas y un tanto hostiles hacia el renombrado navegante. Cavendish no regresó del viaje narrado por Janes. De alguna manera, este hecho puede haber contribuido a que éste se sintiera en mayor libertad para expresar su opinión y sus juicios.

Después de su regreso de la expedición a Virginia, en la que participó de 1584 a 1585, Cavendish se dedicó a construir y equipar tres embarcaciones. Eran dos barcos y una barcaza: el *Desire,* de 120 toneladas, el *Content* de 60 toneladas y el *Hugh Gallant* de 40 toneladas de carga. El *Desire,* la nave capitana, estaba armada con 29 cañones de hierro fundido y bronce y contaba con dos *lombardas pedreras.*[117]

---

[114] Lord Chamberlain.

[115] El título del escrito es: *The Prosperous Voyage of M. Thomas Candish esquire into the South sea, and so round about the circumference of the whole earth, begun in the yere 1586 and finished 1588. By Francis Pretty.* Fue impreso por primera vez en Londres en R. Hakluyt, *The Principal Navigations...,* vol. III, 1600, p. 803. Remplazó el escrito que Hakluyt había incluido en su primera edición de *The Principall Navigations* de 1589 por N. H. Purchas retomó el material de Pretty y lo publicó en 1625 en sus *Pilgrimes* como *The third Circum/Navigation of the Globe: Or the admirable and prosperous voyage of Master Thomas Candish of Trimley in the Countie of Suffolke Esquire, into the South Sea.* Samuel Purchas, *Hakluytus Posthumus o Purchas his Pilgrimes...,* editada en 20 volúmenes por la Sociedad Hakluyt, vol. I, libro 2, Hakluyt Society, Glasgow, pp. 57-70 (Series Extra).

[116] D. A. Young, *According to Hakluyt, Tales of Adventure and Exploration,* Clarke, Irwin, Toronto, Vancouver, 1973, p. 121.

[117] *Relación... de como los corsarios ingleses tomaron el navío Santa Anna. Expediente llevado a cabo en la Audiencia de Guadalajara y consistente en un testimonio de los sobrevivientes del Santa Ana.* En Patronato Real 265, ramo 51, Archivo General de Indias. Citado por P. Gerhard, *Pirates..., op. cit.,* 1960, p. 82n. Este autor comenta que los informes hispanos pudieran exagerar el armamento del *Desire.*

Las fuentes escritas por los cronistas de su expedición muestran a un Cavendish rudo y, aún para su siglo y su contexto, cruel. Cavendish aparece mucho más abrupto en sus decisiones y trato con los nativos americanos, con su enemigo hispano y con sus subordinados, que los legendarios Drake y Hawkins, quienes le marcaron el camino hacia las Indias Occidentales. Su proceder respecto a los asentamientos en el territorio americano fue en general de destrucción total, no sólo en el caso de asentamientos de españoles, quienes eran en ese momento político el enemigo de Inglaterra, sino también en el caso de localidades habitadas exclusivamente por población indígena.[118] La tortura era un elemento de rutina en su trato con cuanta persona se topara en el Pacífico americano, tratárase de españoles, flamencos, griegos o indígenas.[119] En su trato con los nativos de los territorios a los que se desplazó se nota una actitud peyorativa, como la de alguien que se estimaba superior. Actuó con ellos con abuso y traición, tratando de ganar su confianza para robarles más tarde.[120] Después de todo, independientemente del momento político que se vivía entre España e Inglaterra, los propósitos de la expedición de Cavendish estaban mucho menos mezclados con estímulos patrióticos que aquellos que movieron a Drake y aún a Hawkins. Los motivos de Cavendish eran obtener ganancias mediante el saqueo de puertos y embarcaciones enemigas.

El 21 de julio (31 de julio en el calendario gregoriano)[121] de 1586, Cavendish zarpó de Plymouth con tres naves y 123 hombres. Algunos de ellos habían formado parte de la tripulación de Drake en su viaje de circunnavegación.[122]

Cinco días después de haber zarpado llegaron a cabo Finisterre. El 5 de septiembre anclaron al sur de Sierra Leona, donde permanecieron 15 días buscando sin éxito ciertas embarcaciones portuguesas que se proponían asaltar pero que no encontraron. Invadieron y quemaron, en cambio, un asentamiento africano. Debido a un brote de escorbuto en las costas de África occidental Cavendish perdió a algunos de sus hombres. Finalmente, entre el 20 de septiembre y el 10 de noviembre, sufriendo por la carencia de alimentos, lograron cruzar el Atlántico y llegar a cabo Frío, al norte de Río de Janeiro.

---

[118] D. A. Young, *op. cit.*, 1973, p. 143.
[119] D. A. Young, *op. cit.*, 1973, pp. 135, 137, 138-139, 143. P. Gerhard, *op. cit.*, 1960, p. 83.
[120] D. A. Young, *op. cit.*, pp. 123, 130, 132.
[121] Durante los últimos años del siglo XVI y hasta mediados del XVIII, existía una diferencia de 10 u 11 días entre las fechas usadas por los cronistas ingleses y aquellas acotadas por los españoles. España adoptó el calendario gregoriano en 1582, mientras que Inglaterra no lo hizo sino hasta 1752. Antes de 1700 eran 10 días más los que se contaban en el calendario gregoriano. Después de 1700, eran 11 los días que se sumaban. Aquí se han respetado las fechas referidas por Francis Pretty, cronista del viaje de Cavendish. En el presente trabajo se registran entre paréntesis las fechas correspondientes al calendario gregoriano para facilitar las posibles correlaciones con las fuentes españolas.
[122] P. Gerhard, *op. cit.*, pp. 81-82.

En Río de Janeiro se toparon con una canoa cargada de productos que se dirigía a San Vicente. Casualmente, Christopher Hare, el maestre del *Desire*, había conocido al portugués dueño de la canoa en un viaje previo que hizo a San Vicente en el *Minion*. Hare averiguó por medio del portugués si un inglés llamado John Withall habitaba aún en San Vicente para procurar que actuara como intermediario entre los ingleses y los lugareños para conseguir alimentos. Ante la respuesta afirmativa, enviaron una *invitación* a dicho inglés para que les visitara en la nave. Withall no se arriesgó a involucrarse con sus coterráneos. Pretty escribió: "tuvimos cuidado de asegurarle que pagaríamos por todo lo que recibiéramos, pero [...] algo debe haberlo prevenido de venir a nosotros. Esperamos diez días y, entonces, como no había señales de él [...] nos marchamos. La fecha de nuestra partida fue el 23 de noviembre (3 de diciembre)".[123]

Hicieron otra parada en Puerto Deseado, actual territorio argentino. Se abastecieron de agua, y dos miembros de la compañía fueron heridos por los nativos indígenas. La reacción de Cavendish fue la de escarmentar a los nativos persiguiéndolos tierra adentro. Pretty hace comentarios alusivos a la gran estatura de éstos.

El 16 de enero iniciaron el complicado paso a través del estrecho de Magallanes, que les llevó más de un mes y medio. Al día siguiente de su incursión por el Estrecho encontraron y tomaron a un español llamado Hernando,[124] que había formado parte de una compañía de 400 hombres que habían sido llevados ahí tres años antes procurando hacer un fuerte que protegiera del *intruso extranjero* al estrecho de Magallanes.[125] Cuando Cavendish pasó, solamente quedaban 23 sobrevivientes y "un olor de muerte por toda la ciudad porque los cuerpos yacían sin sepultura, tanto en las casas como en las calles".[126] Tomaron a Hernando, quien —irónicamente— les ayudaría a pasar el Estrecho, enseñándoles los recovecos que conocía del pasaje. El 6 de marzo de 1587, salieron por fin del estrecho de Magallanes y entraron al Mar del Sur dirigiendo su rumbo hacia el norte.

---

[123] D. A. Young, *op. cit.*, p. 125.

[124] Pretty se refiere a este miembro de la ex colonia en *Puerto del Hambre* simplemente como a *Hernando*. Spate hace alusión a él como *Tomé Hernández*. O. H. K. Spate, *The Spanish Lake, op. cit.*, p. 280.

[125] Después de que en 1578 Drake logró pasar por el estrecho de Magallanes, el virrey de Perú envió a Pedro Sarmiento de Gamboa rumbo al sur pensando que Drake podría intentar regresar a Inglaterra por el mismo camino por el que había llegado. Se proponían hacer un fuerte en el estrecho para impedir que otros extranjeros siguieran el ejemplo del navegante inglés. No se sabía aún de la existencia de Cabo de Hornos. Drake por su parte iba ya camino a su país por el oriente de Asia. Y el fuerte que Gamboa logró levantar en 1584 fue desintegrándose por el abandono en que se dejó a los 400 hombres de la compañía original. El hambre y las enfermedades provocaron que en el año en que Cavendish pasó, sólo hubiera 23 sobrevivientes, de los cuales uno, Hernando, fue rescatado por el navegante inglés para que les ayudara a pasar el Estrecho. Al año siguiente, la colonia quedó totalmente despoblada.

[126] D. A. Young, *op. cit.*, p. 127.

En la isla de Santa María, en Chile, anclaron e hicieron tierra 80 hombres armados. Los indígenas los tomaron por españoles y les mostraron los tres almacenes repletos de grano de maíz, trigo y cebada que guardaban fielmente para pagar sus tributos a la Corona española. Pretty señaló que: "Además de producir maíz, esta gente también cría un número considerable de puercos y gallinas. Pero es tal el estado de completa esclavitud que los españoles les han impuesto, que no se atreverían a comerse una gallina sin solicitar previamente el permiso de sus señores..."[127]

"Tras haber considerado cabalmente la situación",[128] Cavendish puso una trampa a los jefes indios: los invitó a bordo del *Desire* para distraerlos tratándolos como reyes y ofreciéndoles comida y bebida. Mientras tanto, sus hombres fueron a sustraer de la comunidad indígena todo lo que las naves inglesas eran capaces de transportar. Lo que era equivalente a la mitad de todos los tributos de la comunidad. Hecho esto y sin más ceremonia, bajaron de los barcos a los jefes y se apresuraron a huir hacia el norte.

No fueron los indígenas, sin embargo, los únicos ingenuos. Hasta antes de llegar a Quintero, donde se encontraba un grupo considerable de españoles, Hernando se había aliado al grupo inglés y había participado en sus correrías. En esa ocasión, empero, se dio un encuentro con un grupo de sus coterráneos, y dada la ignorancia que tenían los ingleses respecto a la lengua castellana, Hernando aprovechó la oportunidad de estar actuando como intérprete entre los dos bandos para confundir a aquellos e irse con los españoles. Lo anterior parecería lógico, excepto para Cavendish y los suyos, quienes lo tomaron como una de las más viles traiciones.

A continuación los expedicionarios ingleses protagonizaron una serie de escenas en la costa occidental sudamericana que, después de ser recordadas y narradas de manera deformada y transmitida por generaciones, inspiraría algunas de las clásicas novelas de piratas. Aprovechando la escasa protección de los puertos y embarcaciones españolas, atracaron cuanto asentamiento costero y cuanta barca hallaron a su paso, quemando embarcaciones y pueblos y conservando los botines que consideraban de más valor, y que era posible de ser transportado.

Estaba entre los planes de Cavendish tomar Arica, que para entonces ya era un asentamiento considerablemente grande e importante. La ciudad se libró de un asalto gracias a que el *Content* se había rezagado y no se contaba con hombres suficientes para tal empresa. El 7 de mayo tomaron una barca con una tripulación de cinco hombres que fueron torturados hasta que confesaron el propósito de su viaje: llevar al virrey de Lima cartas que alertaban sobre la presencia de los intrusos. El 30 de mayo asaltaron Paita. El botín que ahí tomaron consistió en 25 libras de plata.

---

[127] *Ibid.*, p. 130.
[128] *Id.*

Cinco días después llegaron a la isla Puna, en el actual Ecuador. Ahí tomaron prisionero a un indígena que se atrevió a acercárseles y a quien con amenazas y la habitual tortura hicieron hablar. Robaron al cacique de la isla, quien siendo "él mismo un indígena" estaba casado con una española, lo que da ocasión a Pretty para expresar un comentario racista que lo muestra como partidario de la palidez como elemento de belleza: "Este gran cacique [...] es él mismo un indígena, pero está casado con una espléndida mujer blanca, que es española, debido a lo agradable de su residencia y a su gran riqueza".[129]

Permanecieron en Puna hasta que fueron repelidos por un grupo de indígenas y de soldados españoles que fueron enviados desde Guayaquil. En río Dulce hundieron el *Hugh Gallant* por no contar ya con los hombres suficientes para mantenerlo.

El día 22 de junio cruzaron el Ecuador. No se detuvieron en Centroamérica, así que después de un año de haber zarpado de Plymouth, el día 10 de julio de 1587, la flota de Thomas Cavendish, con el *Desire* y el *Content*, llegaba a los 10° de latitud norte.

En las cercanías de las costas de Acajutla[130] —territorio que actualmente pertenece a El Salvador—, el día 19 de julio apresaron y quemaron una embarcación nueva, semejante en tamaño al *Desire*, de 120 toneladas de carga. Entre los siete tripulantes se encontraba un diestro piloto francés, que era nada menos que uno de los pilotos que viajaban a Manila y que, por tanto, conocía muy bien la costa novohispana. Su nombre era Michel Sancius, conocido entre los españoles como Miguel Sánchez. Pretty lo descubrió: "así que le prendimos fuego [a la nave] y nos quedamos con sus hombres. En particular estábamos ansiosos por tener a Sancius con nosotros. Podríamos depender de él para encontrar lugares en los cuales abastecernos de agua a lo largo de la costa. Fue de este mismo Sancius que escuchamos por primera vez sobre una gran embarcación llamada 'Santa Ana'".[131]

Después de ser torturado, Sancius informó a Cavendish sobre los dos galeones que, provenientes de Filipinas, se esperaba llegaran a la costa novohispana después de entrado el mes de noviembre. Había entonces tiempo suficiente para que Cavendish escogiera los lugares estratégicos en donde mantenerse al acecho. Al día siguiente de haber tomado el barco que transportaba a Sancius, el 20 de julio, los barcos de Cavendish apresaron una barca que se dirigía a los puertos de Huatulco y Acapulco en la Nueva España a prevenir de la presencia de los ingleses a los habitantes de las costas. Al abordar la barca los hombres de Cavendish, la tripulación ya había huido en los botes hacia tierra. Como la

---

[129] Pretty en R. Hakluyt, *op. cit.*, vol. XI, p. 313; D. A. Young, *op. cit.*, p. 138.

[130] En la década de 1530 se estableció en Acajutla un astillero que poco después fue movido hacia Realejo, unas 200 millas hacia el sur, sobre la costa. Entonces Acajutla se convirtió en el puerto de embarque del cacao que crecía en la región y era frecuentado por embarcaciones que traficaban entre México y Perú. P. Gerhard, *op. cit.*, p. 31.

[131] D. A. Young, *op. cit.*, p. 141.

barca "no contenía bienes dignos de ser mencionados", le prendieron fuego, evitando así que los españoles la volvieran a usar.

A principios de agosto, Cavendish inició su incursión en el territorio mexicano. Esta etapa del tercer viaje de circunnavegación fue particularmente importante, porque de ella resultó, por una parte, el asalto sin precedentes de un galeón inmenso, cargado hasta sus límites de mercancías provenientes del oriente de Asia. Las ganancias obtenidas, y los cuatro meses[132] que Cavendish y su tripulación estuvieron asaltando, explorando y descansando en la costa occidental de México, hablan elocuentemente del escaso control español de la costa occidental de la Nueva España durante las últimas décadas del siglo XVI.

El 4 de agosto la flota inglesa ancló en la desembocadura del río Copalita para abastecerse de agua. Al percatarse de que el río distaba sólo algunos kilómetros del puerto de Huatulco, los ingleses se vieron tentados a tomar la pequeña población que a finales de la década de 1580 aún existía en ese puerto (véase el mapa II.4). El testimonio de Pretty sobre lo ocurrido en Huatulco dice así:

El 27 [4 de agosto] en la mañana, al romper el día, venimos al camino de Aguatulco, donde encontramos una barca de 50 toneladas, la cual había llegado de Sonsonate, cargada con cacao y añil y había sido ahí anclada, mientras sus hombres huían tierra adentro. Anclamos ahí y quemamos su ciudad, con la iglesia y la casa de aduanas que era muy hermosa y grande. En esa casa había 600 bolsas de añil para teñir telas [cada una de esas bolsas tiene un valor de 40 coronas], y 400 bolsas de cacao (cada una de las cuales vale diez coronas). Estos cacaos son para ellos comida y especie (dinero), pues 150 de ellas son en valor un real de plata en pago corriente. Estas semillas son muy parecidas a la almendra, pero no hay nada de sabor tan delicioso. Ellos las comen y hacen una bebida de ellas.[133]

El comentario anterior es una de las primeras descripciones de un inglés sobre dos de los productos mexicanos que llegaron a tener una notabilísima importancia en Europa durante los siglos sucesivos. Pretty no pudo imaginar lo que el cacao, esa *semilla deliciosa* que los mexicanos comían y bebían desde tiempos ancestrales, y la exquisitez del *chocolatl*, llegarían a representar para Inglaterra, Europa y el mundo.

El índigo o añil, que fue codiciado por los comerciantes y tejedores ingleses desde fines del XVI, fue el motivo de expediciones expresas en los siglos sucesivos hacia regiones del virreinato novohispano menos controladas por el poder central. Tal era el caso de la provincia de Yucatán.

Como Cavendish tenía planes más ambiciosos para ocupar las bodegas de sus embarcaciones, le fue imposible transportar esas 600 bolsas de índigo y las 400 bolsas de semillas de cacao que se encontraban en la casa de aduanas.

---

[132] Equivalentes a 16% del tiempo total de este viaje de circunnavegación.
[133] Francis Pretty, *The First Voyage of Thomas Cavendish*, en R. Hakluyt, *op. cit.*, vol. XI, p. 320.

MAPA II.4. *Huatulco hacia 1580*

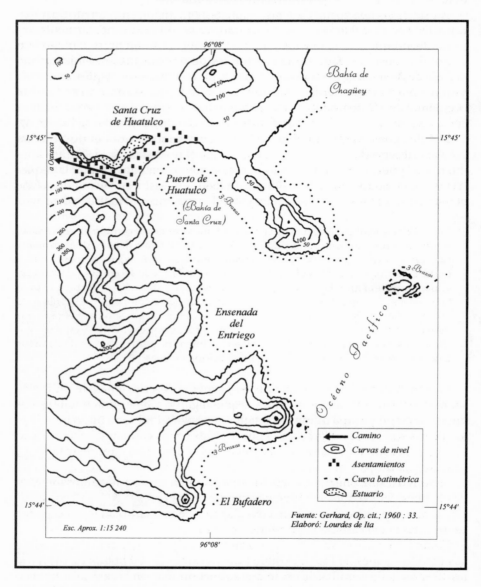

Esc. Aprox. 1:15 240

Fuente: Gerhard, Op. cit.; 1960 : 33.
Elaboró: Lourdes de Ita

Por tal razón, él y sus hombres quemaron lo que no podían llevarse y sólo se hicieron de varias cajas de madera de Olinalá que encontraron en un cesto, en la misma casa de aduanas. Al día siguiente, el 5 de agosto, se alejaron del Copalita. Las altas mareas al entrar al río no les permitieron llenar sus barriles con agua dulce como esperaban. Pero se dirigieron hacia el puerto de Huatulco.

En su diario de viaje, Francis Pretty tomó nota de la latitud de muchos lugares en los que se detuvieron; aunque no resultan exactas, son bastante precisas. Pretty ubicó el río Copalita a los 15º40' norte. Al contar con el astrolabio, los navegantes del siglo XVI podían calcular con suficiente precisión la latitud de los lugares en los que se encontraban, tomando como punto de referencia la estrella polar o el sol; sus anotaciones relativas a la posición de los lugares respecto al Ecuador, resultaban medianamente precisas.[134]

Días después, el 12 de agosto, se decidieron a zarpar siguiendo el curso de la línea de costa y pasaron cerca de Acapulco. Gerhard[135] asevera que Cavendish supuso que para la época del año había poco que tomar ahí, y que como puerto privilegiado del oeste novohispano, debía estar bien defendido. Asimismo supone que si Cavendish se hubiese arriesgado, podría haber llegado a tomar el puerto, ya que en esas fechas no existía aún fortificación alguna en Acapulco y se encontraba casi sin centinelas (véase el mapa II.5).

Las noticias sobre Cavendish alcanzaron la ciudad de México a mediados de agosto, y fue entonces cuando el virrey tomó débiles medidas para proteger la costa novohispana. Envió noticias a Guadalajara y a algunos otros puntos del occidente, y tropas a Oaxaca y a Acapulco. Las tímidas acciones que el virrey propuso llevar a cabo resultaron ineficientes debido a la rivalidad entre comisionados, y en particular a la negligencia y necedad del general Cristóbal de Mendoza, quien fue enviado con tropas a Acapulco a fin de perseguir a Cavendish, costeando hacia el noroeste de la Nueva España.[136] El poder virreinal se mostró incapaz de detener a Cavendish en la costa occidental de la Nueva España, ignorando las dramáticas consecuencias de ello.

[134] No era éste el caso cuando se trataba de calcular la longitud, la cual se calculaba por tiempo. Prescindiendo de la variación debida a la velocidad de los vientos, a las calmas y a las diferentes rutas posibles, este cálculo resultaba mucho menos preciso, ya que dependía de un mayor número de personas. Los relojes de arena sólo resultaban precisos si los encargados eran responsables de voltearlos a tiempo. Como las guardias concluían después de un determinado número de corridas de tales relojes, no era raro que los veladores diesen la vuelta a esos artefactos con cierta antelación. D. A. Young, *op. cit.*, 1973, p. xv.

[135] P. Gerhard, *op. cit.*, 1960, p. 86.

[136] Mendoza se retrasó a tal grado, que el virrey decidió enviar a otro general, Diego García de Palacio, oidor de la Audiencia de México, a encabezar la expedición. Se inició entonces una riña entre los dos generales. Mendoza se negó a abandonar su comisión original y, habiendo prevenido a García de Palacio de que no lo siguiera, zarpó en la dirección equivocada, con rumbo a Panamá. Es dudoso que haya sido una confusión genuina. Cuando finalmente García de Palacio se lanzó a la zaga de Cavendish, los vientos contrarios lo obligaron a regresar en una semana. P. Gerhard, *op. cit.*, 1960, p. 86.

MAPA II.5. *El puerto de Acapulco* (c. 1625)

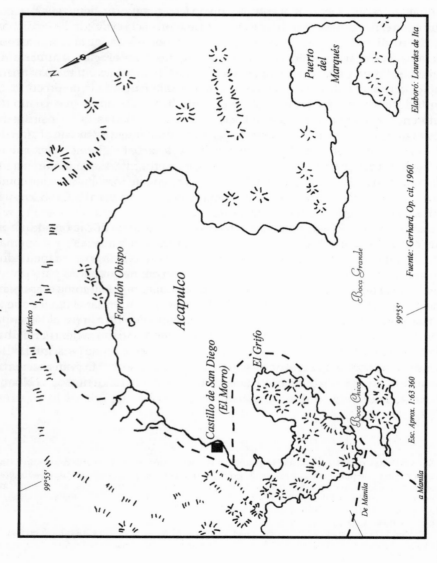

Fuente: Gerhard, Op. cit, 1960.

Elaboró: Lourdes de Ita

Cuando Cavendish se encontraba costeando cerca de Zacatula, el virrey informó que "la costa entera fue despoblada por orden suya, no dejando al enemigo algo para robar".[137] Este tipo de políticas *protectoras*, que serían recurrentes durante el siglo XVI, incidieron gravemente en la organización espacial del territorio novohispano de modo que, aun en el México independiente, las marcas de las políticas virreinales tendrían una inercia en la organización del territorio que llevarían a postergar por siglos el desarrollo natural de las regiones costeras mexicanas, frenando su evolución propia y, dadas sus dimensiones y fisiografía, alterando el equilibrio geográfico de todo el territorio.

Movidos por el interés de toparse con el cazador de perlas que Sancio les dijo maniobraba en los alrededores del puerto de Navidad, el 3 de septiembre, Cavendish y 30 de sus hombres hicieron tierra en ese lugar con el afán de buscarlo. Los indígenas que habitaban en el lugar les hicieron saber que el pescador y comerciante de perlas se encontraba en altamar. Ahí tomaron a un mensajero que apenas había llegado del sur, a caballo, con cartas que prevenían a la población de las costas de Nueva Galicia. Mataron al caballo, confiscaron las cartas y dejaron atrás al emisario.

Las acciones de los hombres de Cavendish en puerto de Navidad fueron las siguientes, en palabras de Pretty: "prendimos fuego a las casas y quemamos dos embarcaciones nuevas de 200 toneladas cada una, que estaban siendo construidas [...] y volvimos nuevamente a nuestros barcos".[138]

Como la flota tenía que abastecerse de agua nuevamente y como disponían de mucho tiempo mientras esperaban la llegada de su presa, el día 5 de septiembre las naves de Cavendish se dirigieron de nuevo rumbo al sur, a la bahía de Santiago-Salagua, bahía deshabitada donde desembocaba el río Santiago. Ahí permanecieron una semana. Pretty ubicó esta bahía a los 19°18' norte. En ese lugar, además de aprovisionarse de agua, pescaron en abundancia y cortaron frutos de los platanares que crecían a lo largo del río. Algunos de los tripulantes decidieron matar el tiempo buscando perlas, y lo lograron *con cierto éxito*.

El 13 de septiembre llegaron a Melaque, en bahía Navidad, a la que describen como una *pequeña bahía* llamada *Malaca*. Cavendish tomó otra vez a 30 de sus hombres. Desembarcaron en una pequeña villa de sólo treinta casas y una iglesia. Esa población estaba "habitada enteramente por indios", mismos que huyeron al percatarse de los intrusos. A pesar de que el asentamiento no era español, el capitán inglés ordenó, como en anteriores ocasiones, prenderle fuego antes de regresar a bordo de sus barcos.

---

[137] Archivo General de Indias, México, 21, Cartas del virrey: 29 de enero y 24 de octubre de 1587. Citado por Gerhard, *A Guide to the Historical Geography of New Spain*, Cambridge University Press, Cambridge, 1972, p. 395.

[138] R. Hakluyt, *op. cit.*, vol. XI, p. 321.

La flota de Cavendish había pasado ya dos meses en las costas occidentales novohispanas y empezaba a sentir la falta de víveres. Así las cosas, y ante lo despoblado de la región, el día 18 de septiembre el capitán Havers, cuarenta hombres y Sancius en calidad de guía, desembarcaron y se dirigieron tierra adentro en busca de algun poblado, "un lugar como a dos leguas tierra adentro del país, hacia arriba, por una vereda desolada a través del monte y de los bosques. Al fin llegamos a un lugar donde tomamos a tres padres de familia con sus esposas e hijos y a algunos indios, a un carpintero que era español y a un portugués. Los atamos a todos y los obligamos a venir a la costa con nosotros".[139]

Pretty comenta que *su general* hizo entonces que las mujeres recolectaran y llevaran suficiente abasto de frutas hasta los barcos ingleses: plátanos, limones, limas, naranjas y piñas fueron el rescate que habrían de pagar por la liberación de sus maridos. Una vez obtenido esto, los dejaron regresar a su pueblo, pero se llevaron a *Sambrano, el carpintero español*, y a *Diego el portugués*, y dejaron Chacala el 20 de septiembre.[140]

El 22 de septiembre llegaron a "la isla de San Andrés", de la que Gerhard piensa haya sido una de las islas Marías. Probablemente fue la isla Isabela, situada justo frente a San Andrés, en la costa nayarita. Encontraron en ella aves e iguanas para comer, y madera para reparar sus embarcaciones, "gran provisión de aves y madera. Ahí secamos y salamos tantas aves como pensamos apropiado, también ahí matamos gran cantidad de focas e iguanas, que son una especie de serpientes con cuatro patas y una cola picuda, extrañas para aquel que no las ha visto, pero resultan una muy buena comida".[141]

El primer día de octubre llegaron a las costas de Mazatlán "que se levanta a los 23°30'", justo debajo del Trópico de Cáncer.[142] Procuraron abastecerse de agua, pero debido a los bancos de peces no podían acercarse a la desembocadura del río. No obstante, pescaron en abundancia y recogieron también gran cantidad de frutos.[143]

El 4 de octubre partieron de Mazatlán con rumbo a una isla ubicada a una legua hacia el norte, donde repararon sus embarcaciones y reconstruyeron su pinaza. Uno de los españoles capturados, aprovechó al estar lavando las camisas de los marinos ingleses para escapar a nado hacia el continente, donde unos 30 o 40 jinetes indígenas y españoles, haciendo guardia, se divisaban desde la isla. Según Miguel Sancio, eran guardas que habían sido enviados desde Chiametla hacia el sur, unas 11 leguas, a fin de evitar el retorno de la

---

[139] R. Hakluyt, *op. cit.*, vol. XI, p. 322. Se ignora qué población pudo haber sido aquella. Probablemente sería algún poblado ubicado entre Chacala y Compostela.
[140] *Id.*
[141] R. Hakluyt, *op. cit.*, vol XI, p. 322.
[142] *Id.*
[143] *Id.*

tripulación inglesa al territorio que apenas habían dejado. Posiblemente los habitantes del poblado cercano a Chacala, que días antes habían sido capturados por Cavendish, dieron nuevas a Chiametla una vez liberados y por eso se montó la mencionada guardia.

En esa isla, la necesidad de agua dulce volvió a ser apremiante. Llevados por una creencia supersticiosa de uno de los prisioneros españoles, cavaron en la arena y, puesto que el nivel freático de la isla no era muy profundo, encontraron agua. "De otra manera hubiéramos tenido que regresar 20 o 30 leguas para hacernos de agua, lo cual hubiera podido llegar a ocasionar que perdiéramos nuestra presa, por la que largo tiempo habíamos esperado".[144]

Había también gran cantidad de focas en una islita, a distancia de un kilómetro de la primera. Permanecieron en esa isla hasta la noche del 19 de octubre y partieron hacia cabo San Lucas. Cinco días después habían cruzado ya el Mar de Cortés.

La tripulación de Cavendish exploró el territorio de cabo San Lucas de manera bastante detallada. Permanecieron en el lugar por más de un mes. Las características geográficas, la forma y la orografía de San Lucas, y en particular la función que esta área cumplió para la tripulación inglesa durante el otoño de 1587, llevó a los marinos ingleses a asociarlo con el extremo oeste de la isla de Wight, llamado por su forma *las Agujas*. Decían: "El 14 (24) de octubre, caímos en el cabo de San Lucas (véase el mapa II.6), el cual es muy parecido a las Agujas de la isla de Wight..."[145]

La isla de Wight, frente a la parte central de la costa sur inglesa, tiene una ubicación geográfica estratégica. Históricamente ha servido de antesala, de protección y de refugio no sólo al puerto de Portsmouth y a otras ciudades portuarias tan importantes como Chichester, Wareham y Christchurch, sino también a las ciudades más prominentes del interior del país.[146] Desde tiempos anglonormandos[147] la isla fungía como una defensa respecto del continente y —a pesar de las contracorrientes— como lugar de refugio para las embarcaciones inglesas en tiempos de guerra. Durante el siglo XVI fue utilizada para resistir desde ahí a las naves de Francia y España durante las guerras. En la batalla contra la Armada Española esta isla cumplió un papel muy importante (véase el mapa II.7).[148]

La asociación entre las Agujas de Wight y la morfología de San Lucas se derivó de la situación en la que se encontraba la flota inglesa respecto al *con-*

---

[144] R. Hakluyt, *op. cit.*, vol. XI, p. 323.

[145] *Ibid.*, p. 324.

[146] Como Winchester, Salisbury y el mismo Londres.

[147] Kennet O. Morgan, *The Oxford Illustrated History of Britain*, Oxford University Press, Oxford, 1991, 640 pp. Capítulo 3: "The latter middle ages (1066-1290)"; Juan Antonio Ortega y Medina, *El conflicto anglo-español por el dominio oceánico*, UNAM, México, 1981, p. 129.

[148] J. A. Ortega y Medina, *op. cit.*, láminas 24, 25, 31-34.

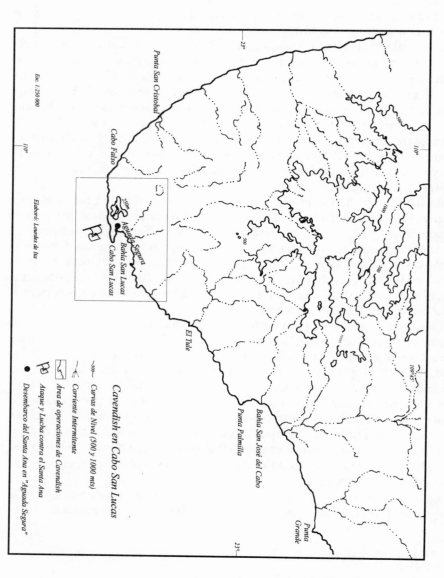

MAPA II.6. *Cavendish en cabo San Lucas (1587)*

Cavendish en Cabo San Lucas

- ⌐ Curvas de Nivel (500 y 1000 mts)
- ⌁ Corriente Intermitente
- ⌂ Área de operaciones de Cavendish
- ⚑ Ataque y Lucha contra el Santa Ana
- ● Desembarco del Santa Ana en "Aguada Segura"

Esc. 1:250 000

Elaboró: Lourdes de Ita

Punta San Cristobal

Cabo Falso

Aguada Segura

Bahía San Lucas

Cabo San Lucas

El Tule

Bahía San José del Cabo

Punta Palmilla

Punta Grande

23°

110°

110°45'

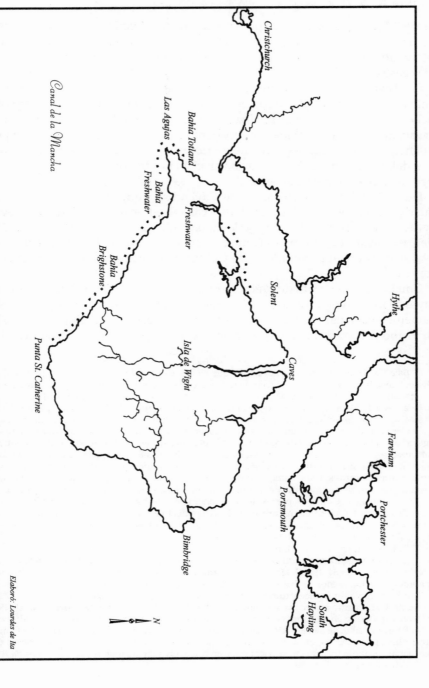

MAPA II.7. La isla de Wight, al sur de Inglaterra

Elaboró: Lourdes de Ita

tinente:[149] por una parte, cerca pero no dentro del *hinterland* de alguna ciudad novohispana importante; y por la otra, respecto al Galeón de Manila, protegida y oculta para hacer una aparición inesperada en el momento más oportuno (véase el mapa II.8).

En el extremo sur de la península de Baja California tuvo lugar la espera, la batalla, la captura y las maniobras relativas al galeón *Santa Ana*: "dentro de dicho cabo hay una gran bahía llamada por los españoles Aguada Segura,[150] en ésta desagua una considerable corriente de agua pura, que es cuidada por muchos indios. Tomamos agua de ese río y descansamos y nos aprovisionamos del dicho cabo de San Lucas hasta el 4 (14) de noviembre, y los vientos seguían soplando desde el oeste".[151]

Durante 22 días la tripulación de Cavendish pudo descansar, aprovisionarse y reconocer el territorio aledaño a cabo San Lucas. Exploraron las elevaciones contiguas al Cabo, que se levantan sobre el nivel del mar hasta 250 metros, y usaron esos montes como puesto de vigilancia "batiéndose de arriba a abajo sobre el promontorio de California, ubicado a los 23°2/3 hacia el norte".[152]

Con base en el escrito de Pretty, Gerhard propone que mientras una de las naves se mantuvo patrullando a lo largo del Cabo, en los cerros (que necesariamente deben haber sido los que se levantan al oeste del Cabo) se estableció un grupo de centinelas que vigilaban hacia el Pacífico.[153] Pudieron detectar

[149] Baja California no es una isla, por lo que es incorrecto referirse a la costa occidental de Jalisco, Nayarit y Sinaloa como "el continente". Sin embargo, es menester reconocer que, por las características de la Península, ésta y en particular su segmento sur, históricamente ha tenido hacia la costa de los estados mencionados una relación semejante a la de una isla. Aún a la fecha los sudcalifornianos se siguen refiriendo al resto del territorio mexicano como *el continente*.

[150] Gerhard comenta que, algunos autores (no menciona quienes), han sugerido que la "aguada segura" de Cavendish se encontraba en San José del Cabo y no en San Lucas. Puede argumentarse contra eso el hecho de que San Lucas era un lugar mucho más accesible a la ruta que seguiría el *Galeón de Manila* que San José del Cabo; y que este último tiene para las embarcaciones una entrada muy desprotegida, a diferencia de la de aquél. Gerhard documenta el hecho de que existe un manuscrito, el informe de Carbonel, un buscador de perlas que viajó a San Lucas en 1632 y encontró en sus playas piezas de porcelana, restos testigos del asalto del *yngles corsario llamado tomas candi* (sic). Esteban Carbonel, "Relación del biaxe a la California hecho por el capn. Francisco de Horttega", *Ayer Collection*, Newberry Library, Chicago, citado por P. Gerhard, *Pirates on the West Coast of New Spain*, 1960, pp. 89 n45.

[151] R. Hakluyt, *op. cit.*, vol. XI, p. 324.

[152] *Id.* Pretty registra la latitud de cabo San Lucas con un error de 51'. Ésta es en realidad de 22°49' norte. INEGI, 1984, "San José del Cabo", *Carta topográfica 1:250 000*, hoja F12-2-3-5-6, México. Una interpretación menos probable de estas líneas sería la de que los hombres del *Delight* y del *Content* hubieran sido capaces, durante su estancia en la región, de costear hasta los 23°40' de latitud norte, logrando un reconocimiento general de la costa sudoriental de la península de Baja California (pasando en su camino por los lugares que posteriormente recibirían los nombres de punta Palmilla, bahía de San José del Cabo, punta Gorda, boca de la Vinorama, bahía de los Frailes, cabo Pulmo, punta Arena, punta Colorada, y la gran bahía de las Palmas). Esta explicación no parece viable, ya que la tripulación se encontraba en constante vigilia esperando al galeón *Santa Ana*.

[153] P. Gerhard, *op. cit.*, p. 89.

MAPA II.8. *Analogías entre Wight, Gran Bretaña y cabo San Lucas, México, según los hombres de Cavendish*

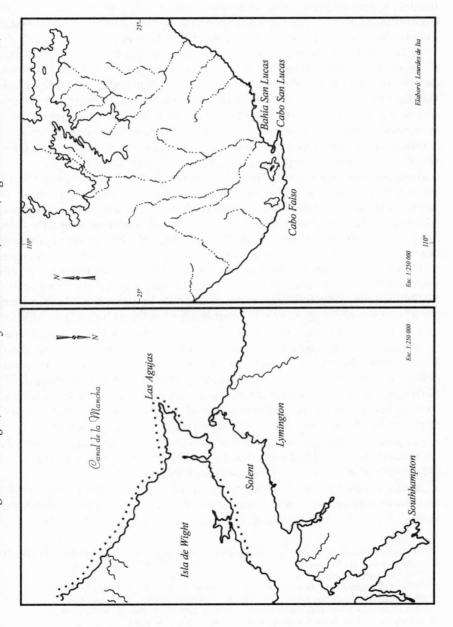

durante el periodo de espera, entre otras cosas, que la prevalencia de los vientos dominantes era del oeste, y esa apreciación les ayudó a planear la estrategia que llevarían a cabo al encontrarse con su anhelada presa.

Según Gerhard, eran dos los galeones que ese año cruzaron el Pacífico de Filipinas a Acapulco: el *Nuestra Señora de la Esperanza* y el *Santa Ana*. A Pedro de Unamuno, el piloto del *Nuestra Señora de la Esperanza*, se le habían dado instrucciones de hacer ciertas exploraciones en el Pacífico norte.[154] Tras haber reconocido parte del territorio de lo que hoy es California, volvió hacia el sur costeando la Península y rodeó el cabo de San Lucas lo suficientemente lejos como para no ser visto por Cavendish. Llegó el 12 de noviembre a bahía de Banderas, ahí "se encontró con un barco que había sido enviado de puerto de Navidad con órdenes de cruzar a California a fin de prevenir a los galeones sobre los piratas. Pero el barco no había sido capaz de cruzar el Golfo".[155] El *Santa Ana*, por su parte, era un galeón nuevo, pues había sido recientemente construido en Realejo y apenas regresaba de su primer viaje al oriente de Asia. Este galeón era particularmente grande, tenía una capacidad de 700 toneladas de carga, potencial que era poco común aun para fines del siglo XVI, cuando la escala general era de 12 a 15 toneladas para cabotaje y entre 60 y 120 toneladas para tráfico intercolonial.[156] El tamaño del galeón representaba una desventaja ante un posible ataque, pues resultaba extremadamente lento y difícil de maniobrar, porque venía sobrecargado a tal extremo que en cubierta había tantos bultos y embalajes que escasamente quedaba lugar para los pasajeros y la tripulación.

No cabe duda de que a pesar del susto que les había proporcionado Drake 10 años antes, los españoles seguían pensando en el Pacífico como en un *lago español*. Las condiciones en las que viajaba el *Santa Ana* dan testimonio de ello. No obstante el valor de las mercancías que transportaba y su posición de presa fácil por las circunstancias arriba mencionadas, el *Santa Ana* no tenía armamento para defenderse, con excepción de unos cuantos mosquetes y arcabuces.[157] Por su parte, las naves de Cavendish, el *Desire* de 120 toneladas y el *Content* de 60, tenían una capacidad considerable y artillería. El *Desire* contaba con 29 cañones de hierro y bronce y dos *lombardas pedreras*.

A más de cuatro meses de haber zarpado de Manila, el *Santa Ana* por fin se asomaba a San Lucas. Aparentemente Tomás Alzola[158] era el comandante del galeón. El día 14 de noviembre, entre las siete y las ocho de la mañana, el

[154] Según Gerhard, su comisión consistía en buscar las legendarias islas de Rica del Oro, Rica de Plata y la isla del Armenio.

[155] P. Gerhard, *op. cit.*, p. 90.

[156] O. H. K., Spate, *The Spanish Lake, The Pacific after Magellan*, vol. I, 1979, p. 64.

[157] P. Gerhard, *op. cit.*, p. 90.

[158] En este punto hay una contradicción entre la versión de Pretty, quien afirma que al partir hacia Filipinas los ingleses llevaron consigo, entre otros, a un piloto "español, cuyo nombre era Thomas de Ersola, quien era muy buen piloto desde Acapulco y la costa de Nueva España hacia las islas de los Ladrones", donde los españoles se aprovisionaban de agua y frutos. Por su parte,

trompetero de la nave almiranta, que había subido al mástil más alto, vio entrar una embarcación en el Cabo. Después de comprobar que eran ciertas "tales buenas noticias y de alegrarse no menos de lo que la ocasión ameritaba" Cavendish ordenó a toda la compañía que se prepararan para el ataque.

La versión española retomada por Gerhard habla de que, aunque Alzola se percató de la presencia de dos embarcaciones en el horizonte, no llegó a imaginarse, mientras estuvo lejos, que se tratara de naves enemigas, pero al día siguiente, cuando los barcos de Cavendish eran ya completamente visibles, el comandante español pudo reconocerlos como barcos *piratas*. Alzola reunió a su tripulación y a los pasajeros y repartió las pocas armas que encontró a bordo: mosquetes, arcabuces, espadas y lanzas, así como gran cantidad de rocas. Improvisó una protección tendiendo velas en los mástiles de proa, popa y en el mástil medio, de manera que los ingleses no pudieran ver a los hombres que detrás de ellas se ocultaban procurando la defensa del galeón con los pobres misiles con que contaban.

La ofensiva de Cavendish inició con una persecución que duró por entre tres y cuatro horas en las que los ingleses tomaron ventaja del viento. En la tarde, lograron acercarse al galeón y abrieron fuego disparando sus *grandes misiles* y un cañonazo de corto alcance. Se enganchó después el *Content* a la banda de estribor del *Santa Ana* y unos 40 hombres de los 50 o 60 que se encontraban en la nave inglesa lograron abordar el galeón, a pesar de una lluvia de rocas que los tripulantes españoles les lanzaron a bordo. Se dio a continuación una batalla cuerpo a cuerpo que no duró mucho tiempo. Los españoles eran expertos en ese tipo de combate e hirieron a varios ingleses, mataron a dos y los obligaron a retirarse. Durante esa primera acción los ingleses se percataron de la falta de artillería en el *Santa Ana*, lo que les llevó a planear una victoria más fácil y segura sin tener que abordar el galeón.

La estrategia del segundo encuentro consistió en acercarse lo más posible al galeón y minarlo disparando los cañones de corto alcance y los otros misiles por igual. Gerhard[159] habla de que fueron cuatro los encuentros de la batalla, mientras Pretty solamente registra tres ataques. El tercer ataque, según Gerhard, consistió en un nuevo abordaje, esta vez a la proa del galeón. Tras ser nuevamente repelidos por los españoles, los ingleses concluyeron exitosamente la batalla de la manera en que Pretty la registra:[160]

Gerhard asegura que Tomás Alzola era el *capitán* (y no el *piloto*) del Santa Ana, y que fue dejado en compañía de su tripulación en cabo San Lucas tras la partida de los ingleses. Gerhard comenta también que entre los prisioneros que los ingleses tomaron consigo estaba el *piloto* del galeón, del que se omite su nombre. *Cf.* P. Gerhard, *Pirates...*, *op. cit.*, pp. 90-91. Ya que en su transcripción Gerhard se apega a los informes encontrados en archivos españoles y novohispanos, se estima que su opinión sea la más fidedigna.

[159] P. Gerhard, *op. cit.*, p. 92.

[160] Es probable que la versión española que Gerhard recuperó estuviera exagerando el tiempo de resistencia a los *piratas* ingleses.

Nuestro General [...] les dirigió el tercer ataque con nuestras armas de gran calibre y con los cañones de corto alcance causando un gran daño en nuestros enemigos destruyendo diferentes lugares de su embarcación, matando e hiriendo a muchos de sus hombres. Estando entonces heridos y despojados y estando su nave en peligro de hundirse debido al gran cañonazo que se le propinó y estando parte de ésta bajo la superficie del agua, después de cinco o seis horas de lucha, mostraron una bandera de tregua y pidieron misericordia.[161]

Cavendish ordenó a Alzola que echara abajo las velas que aún estaban puestas y que con sus oficiales subiera a bordo del *Content*. Alzola tuvo que obedecer. El primero en abordar el barco inglés fue uno de los mercaderes principales que viajaban en el *Santa Ana*. Se sabe que el galeón transportaba en ese viaje a dos mercaderes que llegarían a ser conocidos por su actividad exploradora en la Alta California: Sebastián Vizcaíno[162] y el portugués Sebastián Rodríguez de Cermeño,[163] pero no se sabe si alguno de ellos fue al que Pretty recordaba en su escrito, en el que las expresiones falaces sobre Cavendish son también sobresalientes:

uno de sus mercaderes principales subió a bordo, a ver a nuestro General, y de rodillas, ofreció besar los pies de nuestro general y suplicándole misericordia. Nuestro General, de la manera más benevolente [...] en su gran misericordia y humanidad [...] los perdonó a él y a los demás bajo promesa de comportarse íntegramente al acordar con él y su compañía respecto a las riquezas que había en la embarcación.[164]

La tripulación hispana no se encontraba en condiciones de resistirse a los términos de Cavendish. Éste ordenó a sus hombres desembarcar a los tripulantes del galeón *Santa Ana* y despojarlos de todo tipo de armas y herramientas. A continuación, y durante más de 15 días, Cavendish y sus hombres se dedicaron a escoger y trasladar hacia el *Desire* y el *Content* los objetos de mayor valor del galeón *Santa Ana*, adueñándose de todo el tesoro capaz de ser contenido en sus embarcaciones.

Al terminar esa provechosa operación, Cavendish prendio fuego al *Santa Ana* ante los ojos de la tripulación española, con todo y lo que aún quedaba dentro de él. La tripulación del galeón español permaneció en tierra sin herramientas ni armamento alguno; sobrevivieron gracias a los recursos locales y rescataron del galeón hundido lo necesario para construir una sencilla barca

[161] F. Pretty, en R. Hakluyt, *op. cit.*, vol. XI, p. 325.

[162] Posteriormente, Sebastián Vizcaíno escribió a su padre en España sobre el viaje a Manila y le comentó el episodio provocado por Cavendish. Esa carta de Vizcaíno fue interceptada por los ingleses en algún viaje posterior y fue publicada por Hakluyt en sus *Principal Navigations*.

[163] P. Gerhard, *op. cit.*, p. 90; R. Hakluyt, *op. cit.*, vol. VIII, pp. 133-135; O. H. Spate, *op. cit.*, pp. 110-111, 256-257.

[164] Pretty, en R. Hakluyt, *op. cit.*, vol. XI, p. 325.

en la que se trasladaron a Acapulco, logrando llegar al puerto varios meses después. Por su parte, Cavendish emprendió el retorno a su país vía Filipinas, navegando el Océano Índico, el sur y el oeste de África, hasta alcanzar las costas de Europa occidental y llegar a Inglaterra cargado de oro y riquezas insólitas.

Dice la tradición que, para entrar a Inglaterra, la tripulación de Cavendish cayó en la excentricidad de vestirse de sedas y otras telas costosas y ostentosas, y que aun los mástiles fueron adornados con ellas. La misma reina Isabel I, quien no sentía simpatía por Cavendish, lo recibió con honores, públicamente, ante la algarabía del pueblo británico.

Cavendish derrochó una vez más las riquezas que había hecho con el botín de su viaje de circunnavegación de 1586 a 1588, de manera que unos dos años más tarde de su retorno a Inglaterra, intentó volver al Pacífico en busca de nuevos caudales. Esta vez las cosas no resultaron como lo había planeado. Uno de los barcos de la Compañía desertó antes de entrar en el estrecho de Magallanes. Los otros dos barcos procuraron pasarlo sin lograr llegar al Pacífico debido a la magnitud de las tormentas que se desencadenaron. Cavendish se rehusaba a regresar y amenazaba con dar muerte a quien intentara hacerlo. Dice la historia que la tripulación se amotinó y Cavendish enloqueció y finalmente murió en algún lugar del Atlántico.[165]

Los hombres de la Compañía que sobrevivieron regresaron a Inglaterra. Uno de ellos, John Janes, escribió las experiencias del viaje. En su historia, Cavendish se muestra como un personaje grotesco y decadente.[166]

CONSECUENCIAS DE LOS VIAJES DE JOHN HAWKINS, FRANCIS DRAKE Y THOMAS CAVENDISH EN LA NUEVA ESPAÑA DEL SIGLO XVI

La presencia de Hawkins, Drake y Cavendish en la Nueva España del siglo XVI tuvo consecuencias de diferente magnitud, influyendo tanto en el deterioro de la política anglo-española como en las medidas que trastocaron territorialmente el espacio hispanoamericano en general y el novohispano en particular.

La experiencia de estos tres legendarios navegantes isabelinos en la Nueva España expone la importancia regional que tenía el territorio durante el primer siglo de colonización europea.

Es bien sabido que, todavía durante el siglo XVI, la Nueva España en el norte y el Perú en el sur, con algunas regiones aledañas de más reciente explotación, continuaron siendo los dos grandes polos de atracción político-económica en el conjunto americano. Las Antillas y las costas centroamericanas su-

[165] D. A. Young, op. cit., p. 121.
[166] Id.

frieron el mayor número de ataques piratas en ese siglo por encontrarse aleja-
dos de esos grandes centros geopolíticos americanos. Sufrieron de mayor
desprotección por hallarse en una periferia amplia y desarticulada.

La audacia de John Hawkins al tomar San Juan de Ulúa, de Francis Drake
al atacar Huatulco y de Thomas Cavendish al pasearse durante meses a lo
largo de la costa occidental novohispana, culminando su recorrido con el robo
total de la carga del galeón *Santa Ana*, fueron ofensas a la Corona española
que llevaron a la construcción del fuerte en Veracruz, que promovieron el
despoblamiento de las costas novohispanas por parte de las autoridades
virreinales y que condujeron, junto con acontecimientos paralelos en España
e Inglaterra, a la batalla entre la Gran Armada de Felipe II de España y la
Marina Real de Isabel I de Inglaterra.

III. LOS DESEMBARCADOS

LOS DESEMBARCADOS EN PÁNUCO

Después de la batalla de San Juan de Ulúa, la tripulación de la Compañía de John Hawkins quedó dispersa. Como el ataque español tomó a los ingleses por sorpresa, muchos de los tripulantes no se encontraban cerca de sus buques cuando inició la batalla; tal fue el caso de Robert Barret, maestre del *Jesus*, quien por hablar español había sido enviado como embajador de Hawkins a la barca que transportaba al virrey Enríquez de Almansa y fue tomado como rehén por los españoles. Los hombres que no alcanzaron a subir al *Minion* o al *Judith* o que lograron escapar del *Jesus* antes de que fuese totalmente destruido, permanecieron en San Juan de Ulúa y fueron hechos prisioneros.

En su huida, el 8 de octubre, viniendo el *Minion* excedido sobremanera en su capacidad de carga, Hawkins decidió bajar a tierra a la mitad de los tripulantes del barco y así procurar llegar a Inglaterra; escogió entonces de entre "los que menos falta hacían"[1] a 114 marinos y los bajó en Pánuco, prometiendo, para consolarlos y consolarse, volver por ellos el año siguiente. En la historiografía inglesa referente a los navegantes isabelinos, ocasionalmente se hace referencia a estos hombres con el apelativo de *los desembarcados*.[2] Hawkins nunca regresó a la Nueva España. Los sobrevivientes de estos 114 ingleses, que después de enfrentarse a los chichimecas y de ser apresados por los españoles en Tampico lograron llegar a la ciudad de México, fueron los primeros presos formales del Santo Oficio en la Nueva España. De ellos, solamente dos rehusaron retractarse de sus creencias y fueron condenados a morir en la hoguera. Sus nombres: George Ribley de Gravesend —quien fue quemado junto al francés Martin Cornu— y el irlandés William Cornelius (John Martin). Los recordamos por haber sido de los primeros condenados a muerte y quemados por la Inquisición novohispana por disidencia de la religión católica.

Dos de los sobrevivientes de Pánuco, Miles Philips y Job Hortop, escribieron su experiencia en la Nueva España a petición de los primos Hakluyt.

---

[1] Joaquín García Icazbalceta, *Relación de varios viajeros ingleses en la Ciudad de México y otros lugares de la Nueva España*, José Porrúa Turanzas, Madrid, 1963, pp. 103-104; Richard Hakluyt, *The Principal Navigations, Voayages, Traffiques and Discoveries of the English Nation...*, James MacLehose, Glasgow, 1903-1905, pp. 408-409.

[2] *The put on shore.*

Las crónicas de los sobrevivientes: Miles Philips y Job Hortop

Muchos avatares sucedieron a los 114 marinos desembarcados en Pánuco. Dos de los que sobrevivieron y lograron regresar a Inglaterra escribieron fascinantes narraciones que entregaron a Richard Hakluyt, quien las recibió como valiosa información de primera mano sobre el territorio mexicano. Estos fueron Miles Philips y Job Hortop, quienes tenían sólo 14 y 16 años, respectivamente, en 1568,[3] cuando fueron desembarcados en Pánuco. Ellos son los autores de las dos únicas crónicas testimoniales que se conocen sobre la suerte del mayor grupo de ingleses, de hecho el mayor grupo de europeos no españoles que durante toda la época colonial permaneció en México por tiempo indefinido.[4]

La relevancia de estas crónicas se acentúa por el hecho de que, además de narrar lo sucedido a los hombres de Pánuco, nos legan la historia inglesa de lo que ocurrió a los *caballeros* de la Compañía de Hawkins que habían sido tomados primero en calidad de rehenes, y después, hechos prisioneros por los españoles durante la batalla de San Juan de Ulúa.

Entre los prisioneros de San Juan de Ulúa se contaban los miembros más notables de la tripulación de Hawkins, como Robert Barret, maestre del *Jesus*, quien sabía hablar bien el castellano; su hijo Richard, que era sólo un muchachito, y Paul Horsewell Hawkins, sobrino de John Hawkins que sólo contaba con 13 años.[5] Los desembarcados en Pánuco después de la derrota eran los menos necesarios y, muy seguramente, los más ignorantes y humildes de entre la flota. Muchos de ellos no sabían leer y escribir, y la información con la que contaban sobre la Nueva España, los *conquistadores* y los indígenas novohispanos provenía de los dichos e historias que corrían entre los marinos en los puertos ingleses y lo que escuchaban de otros miembros de la tripulación que previamente habían estado en América.

Miles Philips, en particular, pasó por experiencias verdaderamente extraordinarias en la Nueva España, donde vivió durante casi 15 años y no sólo aprendió a hablar *perfectamente* el español, sino también el náhuatl y sobrevivió a toda clase de peligros. Fue juzgado, sentenciado y reconciliado por la Inquisición en la ciudad de México y, eventualmente, logró escapar rumbo a España alrededor de 1580, para llegar a Inglaterra en 1582 (véase el mapa III.1)

La crónica de Miles Philips es el testimonio de un adolescente que llegó a ser un hombre sumamente inteligente y audaz, que dominaba perfectamente tanto el náhuatl como el castellano, y que logró conocer y

---

[3] F. Aydelotte, "Elizabethan Seamen in Mexico and Ports of the Spanish Main", en *The American Historical Review*, vol. XLVIII, núm. 1, octubre de 1942, p. 4; J. A. Williamson, *Hawkins of Plymouth*, Adam and Charles Black, Londres, 1949, p. 106.

[4] F. Aydelotte, *op. cit.*, p. 4.

[5] J. A. Williamson, *Sir John Hawkins, The Time and the Man*, Clarendon Press, Oxford, 1927, pp. 254-255.

MAPA III.1. *Miles Philips en la Nueva España*

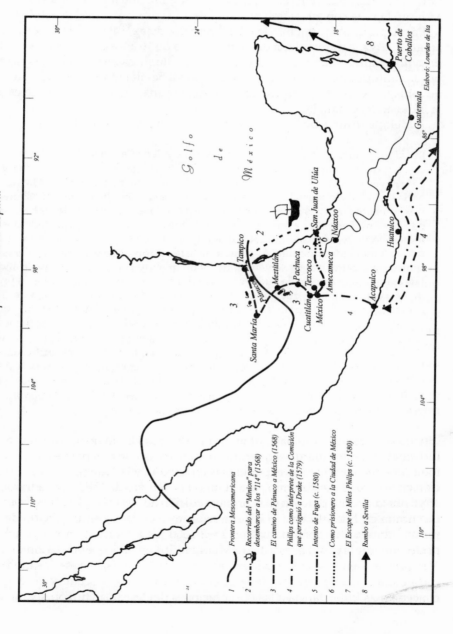

1 Frontera Mesoamericana
2 Recorrido del "Minion" para
   desembarcar a los "114" (1568)
3 El camino de Pánuco a México (1568)
4 Philips como Intérprete de la Comisión
   que persiguió a Drake (1579)
5 Intento de Fuga (c. 1580)
6 Como prisionero a la Ciudad de México
7 El Escape de Miles Philips (c. 1580)
8 Rumbo a Sevilla

Elaboró: Lourdes de Ita

huir del territorio donde fue apresado; un hombre que más de una vez arriesgó la vida con tal de volver a su país.

Por su parte, el testimonio de Job Hortop nos deja el sabor de la experiencia amarga, larga y atormentada de un muchacho de 16 años que, tras haber sido desembarcado en Tampico, sobrevivido a los ataques chichimecas, apresado por las autoridades novohispanas y enviado a Sevilla junto con otros presos novohispanos, pasó los mejores años de su vida en las galeras y las cárceles de la Inquisición española.

Aydelotte resume de la siguiente manera la experiencia de Hortop:

> Job Hortop, un hacedor de pólvora que vivía en Redriffe, cerca de Londres, tenía cerca de quince años de edad cuando en 1567 fue "obligado a servir" como marino en la nave de Su Majestad, "Jesus of Lubeck", bajo el comando de Sir John Hawkins, hacia las Indias Occidentales. Hortop fue uno de aquellos puestos en tierra en Pánuco y experimentó muchas de las aventuras que pasó el resto del grupo de los hombres de Hawkins. Después de dos años en México fue enviado a España, juzgado por la Inquisición y sentenciado por diez años a galeras para seguir posteriormente una prisión indefinida en Sevilla. Al parecer no le fue posible liberarse de las galeras al concluir sus diez años de sentencia, de modo que tuvo que remar por doce años. Fue entonces conducido de vuelta a prisión donde permaneció cuatro años, al final de los cuales se enteró que podía obtener su libertad pagando una multa de cincuenta ducados. Hortop no tenía el dinero para sufragar esa multa, de modo que se confinó a sí mismo a servir a Hernando de Soria, el tesorero de la casa de moneda del rey por siete años en pago del préstamo. Finalmente, en octubre de 1590, antes de que terminaran los siete años, de alguna manera que no queda especificada, se las ingenió para liberarse y en el curso de dos meses, regresar a Inglaterra. Dejó su país natal en octubre de 1567 y regresó en diciembre de 1590, veintitrés años más tarde, sin dinero ni bienes, solamente con el agradecimiento de no haber perdido la vida, como en cinco ocasiones estuvo en peligro de hacerlo.[6]

Una vez llegados a su país, y tan pronto Richard Hakluyt supo de ello, ambos sobrevivientes fueron requeridos por el cronista inglés para escribir una memoria detallada de sus experiencias en España y la Nueva España. Miles Philips escribió su testimonio para Hakluyt en febrero de 1582 o en febrero de 1583, por lo que fue incluido en la primera edición de *The Principall Navigations...*, publicada en Londres en 1589, y fue reimpreso en la segunda edición de la misma obra hecha por Hakluyt en 1598-1600. Es interesante notar cómo el título que Hakluyt dio al escrito de Miles Philips en la primera versión de las *Navigations* —en él se enfatiza la *tiranía y crueldad de los españoles*— es modificado en la segunda edición de la obra por uno menos visceral y en el que concede más importancia a las observaciones del territorio novohispano he-

[6] F. Aydelotte, *op. cit.*

chas por Philips durante su estadía en México.[7] Después de la derrota de la Armada Invencible, la Gran Armada de Felipe II, cuando Hakluyt publicó la segunda edición corregida y aumentada de las *Navigations*, Inglaterra y España vivían una relación política menos tensa a la de décadas precedentes.

Hortop regresó a Inglaterra poco después de que la primera edición de *The Principall Navigations* había sido impresa, de modo que su amargo escrito en el que abunda en detalles sobre monstruos, bestias y "gentes salvajes", muy al estilo de la Edad Media, fue publicado por primera vez en Londres por William Wright, en el año de 1591[8] y Hakluyt no lo imprimió sino hasta una década más tarde, en la segunda edición de *The Principal Navigations*.[9]

La reseña que presentamos a continuación está basada en los testimonios de Miles Philips y Job Hortop.[10] La mayor parte de los hechos fueron narrados con detalle y vividez en el informe de Miles Philips, y aunque su escrito sufre de algunas imprecisiones de fechas y nombres,[11] es el que da una mayor cobertura a los acontecimientos. Su narración ha sido considerada, dentro de la literatura viajera inglesa de la época Tudor, como una épica, un "ejemplo notable de narrativa de aventuras personales [que] llega a ser tan influyente como los romances y las historias picarescas".[12]

Los desembarcados en la Nueva España

A la mañana siguiente de la batalla de San Juan de Ulúa, después de haber perdido de vista al *Judith*, el *Minion* se encontró con una tripulación de al

[7] En la primera edición de *The Principall Navigations* el escrito de Philips se imprimió por primera vez bajo el título de: *The discourse of Miles Philips, one of syr Iohn Hawkins companie, set on shore in the bay of Mexico, concerning the bloodie and most tyrannous cruelties of the Spaniards, vsed against him and his fellowe Englishmen at Mexico.* En la segunda edición de su obra, Hakluyt le dio al testimonio de Philips el siguiente título: *The voyage of Miles Philips one of the Company put on shore by sir Iohn Hawkins, in 1568, a little to the north of Panuco; from whence he trauelled to Mexico, and afterward to sundry other places, hauing remained in the countrey 15 or 16 yeeres together, and noted many things most worthy of observation.*

[8] La primera impresión del viaje de Hortop hecha en 1591 tenía el título largo e impresionante de: *The Rare Trauailes of Iob Hortop, an Englishman, who was not heard of in three and twentie yeeres space. Wherein is declared the dangers he escaped in his voyage to Gynme, where after hee was set on shoare in a wildernes neere to Panico, hee endured much slaverie and bondage in the Spanish Galley. Wherein also he discovereth many strange and wonderfull things seene in the time of his travaile, as well concerning wilde and savage people, as also of sundrie monstrous beasts, fishes and foules, and also trees of wonderfull forme and qualitie.*

[9] Hakluyt lo imprimió bajo el título de *The Trauels* (¿o *Travailes*?) *of Job Hortop set on land by sir Iohn Hawkins 1568 in the bay of Mexico somewhat to the north of Panuco before mentioned.*

[10] R. Hakluyt, *The Principal Navigations...*, vol. IX, pp. 398-465; J. G. Icazbalceta, *op. cit.*, pp. 91-172.

[11] *Cf.* G. Báez-Camargo, *Protestantes enjuiciados por la Inquisición en Iberoamérica*, Casa Unida de Publicaciones, México, 1960, p. 50.

[12] G. B. Parks, "Tudor travel literature: A brief history", en *The Hakluyt Handbook*, vol. I, Hakluyt Society, p. 117, segunda serie.

menos 200 hombres y muy pocas provisiones de agua y alimentos. Todavía la tripulación sobrevivió a una tormenta más, debida a los vientos del norte. Después de errar durante varios días por "aquellos mares desconocidos", el hambre los llevó a comer cuanto animal se hallaron a bordo: "gatos, perros, ratas, ratones, pericos y monos".

Entre la tripulación, extremadamente desalentada y debilitada por el hambre, empezaba a cundir el pánico ante la imposibilidad de retornar a Inglaterra en tales circunstancias. El deseo más anhelado era el de encontrar, al norte de Veracruz, habitantes que les ayudasen proveyéndoles, en su extrema necesidad, de alimentos y ayuda para reparar su nave. La costa del Golfo de México no ofreció a los ingleses población nativa que les ayudara. La población indígena mesoamericana se hallaba ya sometida al virreinato, de modo que difícilmente hubieran actuado con independencia de las órdenes del representante real; por otra parte, la población de Aridoamérica no sólo era muy difícil de someter, sino que por la actividad colonizadora de los españoles, había aumentado su hostilidad hacia los europeos.[13] Fueron los "salvajes", los grupos chichimecas, quienes dieron el primer recibimiento a la compañía de los ingleses.

> El 8 de octubre volvimos a tomar tierra en lo más retirado del Golfo de México, donde esperábamos encontrar habitantes que nos dieran algún socorro de víveres y un lugar donde reparar el buque, el cual estaba tan maltratado, que con nuestros débiles brazos ya no podíamos achicar el agua. Agobiados por una parte por el hambre, y por la otra por el riesgo de ahogarnos, y no sabiendo donde hallar auxilio, caímos en el mayor desaliento.[14]

Entre la hambrienta y débil tripulación algunos empezaron a pensar en *entregarse a la merced de los españoles*; otros, al parecer los más, preferían poner su esperanza en *la merced de los salvajes e infieles*. John Hawkins hizo bajar a tierra, en la región al norte de Pánuco, a la mitad de los sobrevivientes de su tripulación, a 114 hombres que fueron escogidos entre los de menos importancia y los que menos falta hacían. Philips comenta el episodio con nostalgia y humildad:

> Resuelto, pues, a dejar en tierra la mitad de los que quedaban vivos, fue cosa maravillosa de ver la facilidad con que los hombres mudan de opinión, pues los que poco antes deseaban ser desembarcados, pensaban ahora lo contrario y solicitaban quedarse; de manera que para conciliar las opiniones y quitar toda ocasión de disgusto [...] el general [...] escogió aquellas personas de cuenta y utilidad que era necesario quedasen a bordo; hecho esto, de los que querían irse, eligió de los que

---

[13] R. Hakluyt, *The Principal Navigations...*, vol. IX, p. 411.
[14] J. García Icazbalceta, *op. cit.*, p. 103; R. Hakluyt, *The Principal Navigations...*, vol. IX, pp. 408-409.

menos falta hacían e inmediatamente dispuso que el bote los llevase a tierra [...]
Aquí un corazón de piedra se hubiera ablandado al oír el lastimoso llanto de algunos, y ver la repugnancia con que partían. El tiempo estaba algo alterado y tempestuoso, de manera que íbamos a correr gran peligro en la travesía; mas no quedaba otro remedio, sino que a los que se nos había designado para quedarnos, teníamos que hacerlo así.[15]

Philips recuerda *la inhumanidad* con la que él y otros de los desembarcados fueron tratados por parte del capitán del *Minion* y del contramaestre del *Jesus*,[16] quienes a pesar de lo agitado del mar les forzaron a saltar al agua a más de una milla de la playa y dejaron a la habilidad de cada uno el salvarse a nado o ahogarse. Menciona que en ese incidente murieron los primeros dos hombres del grupo. Fue así como 112 marinos ingleses iniciaron la lucha por la supervivencia en el territorio novohispano.

La tarde del desembarco, tras recuperarse medianamente de la hinchazón causada por el abuso del agua dulce y de los capulines silvestres que encontraron en tierra, los náufragos se refugiaron a descansar en un cerro donde tuvieron que soportar, durante toda esa noche, la lluvia que cayó continua y *cruelmente*. A la mañana siguiente, el martes 9 de octubre, escogieron como capitán de la compañía a uno que sabía hablar español: Anthony Godard.[17] Decidieron caminar hacia el sur, siguiendo la línea de costa, entre los manglares, pantanos y lagunas costeras del Golfo de México. Se encontraban en un estado de extrema debilidad y ansiaban encontrar algún lugar habitado:

Que los habitantes fueran cristianos[18] o salvajes, nos era indiferente, con tal de que encontráramos algo para sustentar nuestros hambrientos cuerpos. Y así, partimos del cerro donde habíamos descansado durante la noche, sin llevar un solo hilacho seco entre nosotros, pues aquellos que no habían sido arrojados al mar y por tanto no se habían mojado así, fueron empapados porque durante toda la noche había llovido cruelmente. Al ir bajando del cerro e ir entrando a la planicie, nos fue muy dificultoso pasar entre las hierbas y matorrales que ahí crecen más altos que cualquier hombre. A mano izquierda teníamos el mar y a la derecha había grandes bosques, de modo que forzosamente había que pasar en nuestro camino hacia el poniente por aquellos pantanos.[19]

---

[15] J. García Icazbalceta, *op. cit.*, pp. 103-104; R. Hakluyt, *op. cit.*, p. 409.

[16] John Hampton y John Sanders, respectivamente, y Thomas Pollard, otro subcomandante del *Jesus*.

[17] Miles Philips afirmaba que Godard sobrevivió a la difícil experiencia en la Nueva España y que vivía en Plymouth cuando él escribió su informe. No obstante, ni Philips ni Hortop vuelven a mencionar a Godard, de manera que no se sabe cómo ni cuándo regresó a su país.

[18] Es decir, *europeos*, en este contexto.

[19] R. Hakluyt, *op. cit.*, p. 410.

Se dio entonces el primer encuentro de los ingleses con los habitantes del norte novohispano. Tocó en suerte a los náufragos que fueran los verdaderamente *salvajes* quienes primero los recibieran. Aunque según las crónicas el encuentro resultó bastante impresionante para la compañía inglesa, fue mucho más benévolo de lo que esperaban.[20] Ese encuentro dejó sentir su influencia en otras épocas, en historias e historietas sobre náufragos europeos en costas tropicales y subtropicales de América, en las que repentinamente se ven atacados por *los indios*.

Los chichimecas los habían visto desembarcar. En un primer momento los confundieron con *sus enemigos, los españoles de la frontera*,[21] así que los siguieron escondidos entre las malezas cuando los ingleses buscaban entre los pantanos un camino hacia algún lugar habitado y finalmente los atacaron: "y yendo así, fuimos acometidos de repente por los indios [...] de repente, de la manera que acostumbran cuando se encuentran en guerra con cualquier pueblo, alzaron un fuerte y terrible grito y se lanzaron ferozmente sobre nosotros disparando sus flechas, tan espesas como el granizo..."[22]

Desarmados como iban, los ingleses no tuvieron otra opción que rendirse, ante lo cual, descubriendo que no eran españoles y que les pedían clemencia, los chichimecas tuvieron lástima de ellos y los dejaron ir *sin hacerles más daño* y aun les indicaron con señas el camino que debían seguir para llegar a Tampico.

Philips describe a los chichimecas de la siguiente manera:

Esta gente es llamada chichimeca y acostumbran llevar el cabello largo, aun hasta las rodillas. También se pintan los rostros de verde, amarillo, rojo y azul, lo que les hace verse muy feos y les da un aspecto feroz [...] No usan otras armas que arcos y flechas, pero tienen puntería tan certera que muy rara vez yerran el blanco [...] gente belicosa que son a manera de los caníbales, aunque no comen carne humana como lo hacen ellos.[23]

Es interesante notar aquí la aseveración de Philips respecto a la naturaleza *no caníbal* de los chichimecas, ya que los escritos europeos del siglo XVI sobre los indígenas americanos estaban imbuidos de mitos, generalizaciones y reduccionismos. No era raro que en ellos se afirmara el carácter *caníbal* de los habi-

---

[20] *Vide infra.*

[21] R. Hakluyt, *op. cit.*, p. 411; J. García Icazbalceta, *op. cit.*, p. 105.

[22] R. Hakluyt, *op. cit.*, p. 411.

[23] El original dice: "the Indians, a warlike kind of people, which are in a maner as Canibals, although they doe not feede upon mans flesh as Canibals doe". García Icazbalceta usa el término *caribes* por *caníbales*, pero resultan sinónimos en el contexto. De hecho, la palabra *caníbal* se acuñó como variante de *caribe*, relativa al grupo que habitaba en algunas regiones de la costa norte sudamericana y de las Antillas, quienes ya eran reconocidos por practicar el canibalismo. R. Hakluyt, *op. cit.*, pp. 410-411; J. García Icazbalceta, *op. cit.*, p. 106.

tantes nativos de América en general.[24] En ese contexto, el testimonio de Philips de que los chichimecas no eran caníbales, resulta de particular valor.

Philips describe a los chichimecas como "gentes feroces y belicosas", pero en su narración se descubre cierta simpatía hacia ellos. Por una parte, esto se debería a la actitud relativamente compasiva que los indígenas tuvieron hacia los ingleses, pero lo más probable es que Philips en su narración estuviera procurando enfatizar la "crueldad" generalizada de los españoles tanto hacia los ingleses como hacia los indígenas novohispanos: "Esta gente mantiene guerra contra los españoles de quienes a menudo han sido muy mal tratados, porque con los españoles no hay misericordia".[25]

En ese primer encuentro con los chichimecas, ocho de los ingleses fueron muertos.[26] Después de la confrontación decidieron divirse en dos grupos de 52 hombres cada uno. Uno de los grupos continuó bajo el liderazgo de Anthony Godard y se dirigió hacia donde los indios les habían señalado. Deben haber caminado muy cerca de la costa ya que Philips afirma que andaban en dirección suroeste.

El otro grupo decidió desplazarse hacia el norte y escogió como capitán a un John Hooper, quien tres días después murió, junto con otros dos hombres, al haber sido agredido por unos indios chichimecas. Otro sobreviviente que eventualmente regresó a Inglaterra, David Ingram,[27] era también del grupo de Hooper.

Después de ese segundo encuentro con los chichimecas, el grupo de Hooper se dividió nuevamente en dos. Veintitrés hombres siguieron su camino hacia el norte y 26 se volvieron hacia el sureste para reunirse con Godard. Fueron entonces 78 los que se dirigieron hacia Pánuco y sólo 23 los que siguieron su

---

[24] Para 1550 Richard Eden había traducido al inglés no sólo las cartas de Colón sino los escritos escandalosos, en referencia al modo de vida indígena, de Vespucio, Oviedo y otros.

[25] R. Hakluyt, *op. cit.*, vol. IX, pp. 410-411.

[26] Casualmente el mismo número de hombres que fueron muertos en el primer encuentro con los africanos cuando éstos se defendieron de los hombres de Hawkins.

[27] El caso de Ingram es singular. Sobrevivió a la experiencia en la Nueva España y de manera desconocida regresó a Inglaterra. Philips afirma haber hablado *desde entonces* (?) con él *a menudo*. R. Hakluyt, *op. cit.*, p. 412. En 1583 Ingram escribió un informe llamado *A true Discourse of the Adventures and Travailes of David Ingram* que Hakluyt publicó en su edición de 1589 bajo el título de *The Voyage of David Ingram from the Bay of Mexico Ouer Land Neere to the Cape Briton*. En él narraba la aventura que había vivido al recorrer a pie el territorio que media entre Pánuco y Nueva Escocia, antes de ser recogido por el capitán Gilbert y llevado de vuelta a Inglaterra. Aunque hasta la fecha no se ha comprobado la veracidad del escrito de Ingram, resultó estar tan plagado de confusiones, imprecisiones y contradicciones, que Hakluyt decidió omitirlo en su segunda edición de 1598-1600. Samuel Purchas, geógrafo, secretario y sucesor de Richard Hakluyt se refirió al respecto: "En cuanto a las deambulaciones de David Ingram hacia la parte norte (de América), el Maestro Hakluyt las publicó en su primera edición, pero habiendo surgido algunas incredulidades de sus informes, se convenció de dejarlas fuera en su Impresión subsecuente, siendo el pago de las mentiras el de no ser creídas como verdades". Samuel Purchas, *Purchas his Pilgrimes...*, vol. VI, Hakluyt Society, Universidad de Glasgow, 1906, p. 112.

camino hacia el norte. De los 23 que se dirigieron al norte, con excepción del extraño caso de David Ingram, no se supo más, ni en Inglaterra ni en México. Philips creía sinceramente que habían alcanzado el país de Cíbola, que ahí se habían casado y asentado y que aún vivían para esa década de los años ochenta. Es relativamente probable que si alguno de ellos llegó a sobrevivir a los chichimecas, el hambre y la debilidad, encontrara refugio en algún otro grupo indígena sedentario de la América septentrional.

El camino de los 78 miembros de la compañía rumbo a Tampico no resultó fácil. La molesta novedad de los moscos fue un factor más que agravó su situación.

Las ideas que Hollywood ha propagado sobre las selvas vírgenes de las regiones tropicales y subtropicales en las que *los salvajes* escondidos persiguen a los afligidos náufragos anglosajones dándoles muerte en la primera oportunidad que se les presenta, debe haber tenido su origen en narraciones como la de Philips. Al menos ésta —que, como hemos dicho, ha sido considerada como un ejemplo notable de la narrativa de aventuras personales dentro de la literatura viajera de la época de los Tudor—[28] fue una de las que con mayor detalle llevó este tipo de noticias de primera mano a Inglaterra. Philips refería:

Proseguimos desplazándonos hacia el poniente, algunas veces por entre bosques tan densos que con garrotes teníamos que quebrar las zarzas y matorrales para que no lastimaran nuestros desnudos cuerpos. Otras veces teníamos que cruzar por planicies de hierbas tan altas, que nos era difícil vernos uno a otro [...] Sucedía que de pronto caían muertos algunos de nuestros compañeros, heridos por los indios, quienes se escondían detrás de los árboles y matorrales y desde ahí mataban a los nuestros, porque íbamos dispersos buscando frutas con qué alimentarnos.[29]

De esa manera caminaron entre 10 y 12 días, hasta que llegaron al río Pánuco. Mientras bebían de aquella agua dulce, aparecieron en la otra ribera *muchos españoles a caballo*,[30] quienes también confundieron a los ingleses, pues por estar desnudos los tomaron por *sus vecinos enemigos*,[31] los chichimecas.

Los españoles cruzaron el río en canoas movidas por *indios remeros*,[32] jalando sus caballos por las riendas y lanzándose encima de los ingleses. Éstos, otra vez optaron por rendirse. Al descubrir los hispanos que eran europeos, los transportaron al otro lado del río en canoas de cuatro en cuatro. Godard les hizo saber en castellano que hacía mucho que no probaban alimento. Les re-

[28] G. B. Parks, *op. cit.*, pp. 117-118.
[29] R. Hakluyt, *op. cit.*, p. 413; J. García Icazbalceta, *op. cit.*, p. 108.
[30] J. García Icazbalceta, *op. cit.*, pp. 109-110.
[31] *Id.*
[32] *Id.*

partieron media tortilla de maíz a cada uno. "Nos pareció ese pan —recordaba Philips— muy dulce y agradable, pues hacía mucho tiempo que no comíamos nada".[33]

Enviaron a los ingleses al pueblo, caminando, custodiados de "muchos indios habitantes del lugar".[34] Sólo a los muy jóvenes y a los muy débiles, los llevaron en las ancas de los caballos españoles.

El asentamiento a que se refiere Philips pudo haber sido la ciudad de Tampico, que fue construida en 1543, o bien San Luis de Tampico (Pueblo Viejo o Villa Cuauhtémoc), que se ubica en la ribera derecha, cerca de la desembocadura del río Pánuco y que fue construida entre 1554 y 1560, o en su defecto la Villa de San Esteban, que es uno de los primeros asentamientos de la jurisdicción, construida en 1523 y posteriormente llamada Pánuco.[35]

Esa localidad estaba provista de *toda clase de frutas*, y en las cercanías se producía sal. Vivían ahí gran número de indígenas a los que Philips se refiere como *indios mansos o mexicanos*[36] que son de los que fueron llevados al lugar por los españoles como parte del proceso de colonización y de la extensión de la frontera mesoamericana hacia el norte.

El alcalde de Tampico,[37] Luis de Carvajal, usó su autoridad para obtener ciertos beneficios personales:

> Cuando llegamos al pueblo, el gobernador se mostró muy severo con nosotros, y nos amenazó con colgarnos a todos. Y entonces preguntó cuánto dinero teníamos, que en realidad era muy poco porque los indios [...] de cierto modo nos habían quitado todo y de lo que había quedado, los españoles que nos trajeron tomaron también una buena parte. Sin embargo, el gobernador obtuvo de Anthony Godard una cadena de oro [...] y de otros [...] el equivalente [...] a quinientos pesos.[38]

Es éste uno de los primeros registros de corrupción en las autoridades novohispanas escrito por extranjeros. No se sabe exactamente cuántos ingleses llegaron a Pánuco, pero cuando Carvajal fue procesado,[39] en su defensa hizo referencia al hecho de que había apresado al grupo de ingleses en Tampico: "cien ingleses de los que escaparon de Joan Aquines inglés, y contra opinión de todos los vecinos que de miedo querían huir aprestando gente para ello

---

[33] *Ibid.*, p. 110.
[34] *Id.*
[35] P. Gerhard, *A Guide to the Historical Geography of New Spain*, Cambridge, 1972, pp. 212-213.
[36] J. García Icazbalceta, *op. cit.*, p. 110.
[37] Aunque Philips se refiere a él como el *gobernador* de Tampico, se trataba del alcalde Luis de Carvajal y de la Cueva (*cf.* P. Gerhard, *op. cit.*, pp. 213, 232, 352) quien, curiosamente, en 1589, 20 años después del desembarco de los ingleses en Pánuco, fue procesado por la Inquisición en Nueva España por ser *sospechoso de judaizar*. Cf. G. Báez-Camargo, *op. cit.*, p. 130.
[38] R. Hakluyt, *op. cit.*, pp. 415-416.
[39] *Vide supra.*

con 20 hombres salí a ellos y los rendí prendiendo 88 que los más murieron y los envié presos al visorrey D. Martín Enríquez".[40]

Encerraron a los apresados en una casita *muy parecida a una pocilga*, eran alimentados con comida para cerdos y esperaban que en cualquier momento fueran por ellos para ahorcarlos. Así permanecieron tres días. Por orden del alcalde, los heridos no pudieron ser atendidos por el cirujano del lugar.

Al cuarto día de encierro se hizo salir a los ingleses, pero no para ser ahorcados como pensaban, sino para iniciar su andar, atados de dos en dos, rumbo a la ciudad de México. Hicieron la travesía a pie, llevando por guardas sólo a dos españoles y a *gran cantidad de indios*.[41] De los dos españoles, Philips reconocía que uno los había tratado muy cortésmente durante todo el camino. Era un hombre mayor que, durante la travesía, se adelantaba a los pueblos a que iban a llegar para asegurarse de que los presos fueran provistos de los alimentos y las demás cosas que necesitaban. El otro, que era un hombre joven, en la opinión del autor de este escrito, *era un cruelísimo bribón*. Apuraba a los que ya no podían caminar aprisa, golpeándolos con una jabalina en el cuello y los derribaba a tierra gritando: "Marchad, marchad, ingleses, perros luteranos, enemigos de Dios".[42]

A los dos días de camino llegaron a Santa María,[43] donde había un convento de frailes dominicos que les dieron comida caliente y ropa. Dieciséis años después, Philips aún recordaba lo que ese día habían comido y el buen trato de los frailes. Thomas Baker, uno de los que habían sido heridos en el primer encuentro con los chichimecas, sobrevivió hasta este lugar, donde murió a consecuencia de que su herida no fue atendida.[44]

Al día siguiente continuaron el viaje a México, esta vez no sólo atados de manos, sino amarrados de dos en dos. Llegaron a Metztitlán. Los frailes agustinos que ahí vivían les enviaron comida guisada. Tanto ellos como la gente del pueblo, *españoles, hombres y mujeres* les trataron bien y les dieron ropa y otras cosas que necesitaban. Al siguiente día llegaron a Pachuca y, cinco días más tarde, a Cuautitlán, *un pueblo a cinco leguas de México*.[45] El grupo inglés se alegró de encontrarse tan cerca de México, pues sabían que ahí se decidiría su suerte: "o nos aliviarían y desatarían o nos quitarían pronto la vida".[46]

---

[40] Citado por Báez-Camargo, *op. cit.*, p. 130.

[41] Esto habla de la estructura poblacional que existía en los asentamientos de la frontera norte mesoamericana durante el siglo XVI. La población indígena de diferentes grupos sedentarios excedía en mucho a la población hispana en esos asentamientos, pues había sido movilizada intencionalmente por los españoles hacia esas localidades fronterizas a fin de convertirlos en colonos que paulatinamente poblaran y asimilaran el territorio aridoamericano. *Cf.* A. Fernández-Águila, *Tesis*, Facultad de Filosofía y Letras, UNAM, México, 1988.

[42] Estas palabras se grabaron en la memoria de Philips, quien las citó en castellano en su original.

[43] Probablemente Santa María Ixcatepec.

[44] J. García Icazbalceta, *op. cit.*, p. 113.

[45] *Ibid.*, p. 114.

[46] *Id.*

Camino a México pasaron por la Villa de Guadalupe, "a dos leguas de la ciudad, en un lugar donde los españoles han edificado una magnífica iglesia".[47] Aunque el culto de Guadalupe desde el principio estuvo relacionado con la población indígena de México, la superstición española también ya echaba raíces en relación con el lugar y la imagen del Tepeyac. Philips refiere irónicamente que los españoles que entraban a la ciudad de México por el norte, "vayan a pie o a caballo, no pasarían de largo sin entrar a la iglesia y orar [...] porque creen que si no lo hicieran así, en nada tendrían ventura".[48]

Por la ciudad ya se había corrido la voz de que un gran grupo de ingleses que había sido apresado en Pánuco, se aproximaba a México. Muchos mercaderes llegaron a caballo a verlos personalmente: "salían de México a vernos como quien viene a ver una maravilla".[49] Esa misma tarde entraron a la ciudad de México y se dirigieron directamente al palacio virreinal. La gente del pueblo les llevó carne, sombreros y dinero. Del palacio virreinal fueron llevados a un hospital donde estaban otros ingleses que habían sido apresados durante la batalla en San Juan de Ulúa. Permanecieron seis meses en el hospital. Algunas señoras y hombres de la ciudad los visitaban llevándoles dulces y regalos.

Al salir del hospital los ingleses fueron conducidos a Texcoco[50] para trabajar en un obraje donde, decía Philips, "hay indios vendidos por esclavos, unos por 10 años y otros por 12. No fue pequeña pesadumbre para nosotros cuando supimos que habían de llevarnos allá para ser tratados como esclavos: habríamos preferido ser condenados a muerte".[51]

Mostrando gran desprecio por el trabajo que, como cualquier esclavo indígena del obraje habían de desempeñar en Texcoco, Job Hortop decía: "nos enviaron a una ciudad, siete leguas de México, llamada Tezcuco, a cardar lana entre los indios esclavos, cuya faena vil desdeñamos".[52]

Mientras tabajaron en el obraje tuvieron la suerte de contar con el apoyo de un hombre "hijo de un inglés y española que hablaba muy bien la lengua inglesa"[53] y que se hallaba bien establecido en Texcoco. Éste les ayudó e hizo que indígenas locales les proveyeran comestibles. Se trataba de Robert Sweeting, hijo de John Sweeting de Cádiz,[54] quien estaba tan bien establecido

---

[47] *Ibid.*, p. 115.
[48] *Id.*
[49] *Ibid.*, pp. 115-116.
[50] Philips yerra diciendo que Texcoco se encuentra al suroeste de México. Se encuentra al este-noreste.
[51] A este respecto García Icazbalceta hace la siguiente nota: "El autor que prefería la muerte a la esclavitud del obraje, olvidaba sin duda que había comenzado su viaje ayudando a saltear negros para reducirlos a peor esclavitud". J. García Icazbalceta, *op. cit.*, p. 117 (n).
[52] *Ibid.*, p. 165.
[53] R. Hakluyt, *op. cit.*, p. 421; J. García Icazbalceta, *op. cit.*, p. 117.
[54] *Vide supra e infra.*

entre población hispana de México y contaba con la confianza de las autoridades españolas y de los mismos inquisidores, que fungiría como traductor de los primeros ingleses de la compañía desembarcada en Pánuco que fueron apresados en las cárceles del Santo Oficio en México.

Fue tal el disgusto de trabajar en el obraje, que decidieron sublevarse y escapar; pero al ser descubiertos y capturados los condujeron otra vez a la ciudad de México, al *jardín del virrey*,[55] donde se encontraron con los nobles ingleses que habían sido tomados como rehenes en San Juan de Ulúa. Entre ellos estaba el maestre del *Jesus*, Robert Barret y su hijo. Permanecieron cuatro meses más bajo arresto antes de ser puestos a la disposición de los caballeros españoles que quisieran tomarles como sirvientes y hacerse responsables de ellos.

No se conoce con certeza cuántos ingleses del grupo de 78 que había sido apresado en Tampico por las autoridades hispanas sobrevivían a estas alturas, pues muchos habían muerto en el camino a México y durante los primeros meses en el hospital de la ciudad. Sin embargo, se tienen los nombres de 75 a 80 ingleses que entre 1572 y 1575 fueron procesados por la Inquisición española en México, y seguramente la mayoría fueron del grupo de los desembarcados en Pánuco.[56]

Entre los españoles que gozaban de la confianza de las autoridades virreinales se pregonó que estaba disponible un grupo de ingleses para ser tomados como sirvientes. Éstos reaccionaron con verdadero interés. "Y apenas se hubo dado el pregón, acudieron muchísimos caballeros, y se tenía por más dichoso el que más presto conseguía llevarse a uno de nosotros".[57] Si el contar con sirvientes indígenas y esclavos africanos era una muestra del poder local de los colonos españoles en México, la posibilidad de tener a su servicio a un europeo resultó una verdadera oportunidad para la ostentación.

Los ingleses fueron tratados con deferencia por sus amos. Durante poco más de un año trabajaron con ellos en la ciudad de Mexico. Después *muchos* fueron enviados como capataces de los trabajadores indígenas y africanos a las minas de sus señores. Durante los tres o cuatro años en que les duró la suerte de ser capataces, se enriquecieron notablemente, ya que además de contar con un salario de 300 pesos anuales, los indígenas y negros a su cargo trabajaban para ellos los sábados después de terminada su jornada: "Algunas semanas ganábamos tanto por este medio además de nuestro sueldo, que muchos nos hicimos muy ricos y teníamos tres o cuatro mil pesos, porque vivimos y ganamos así en esas minas unos tres o cuatro años"[58] (véase el mapa III.2).

---

[55] Philips se refiere así al lugar donde fueron apresados. Se trataba de la huerta del convento de San Hipólito, *cf.* G. Báez-Camargo, *op. cit.*, pp. 26, 130; o *Huerta del Marqués, cf.* F. Aydelotte, *op. cit.*, p. 6.

[56] F. Aydelotte, *op. cit.*, p. 8.

[57] J. García Icazbalceta, *op. cit.*, p. 118; R. Hakluyt, *op. cit.*, p. 422.

[58] J. García Icazbalceta, *op. cit.*, pp. 119-120; R. Hakluyt, *op. cit.*, pp. 422-423.

MAPA III.2. *Los desembarcados: de Pánuco a México y a las ciudades mineras*

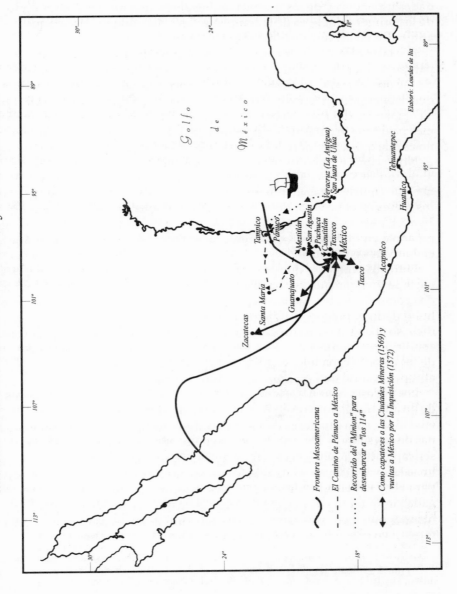

Frontera Mesoamericana

El Camino de Pánuco a México

Recorrido del "Minion" para desembarcar a "los 114"

Como capataces a las Ciudades Mineras (1569) y vueltas a México por la Inquisición (1572)

Elaboró: Lourdes de Ita

Mientras la mayoría de los sobrevivientes de Pánuco trabajaba para los caballeros españoles y los indígenas trabajaban para ellos, Robert Barret y otros ingleses permanecieron bajo arresto en la huerta de San Hipólito. Por alguna razón, después de lo ocurrido en el obraje de Texcoco, Job Hortop quedó prisionero junto con ellos. Anthony Godard, que había fungido como capitán de la Compañía de Pánuco y que como Barret sabía hablar castellano, fue enviado a España. Dos años después, en 1570, el grupo que había permanecido prisionero en la huerta, muchos de ellos hombres principales de la tripulación capturados en San Juan de Ulúa, fue conducido también rumbo a España. Entre ellos estaban Robert Barret[59] y su hijo Richard, Job Hortop, William Cawse, John Beare, Edward Rider y Geffrey Giles.[60]

De *los desembarcados* en Tampico, más los ingleses que no pudieron escapar en el *Minion* o en el *Judith* y fueron hechos cautivos en San Juan de Ulúa, Aydelotte considera probable que hayan sobrevivido solamente entre 75 u 80 hombres, mencionados en los juicios ante la Inquisición entre 1572 y 1575.[61]

La lista de aquellos que fueron arrestados en Pánuco contiene 78 nombres. Muchos de los más importantes de ellos fueron enviados de vuelta a España en la flota de Indias en el otoño de 1568. Hasta este día no he encontrado lista alguna de aquellos capturados en San Juan de Ulúa. Los nombres de 75 u 80 ingleses fueron mencio-

---

[59] Robert Barret, maestre del *Jesus of Lubeck*. Enviado por Hawkins como parlamentario al virrey Enríquez de Almansa, fue capturado en San Juan de Ulúa y llevado a la capital. Ahí se encontraba cuando llegaron sus compañeros desembarcados en Tampico. "Estuvo preso con ellos en la huerta de San Hipólito donde servía de intérprete a un dominico enviado a intentar convertirlos [...] Una vez procesado lo enviaron a España en 1571". G. Báez-Camargo, *op. cit.*, p. 169. En Sanlúcar, en la noche de San Esteban, el grupo de ingleses, entre ellos Robert Barret, procuró escapar. Sólo siete lograron la huida. Al parecer entre ellos se contaba Richard Barret, el hijo de Robert. "Pero —referia Job Hortop— Robert Barret, yo, Job Hortop, John Emerie, Humphrey Roberts y John Gilbert, fuimos reaprendidos y vueltos a la Casa de Contratación..." R. Hakluyt, *op. cit.*, p. 463; J. García Icazbalceta, *op. cit.*, p. 169. Robert Barret murió quemado por la Inquisición en un *auto de fe* en Sevilla en 1573. Báez-Camargo menciona que su proceso se halla en el Archivo de Simancas, fojas 10, XLIX-2. G. Báez-Camargo, *op. cit.*, p. 169.

[60] Philips y Hortop afirman que John Gilbert fue condenado al fuego en Sevilla junto con Robert Barret, *cf.* J. García Icazbalceta, *op. cit.*, pp. 120, 170; F. Aydelotte, *op. cit.*, p. 9 (n17). Deben haberse confundido con otro de sus coterráneos, puesto que según los registros del Santo Oficio en México, John Gilbert fue castigado en el *auto* de 1574 (Báez-Camargo, con base en los trabajos de G. R. G. Conway, *An Englishman and the Mexican Inquisition*, México, 1927). J. Jiménez Rueda, 1945, dice que Gilbert salió reconciliado en el *auto* del 28 de febrero de 1574, de la ciudad de México, penado con 300 azotes y 10 años de galeras. Para abundar en el tema sobre los marinos ingleses y la Inquisición en México, referirse a Julio Jiménez Rueda, *Corsarios franceses e ingleses en la Inquisición en Nueva España*, Archivo General de la Nación, Imprenta Universitaria, México, 1945; G. Báez-Camargo, *op. cit.*; F. Aydelotte, *op. cit.*, P. E. H. Hair, "An Irishman before the Mexican Inquisition, 1574-1575", *Irish Historical Studies*, vol. XVIII, núm. 67, marzo de 1971, pp. 297-319. Sobre el proceso de Robert Tomson: G. R. G. Conway, *An Englishman and the Mexican Inquisition*, Conway, México. Y la misma obra de Hakluyt en que se registran los testimonios de Miles Philips, Job Hortop y Robert Tomson.

[61] F. Aydelotte, *op. cit.*, p. 8.

nados durante sus procesos por diferentes hombres. De hecho, 38 de ellos fueron juzgados por la Inquisición en México.[62]

Se mandó *buscar y traer de todas partes del país* a los ingleses. A la población novohispana se le previno de ayudarles pues "se dio pregón que so pena de excomunión y confiscación de bienes, nadie osara esconder algún inglés".[63] De Zacatecas, de Taxco, de Guanajuato, de San Agustín y de todas las ciudades mineras fueron aprehendidos y llevados a la ciudad de México, donde los encarcelaron. Alrededor de un año y medio duraron los interrogatorios en los que Robert Sweeting actuaba como traductor y trataba de usar esa circunstancia para ayudar a los prisioneros.

Si los castigos aplicados por la Inquisición —al menos hacia los prisioneros más jóvenes— resultaron moderados de acuerdo con los criterios de la época, los juicios debieron ser una prueba aterradora. La mayoría de esos prisioneros ingleses eran hombres ignorantes. Muchos de ellos no sabían leer ni escribir. Sabían muy poco sobre la Inquisición, con excepción de sus terrores. Los procesos se conducían en una lengua extraña a la suya [...] Generalmente se les mantenía incomunicados, de manera que no tenían oportunidad de consultar a sus amigos del exterior. Muchos de ellos fueron interrogados bajo tortura.[64] Los prisioneros ingleses tenían buenas razones para enfrentar a la Inquisición con terror. Ese terror se refleja en los registros que existen sobre las conversaciones de los prisioneros ingleses en las mazmorras [...] De esos informes uno obtiene la viva impresión de lo que significaba para un ignorante marino inglés el ser un prisionero de la Inquisición en el extraño país de la Nueva España, a cuatro mil millas de casa.[65]

Philips hace referencia al *auto* de fe de 1574, cuando él mismo fue sentenciado junto con otros cerca de 70 presos de la Inquisición.[66] Después de haber ensayado durante toda la noche el orden en que debían marchar y haber tenido un desayuno especial consistente en "una taza de vino y una rebanada de

[62] *Ibid.*, n. 15.
[63] R. Hakluyt, *op. cit.*, p. 424; J. García Icazbalceta, *op. cit.*, p. 122.
[64] Aydelotte comenta que de 38 hombres nueve fueron interrogados bajo tortura. La sesión duraba, en cada caso, cerca de dos horas. Cinco mantuvieron sus afirmaciones previas a la tortura. Cuatro quebrantaron sus declaraciones anteriores. William Cornelius se retractó en el potro de sus creencias, pero posteriormente rehusó ratificar su *conversión* a la Iglesia católica romana y fue entonces ahorcado y quemado en el *quemadero* del mercado de San Hipólito. "Cuando se aplicaba tortura, el inquisidor, el secretario con su cuaderno y papeles, el verdugo y sus ayudantes, se reunían en la cámara de tortura, y el prisionero era llevado adentro. Todo era hecho en un orden cuidadoso. El prisionero era despojado de toda su ropa; era prevenido solemnemente de que debía decir la verdad y que si el tormento llegaba a resultar en la muerte o en la pérdida de sangre o en el que su cuerpo resultara mutilado, sólo a sí mismo se debía culpar". F. Aydelotte, *op. cit.*, p. 12.
[65] *Ibid.*, pp. 12-13.
[66] R. Hakluyt, *op. cit.*, pp. 427-429; J. García Icazbalceta, *op. cit.*, pp. 125-127.

pan frita en miel",[67] caminaron con su "sambenito a cuestas, una soga al cuello y en la mano una vela de cera verde apagada"[68] por las calles de la ciudad
de México, de las cárceles del Santo Oficio al tablado de la plaza, abriéndose
paso entre la multitud que morbosa y curiosa había acudido a presenciar el
auto. Philips registró en su testimonio a algunos de los sentenciados: Roger, el
armero mayor del *Jesus of Lubeck*: sentenciado a 300 azotes y 10 años de galeras; John Gray,[69] John Browne,[70] John Moone,[71] Thomas (William) Browne,[72]
James Collier, John Rider y John Keyes.[73] Y así, refería Philips, fue pasando
uno tras otro. A unos los sentenciaban a 200, a otros a 100 azotes. A unos a seis,
a otros a ocho y a otros más a 10 años de galeras.

Entonces tocó el turno a Philips y a otros de los más jóvenes. Su castigo
sería más "benévolo": a Philips se le sentenció a servir en un convento por
cinco años con *sambenito* durante todo ese tiempo. A John Storey, Richard
Williams, David Alexander, Robert Cook, Paul Horsewell-Hawkins y Thomas
Hull, a servir en conventos, unos durante tres y otros durante cuatro años,
usando *sambenito*. A ninguno de esos jóvenes se les azotó en público.

Aydelotte asegura que:

> Siete muchachos fueron castigados (aunque con sentencias indulgentes) en el auto-
> de-fe del 28 de febrero de 1574: Miles Philips, Thomas Ebren, David Alexander, John
> Evans, William Low, John Perin y Richard Williams. Andres Martin fue reconcilia-
> do el 15 de marzo de 1574. Robert Cook, John Storey y Paul Hawkins, después de

---

[67] J. García Icazbalceta, *op. cit.*, pp. 124-125.

[68] *Id.*

[69] El trabajo de Báez-Camargo ofrece más detalles e información sobre los ingleses del grupo de Hawkins procesados por la Inquisición en México. De ese estudio se sabe que John Grey
era originario de Londres. Artillero. De los desembarcados en Tampico. Después de ser re-
mitido a México y sentenciado a servir de criado, residía en Taxco cuando cerca de 1571 lo
aprehendió la Inquisición y fue procesado por luteranismo. Estuvo en el auto de fe del 28 de
febrero de 1574, sentenciado a 200 azotes y a galeras y reconciliado. G. Báez-Camargo, *op. cit.*,
pp. 39-40.

[70] John Brown. Irlandés. Reconciliado bajo condena de 200 azotes y ocho años de galeras. En
su *sambenito* que fue colgado en la Catedral de México se leía: "Juan Brun y por otro nombre
Miguel Pérez, irlandés, natural de Morles, herege luterano, reconciliado el año de 1574". G. Báez-
Camargo, *op. cit.*, p. 31.

[71] Inglés, marinero de la expedición de Hawkins. Condenado a 200 azotes y seis años en
galeras. En su *sambenito* se leía: "Juan Mun, inglés, natural de la villa de Lu, residente en las
minas de Zacatecas, hereje luterano, reconciliado el año de 1574". G. Báez-Camargo, *op. cit.*,
p. 46.

[72] Báez-Camargo no registra ningún Thomas Browne. Como la crónica de Philips tiene
algunas imprecisiones de nombres y fechas, podría tratarse de William Brown, castellanizado
como Guillermo de Barahona. Inglés de la expedición de Hawkins que tras sufrir tormento
fue reconciliado y sentenciado a 200 azotes y seis años de galeras. G. Báez-Camargo, *op. cit.*,
p. 31.

[73] El estudio de Báez-Camargo no cuenta con información alguna sobre estas tres últimas
personas.

referir sus casos a la Suprema, fueron eventualmente castigados en el auto del 15 de diciembre de 1577.[74]

Philips narró el *horrible espectáculo* que siguió a continuación y que a fuerza de repetirse durante la Colonia marcaría por siglos a los habitantes de la Nueva España en general y de la ciudad de México en particular, quienes por primera vez en su historia presenciarían la ejecución de tal sentencia en la persona de los últimos que fueron llamados, ya al obscurecer, a pasar al estrado: el inglés George Ribley[75] y el francés Martin Cornu.[76] Báez-Camargo resume así los hechos:

Ribley, como otros reos, fue puesto en una bestia ensillada y conducido por la Calle de San Francisco,[77] y por el costado sur de la Alameda hasta el quemadero del mercado de San Hipólito.[78] Durante el recorrido, el heraldo o pregón público, Francisco Gálvez iba voceando a intervalos el "delito" de los reos, especialmente de Ribley y Cornu, sentenciados a la pena capital. Al llegar al sitio de la ejecución desmontaron a Ribley, lo ataron de pies y manos, y le dieron garrote. Luego lo quemaron con gran cantidad de leña, hasta que quedó convertido, según la crónica oficial del suceso, "en polvo y ceniza". Su sambenito se llevó a colgar a la catedral, con la de otros procesados célebres, y según la memoria leía: "1574.–Jorge Ribli, inglés, natural de Xoambra,[79] residente en las minas de Guanajuato, herege luterano relajado en persona, año 1574".[80]

Por su parte Miles Philips menciona: "Y los condenaron a ser reducidos a cenizas. En el acto los enviaron al lugar de la ejecución en la misma plaza

---

[74] F. Aydelotte, *op. cit.*, p. 10 n. 18. Los casos son registrados en el Archivo General de la Nación, tomos 52-57.

[75] George Ribley. Inglés, marinero del *Jesus of Lubeck* y de los desembarcados en Tampico. Trabajaba en Guanajuato cuando fue detenido por la Inquisición en 1571.

[76] Mediante los registros de la Inquisición y los estudios que existen sobre estos casos pueden corregirse las imprecisiones de Philips. De entre los ingleses, sólo George Ribley fue ahorcado y quemado en la ciudad de México esa noche del auto de fe del 28 de febrero de 1574. William Cornelius fue ahorcado y quemado en la ciudad de México el 6 de marzo de 1575. Seguramente Philips lo confundió años después con el francés Martín Cornú que fue quemado en la estaca el mismo día que Ribley. *Cf.* Báez-Camargo, *op. cit.*, pp. 36, 52-53, 127. Philips habla asimismo de un Peter Momfrie que fue también condenado a la hoguera el 28 de febrero de 1574. Ni Aydelotte ni Báez-Camargo mencionan algo al respecto.

[77] Hoy Avenida Madero.

[78] El *quemadero* del mercado de San Hipólito se encontraba situado en las actuales calles de Badillo y Colón en el centro histórico de la ciudad de México.

[79] Al parecer Ribley era originario de Gravesend.

[80] Esta inscripción en la versión de la lista Pichardo dice: "Jorge Ribli, inglés, natural de Desambra, residente en las minas de Guanajuato, herege luterano relaxado en persona, año de 1574. La lista Pichardo consiste en la que el padre Pichardo efectuó respecto a los sambenitos que estuvieron colgados en la catedral de México". *Cf.* G. Báez-Camargo, *op. cit.*, p. 24; L. González Obregón, *México viejo*, Librería de la Viuda de Ch. Bouret, México, 1900. G. Báez-Camargo, *op. cit.*, pp. 52-53.

del mercado, cerca del tablado, donde fueron prontamente quemados y consumidos.[81]

De *los desembarcados* en Pánuco, de esos 114 marinos *de los menos importantes* de la expedición de Hawkins, sólo dos no serían reconciliados por el Santo Oficio en México. Solamente dos no se iban a retractar de sus creencias e iban a morir quemados por la Inquisición novohispana: el mencionado George Ribley[82] y el irlandés William Cornelius.[83]

Al día siguiente continuó el espectáculo pedagógico para los habitantes de la Nueva España. Los 60 sentenciados a azotes fueron obligados a montar a caballo, para ser mejor vistos, desnudos de medio cuerpo, y a rondar por todas las principales calles de la ciudad, mientras recibían sus 100 o 200 latigazos tras los pregoneros que gritaban: "¡Mirad, estos perros ingleses luteranos, enemigos de Dios!"[84] Los inquisidores y sus familiares gritaban a los verdugos: "Duro, duro, a esos ingleses hereges, luteranos enemigos de Dios".[85]

"Dado este horrible espectáculo en torno a la ciudad",[86] los sentenciados volvieron a la Casa de la Inquisición, para concluir su condena en las galeras.

Aydelotte menciona que entre el grupo de ingleses que fueron arrestados entre diciembre de 1572 y febrero de 1573,[87] que pertenecían al grupo original que viajaba con Hawkins y que quedaron en México, se encontraban ocho muchachos que tenían entre 12 y 20 años de edad en el momento de ser arrestados. Siete de ellos fueron sentenciados en el auto de fe del 28 de febrero de 1574. Uno de estos siete muchachos era Miles Philips. Los otros seis eran

---

[81] J. García Icazbalceta, *op. cit.*, p. 126.

[82] Respecto a George Ribley y basado en varias fuentes, Báez-Camargo menciona que era marinero del *Jesus of Lubeck* y de los desembarcados en Pánuco. Trabajaba como minero en Guanajuato cuando en 1571 fue aprehendido por el Santo Oficio, llevado a la capital novohispana, relajado, ahorcado y quemado en el auto de fe del 28 de febrero de 1574 en compañía del francés Marín Cornu. Báez-Camargo, *op. cit.*, pp. 52-53.

[83] De William Cornelius, Báez-Camargo dice que se conocía también como Guillermo, Cornieles, Juan Martín y Julio Martín. Su verdadero nombre era John Martin, hijo de Peter Martin, sacristán de la catedral de Cork en Irlanda, de donde era originario. Era marinero del *Minion*, el barco de la expedición de Hawkins que huyó a Inglaterra después de la batalla de San Juan de Ulúa. Después del primer proceso colectivo de *los desembarcados* en la ciudad de México en 1568, se fue a Guatemala, donde ejercía su oficio de barbero y cirujano. En 1574 lo aprehendieron y lo remitieron a las cárceles de la Inquisición en México. Como se negó a retractarse de su fe protestante en el auto de fe del 6 de marzo de 1575 —celebrado en el convento de San Francisco, en la capilla de San José de los Naturales—, fue condenado a relajación. Fue ahorcado y entregado a la hoguera en el "quemadero" del mercado de San Hipólito. Báez-Camargo, *op. cit.*, p. 35. Hair da más detalles de los tormentos y conflictos que sufrió Cornelius en: P. E. H. Hair, "An Irishman before the Mexican Inquisition", *Irish Historical Studies*, vol. XVIII, núm. 67, marzo de 1971, pp. 297-319.

[84] *Id.*

[85] *Ibid.*, p. 127.

[86] *Id.*

[87] F. Aydelotte, *op. cit.*, p. 9. Otros de los miembros más jóvenes de la compañía de ingleses eran Robert Cook, John Storey y Paul Hawkins, cuyos casos fueron referidos a la Suprema en España y fueron eventualmente reconciliados en el *auto* del 15 de diciembre de 1577. Archivo General de la Nación, tomos 52-57.

Thomas Ebren (o Thomas Hull);[88] David Alexander;[89] John Evans;[90] William
Lowe,[91] quien fue uno de los aprehendidos en San Juan de Ulúa; John Perin[92]

[88] Miles Philips comenta que Thomas Ebren (o Hull) fue sentenciado a servir en un "convento de clérigos donde después murió". J. García Icazbalceta, *op. cit.*, p. 129. García Icazbalceta
suponía que se trataba de los jesuitas a quienes Philips confundió con clérigos seculares "a causa
del traje negro que usaban". (*Ibid.*) Báez-Camargo asegura que sirvió tres años en el convento de
Santo Domingo, "donde falleció de muerte natural". G. Báez-Camargo, *op. cit.*, p. 37.

[89] Báez-Camargo menciona que David Alexander se identificaba como Alejandro Martin cuando hacia 1584 procuraba salir de México rumbo a Filipinas a fin de escaparse del país: "Tenía
unos catorce años cuando siendo grumete del *Minion* [...] estuvo en el desastre de San Juan de
Ulúa y fue de los desembarcados y apresados en Tampico [...] Sus compañeros lo llamaban *el
muchacho*". G. Báez-Camargo, *op. cit.*, p. 23. Sirvió como criado de Manuel de Villegas y después
del propio virrey Martín Enríquez de Almansa. Posteriormente "anduvo por Tecamachalco y
luego entró a servir con el arriero Juan García Vázquez". (*Ibid.*) Una vez establecida la Inquisición en México de manera formal, el alcalde mayor de Guanajuato, Juan Sarmiento encargó al
arriero García Vázquez conducir preso a México por *protestante*, a un inglés, un tal Jorge Olivier,
y entregarlo a la Inquisición. Al entrar a la capital de México, el arriero entregó junto con Olivier
a su joven mozo David. Fue encarcelado y sometido a un proceso que duró más de un año. El 2
de enero de 1574 se le acusó de herege, de pertenecer "a la secta del malvado heresiarca Lutero
y sus secuaces". (*Ibid.*) El inquisidor Bonilla pidió la absolución del muchacho y de cuatro de sus
compañeros, ya que consideraba que eran muy jóvenes cuando salieron de Inglaterra como
para haber cometido *herejía formal*. G. Báez-Camargo, *op. cit.*, p. 24. Sin embargo, 23 días más
tarde, el tribunal votó contra él como luterano y lo sentenciaron a ser excomulgado, a que sus
bienes le fueran confiscados y a que por su buena conducta fuera reconciliado sólo después de
tres años de hábito y cárcel. Fue entonces recluido en el Convento de San Francisco. En 1575
Alexander pasó al Hospital del Amor de Dios por enfermedad y se quedó ahí a servir como
mozo. Cumplió así los tres años de su condena y el 11 de mayo de 1577 le fue levantado el
castigo de reclusión y *sambenito* y se le dio por cárcel la ciudad de México, pero se le permitió
salir por algún tiempo a Zacatecas. Philips menciona que tanto David Alexander como Roberto
Cook volvieron a servir *al inquisidor* (seguramente refiriéndose a Moya de Contreras), quien
casó a ambos *con dos negras suyas*. F. Aydelotte, *op. cit.* El 14 de febrero de 1585 lo apresaron
nuevamente acusado de *andar vestido de seda, portando armas y con intención de salir a Filipinas*. G.
Báez-Camargo, *op. cit.*, pp. 24-25. En 1589 se le menciona entre el grupo de ingleses de los cuales
los inquisidores escribieron a España pidiendo que se les perdonara "por haberse portado bien".
(*Ibid.*) El expediente de Alexander ha sido transcrito por Julio Jiménez Rueda, *Corsarios franceses
e ingleses en la Inquisición de la Nueva España*, Archivo General de la Nación, Imprenta Universitaria, México, 1945.

[90] John Evans. Fue juzgado en el *auto* del 28 de febrero de 1574 y tras servir tres años como
criado a los monjes dominicos, quedó libre en 1577: "Juan Evans, alias Juan Sámano, natural de la
ciudad de Griego (?), residente en ésta de México, herege luterano, reconciliado en 1574". G. Báez-
Camargo, *op. cit.*, pp. 37-38.

[91] William Lowe. Inglés, de la expedición de John Hawkins. Era enano, de 12 años cuando lo
procesaron. Músico. Lo apresaron en San Juan de Ulúa, y recibió sentencia junto con David
Alexander. A Low lo condenaron también por luterano, abjuró en público y quedó reconciliado
con pena de un año de reclusión en San Agustín. Lo pusieron en libertad en 1575. G. Báez-
Camargo, *op. cit.*, p. 45. Philips comentaba que obtuvo licencia para ir a España y que ahí se
había casado y quedado a vivir. J. García Icazbalceta, *op. cit.*, p. 130.

[92] John Perrin. Flamenco, marinero de la expedición de John Hawkins. Sentenciado primero
a cinco años de servicio en el convento de San Agustín, fue más tarde reaprehendido y vuelto a
procesar, de lo que sacó cuatro años en galeras. Su inscripción en la lista Pichardo dice: "Juan
Perin y por otro nombre Juan Pérez, flamenco, natural de Emden, residente en la ciudad de
(Puebla de) los Ángeles, herege luterano, reconciliado año de 1574". G. Báez-Camargo, *op. cit.*,
pp. 49-50.

y Richard Williams.[93] Aydelotte comenta que el octavo de ellos era Andrés Martin, quien fue reconciliado el 15 de marzo de 1574. En los registros del trabajo de Báez-Camargo no aparece ningún Andrés Martin pero sí comenta que David Alexander fue identificado por un tiempo como Alejandro Martin. Es posible que Aydelotte[94] haya confundido a Andrés con Alexander Martin (en realidad David Alexander) y que se tratara de la misma persona. Ambos aparecen como reconciliados el año de 1574.

Uno de los muchachos de la tripulación de Hawkins era nada menos que Paul Horsewell-Hawkins,[95] el hijo de la hermana de John Hawkins, que el día de la batalla no pudo subirse al *Minion*.

Miles Philips y William Lowe fueron encargados a los frailes agustinos, Richard Williams y David Alexander fueron entregados a los franciscanos, John Storey[96] y Robert Cook[97] a los dominicos, y Thomas Hull fue tomado como

---

[93] Richard Williams. Marino inglés de la expedición de Hawkins. Era criado de Robert Barret. Compartió su celda con William Collins. Salió reconciliado en el *auto* del 28 de febrero de 1574. "Fue condenado a cinco años de servicio forzoso en el convento de San Francisco, de la ciudad de México, pero quedó libre antes de cumplirlos en marzo de 1578. Se casó con una viuda rica de Vizcaya que le aportó 4 000 pesos de dote. Parece ser el que la lista Pichardo da como sigue: Ricart Guillens, alias Julio Sánchez, natural de la ciudad de Bristol, en Inglaterra, residente en las minas de Guanajuato, herege luterano, reconciliado en 1574". Báez-Camargo, *op. cit.*, pp. 63-64.

[94] Aydelotte basó su investigación en las traducciones de los expedientes de los archivos de la Inquisición hechas por G. R. G. Conway. F. Aydelotte, *op. cit.*, pp. 1, 10.

[95] Paul Hawkins. Miles Philips lo menciona como Paul Horsewell; también identificado con otros nombres: Pablo Haquines de la Cruz y Pablo de la Cruz. Inglés, era sobrino de John Hawkins, hijo de una hermana suya y de Robert Horsewell, muy probablemente el hijo de James Horsewell, amigo del padre de John Hawkins. Paul Horsewell-Hawkins fue de los miembros de la tercera expedición de Hawkins a las Indias Occidentales, como grumete del *Jesus of Lubeck*. Báez-Camargo dice que tenía 11 o 12 años cuando fue capturado en San Juan de Ulúa. Quizá declaró a los inquisidores una edad ligeramente menor de la que en realidad tenía pues Williamson comenta que tenía 13 años en 1568. Al parecer se le puso en libertad, pues en 1572 trabajaba en las minas de Zacatecas, cuando se le arrestó de nuevo, esta vez por la Inquisición. Salió reconciliado en el auto de fe del 15 de diciembre de 1577, con Robert Cook y John Storey. Philips dice de él que después de servir al secretario de la Inquisición como criado durante tres años, se casó con una mestiza "y esta mujer con la que casó Pablo Horsewell, dicen que es hija de uno de los que vinieron con el conquistador Cortés; trájole en dote cuatrocientos pesos y una buena casa". J. García Icazbalceta, *op. cit.*, p. 130. En 1589 los inquisidores escribieron a España solicitando que a él como a otros de los ingleses castigados se les perdonara por su buena conducta. Su *sambenito* decía: "Pablo Aquines y por otro nombre Pablo de la Cruz, inglés natural de Londres, herege luterano reconciliado, año de 1577". G. Báez-Camargo, *op. cit.*, pp. 40-41. Nunca regresó a Inglaterra. Se quedó a vivir en México, y después de ser *perdonado* por las autoridades de la Inquisición, echó raíces y se estableció su descendencia en Michoacán. *Cf.* Aydelotte, *op. cit.*, p. 11; J. A. Williamson, *Sir John Hawkins, The Time and the Man*, Oxford, 1928, pp. 254-255.

[96] John Storey. Grumete inglés de la expedición de John Hawkins. Fue de los desembarcados en Tampico, y tenía 16 años cuando fue capturado. Casóse después con una negra, y como los otros, fue reaprehendido y consignado por la Inquisición. Fue reconciliado en el *auto* del 28 de febrero de 1574. G. Báez-Camargo, *op. cit.*, p. 60.

[97] Aunque Miles Philips menciona a Robert Cook y a John Storey como si hubiesen estado entre los que fueron juzgados en el auto de fe del 28 de febrero de 1574, en los registros de la Inquisición mexicana aparecen reconciliados en compañía del sobrino de John Hawkins, Paul

criado del secretario de la Inquisición. William Lowe había sido músico de la tripulación de Hawkins, y se le impuso servir como ayudante de cocinero en el convento agustino.

Los oficiales de la Inquisición usaron como estrategia de control para los ingleses más jóvenes que habían apresado y que se quedaron en la Nueva España, el casarlos con mujeres a quienes tenían subordinadas de alguna manera. A la mayoría de ellos se les había impuesto por cárcel la ciudad de México o el país. Con el matrimonio procuraban que se asentaran y se adaptaran al modo de vida novohispano. Probablemente así sucedió con la mayoría de ellos, con excepción de Thomas Hull, quien murió joven, William Lowe a quien se le concedió *licencia para ir a España*, donde se casó, y el rebelde Miles Philips, quien determinó permanecer soltero buscando siempre la manera de regresar a su país: "Por lo que a mí toca, nunca pude resolverme a contraer matrimonio en aquella tierra, aunque me ofrecieron muchos buenos partidos de notables talentos y riquezas; pero no me agradaba vivir en un lugar donde en todos lados tenía yo que presenciar tan horrible idolatría, sin poder, so pena de perder la vida, hablar contra ella. Así es que conservaba yo siempre un vivo deseo de regresar a mi país natal".[98]

Resulta significativa la manera en que Philips se expresa de las prácticas católicas y la Inquisición española en la Nueva España como "tan horrible idolatría", de manera relativamente semejante a la que los españoles se referían a las prácticas religiosas de los nativos americanos. Es interesante también advertir el eufemismo con que García Icazbalceta tradujo esa expresión del inglés al español. Mientras Miles Philips escribía *tan horrible idolatría*,[99] Icazbalceta traducía: "el ejercicio de otra religión".[100]

Philips aprendió el oficio de tejedor de gorgoranes y tafetanes, prefiriendo esa actividad a la de volver a las minas, *donde podía juntar grandes riquezas* para pasar inadvertido de la *infernal Inquisición*[101] y de las autoridades neoespañolas quienes, por las dudas, querían persuadirlo de casarse, y al no lograr convencerlo, lo mantenían en relativa vigilancia:

> De este modo vivía yo más tranquilo y sin dar lugar a sospecha, aunque los familiares de aquel tribunal me hacían muchas veces cargo de que pensaba irme a Inglaterra y volver a ser hereje luterano, a lo cual respondía yo que no había que

---

Hawkins, en el *auto* del 15 de diciembre de 1577. Se sabe, sin embargo, que tanto Cook como Storey estuvieron sirviendo en un monasterio durante tres años, lo cual debe haber sido, como Philips menciona, en un monasterio de dominicos. Báez-Camargo menciona que en 1574 deben haber sido sentenciados a servir en los conventos y que en 1577 se les reconcilió sin castigo adicional. *Cf.* G. Báez-Camargo, *op. cit.*, pp. 35, 40-41, 60.

[98] *Cf.* R. Hakluyt, *op. cit.*, p. 43; J. García Icazbalceta, *op. cit.*, p. 130.

[99] *Such horrible idolatrie. Id.*

[100] R. Hakluyt, *op. cit.*, p. 431; J. García Icazbalceta, *op. cit.*, p. 130.

[101] *Id.*

imaginarlo, porque a ellos les constaba que no tenía medio alguno de escaparme. Mas con todo, me hizo comparecer el inquisidor y me preguntó por qué no me casaba; díjele que ya estaba comprometido en aquel oficio. Bien está, contestó el inquisidor; ya sé que piensas fugarte, y por lo mismo te ordeno so pena de ser quemado por hereje relapso, que no salgas de la ciudad ni te acerques al puerto de San Juan de Ulúa, ni a ningún otro. Respondí que obedecería de buen grado.[102]

En tales circunstancias, después de haber cumplido con la sentencia que le impuso la Inquisición, consistente en servir durante tres años a los frailes agustinos, Philips optó por aprender y dedicarse enteramente a su oficio de tejedor.

Miles Philips tuvo oportunidad de conocer directamente a la población nativa de México en dos circunstancias distintas. La primera cuando trabajó como capataz en las minas del caballero español que lo había tomado a su servicio. En esta ocasión la relación que tuvo con los mineros indígenas fue, aunque relativamente amigable, la de capataz. La segunda ocasión fue puesto por los frailes agustinos como superintendente de los trabajadores indígenas que estaban construyendo *la nueva iglesia*, y la actitud de Miles Philips hacia ellos denota un sutil cambio. Por una parte, ya no era un chico de 14 años, sino un hombre joven de 20, y por lo mismo, debía ser más maduro, pero el principal factor de cambio debió ser la experiencia que sufrió en las cárceles de la Inquisición. He aquí sus palabras al respecto:

> Me nombraron capataz de los indios que trabajaban en la construcción de una iglesia nueva. El trato con estos indios me hizo aprender perfectamente la lengua mexicana, y tenía yo gran familiaridad con muchos de ellos. Me di cuenta de que son gente cortés y amable, hábiles y de gran entendimiento. Aborrecen y detestan de todo corazón a los españoles, quienes han hecho con ellos horribles crueldades y los mantienen todavía en tal sujeción y servidumbre que tanto ellos como los negros están continuamente espiando la ocasión de sacudirse el yugo y esclavitud en que los tienen los españoles.[103]

Un factor de gran valor en esta reflexión consiste en la simpatía que el autor inglés muestra hacia ellos y el significado de esto en la discusión de la "humanidad" de los indígenas. Mientras en España aún estaba fresco ese debate, Philips, sin tener que justificar una relación de dominador-sojuzgado,

---

[102] J. García Icazbalceta, *op. cit.*, pp. 130-131.

[103] *Ibid.*, p. 128. El original dice: "I was appointed to be an overseer of Indian workmen, who wrought there in building of a new church: amongst which Indians I learned their language or mexican tongue very perfectly, and had great familiaritie with many of them, whom I found to be a corteous and loving kind of people, ingenious, and of great understanding, and they hate and abhorre the Spaniards with all their hearts, they have used such horrible cruelties against them, and doe still keepe them in such subjection and servitude, that they and the Negros also doe daily lie in waite to practice their deliverance out of that thraldome and bondage, that the Spaniards doe keepe them in". R. Hakluyt, *op. cit.*, p. 430.

debido a las amistades que logró entablar con ellos, al contacto personal coti-
diano, y *el trato con ellos*, aprende la lengua nativa y reafirma sin sospecha
alguna que son los indígenas "personas corteses, amables, talentosas y de gran
entendimiento". Esta experiencia con los indígenas fue decisiva en su trato
con ellos en adelante.

En 1579 llegaron a México noticias de que "ciertos ingleses habían desembarcado con crecida fuerza [...] en el mar del Sur[104] y venían a saquear México".[105] Philips comenta el gran temor y confusión que surgieron a raíz del
falso rumor y que muchos ricos procuraron escapar a otras ciudades a fin de
ponerse a salvo. Fue entonces cuando el virrey mandó por Miles Philips y
Paul Horsewell-Hawkins a fin de interrogarlos sobre Francis Drake.

> A mí Miles Philips y a Pablo Horsewell nos mandó llamar el virrey y nos preguntó
> si conocíamos a un inglés llamado Francis Drake, hermano del capitán Hawkins a
> lo que respondimos que el capitán Hawkins no tenía más que un hermano, hom-
> bre de unos sesenta años, quien en el presente era gobernador de Plymouth en
> Inglaterra. Y habiéndonos entonces preguntado si conocíamos a algún Francis
> Drake, contestamos que no.[106]

Aunque la noticia de que los ingleses ya habían partido del puerto del Pacífico novohispano llegó a la ciudad de México, las autoridades españolas
enviaron cuatro capitanías[107] a buscarlos, cada una con 200 hombres: una se
dirigió a San Juan de Ulúa, otra a Guatemala, una tercera a Huatulco y otra
más al puerto de Acapulco. La capitanía que se dirigía a Acapulco llevaba
como capitán al doctor Pedro Robles, quien solicitó como intérprete a Miles
Philips, que fungió como tal, con permiso de los inquisidores.

Según las apreciaciones de Philips, el barco del alcalde Pedro Robles no
reunía las condiciones que se requerían para enfrentar en lucha a la flota de
Drake: "Fui con él de intérprete, en su propio barco, que a fe mía era débil y
mal pertrechado; de manera que si nos hubiéramos encontrado con el capitán
Drake, de seguro con la mayor facilidad nos hubiera apresado a todos".[108]

Durante 20 días costearon de Acapulco a Huatulco y de ahí se dirigieron
hacia el sureste, rumbo a Panamá. Al sur de Guatemala encontraron algunos

---

[104] Philips asentó equivocadamente que los ingleses habían desembarcado y saqueado
Acapulco. En realidad fue Huatulco.

[105] R. Hakluyt, *op. cit.*, p. 432; J. García Icazbalceta, *op. cit.*, p. 131.

[106] J. García Icazbalceta, *op. cit.*, p. 131. Paul Horsewell, sobrino del propio Hawkins debe
haber señalado el hecho de que éste no tenía sino un hermano, su edad y su cargo como gobernador de Plymouth. Al parecer los interrogados procuraron desviar la pregunta comprometedo-
ra de si conocían a Drake aludiendo al hecho de que no era éste hermano de Hawkins. Ante la
insistencia de la pregunta, se vieron en la necesidad de negarlo.

[107] Una capitanía era una compañía al mando de un capitán.

[108] J. García Icazbalceta, *op. cit.*, p. 132; R. Hakluyt, *op. cit.*, pp. 433-434.

barcos que venían de Panamá con la misma misión que ellos, de quienes supieron que Drake había partido hacía más de un mes. Se volvieron entonces a Acapulco pero hicieron tierra en Huatulco[109] porque los caballeros españoles que acompañaban a Robles estaban "muy enfermos de mareo". Desembarcaron en Huatulco y decidieron emprender el regreso a México.

Philips, quien para entonces tenía unos 25 años, había llegado a abrigar esperanzas de que durante ese viaje tendría oportunidad de llevar a cabo su anhelado retorno a Inglaterra. He aquí su testimonio:

> Todo el tiempo que anduve con ellos en el mar del Sur fui un hombre alegre, porque esperaba que si nos encontrábamos con el maestre Drake, nos tomaría a todos, y de esa manera me habría liberado de los peligros y las aflicciones en las que vivía, logrando volver a mi patria Inglaterra. Mas como no le encontramos, cuando me di cuenta de que no quedaba otro remedio, sino que debíamos necesariamente volver a tierra, nadie es capaz de comprender la pena y dolor que sentí interiormente, aunque me veía obligado a aparentar lo contrario.[110]

Cuando Hakluyt solicitó a Philips que escribiera las memorias de su experiencia en México, debe haberle insistido que registrara los nombres y la ubicación relativa de las principales ciudades del país. Philips hizo un recuento de las principales ciudades por las que pasaron desde el puerto de Huatulco en su camino a México: "Tuatepec,[111] a cincuenta leguas de México; Oaxaca, a cuarenta leguas; Tepeaca, a veinticuatro"; y Puebla, donde Philips anotaba, refiriéndose al Popocatépetl, había en sus cercanías un volcán activo "donde (en Puebla) hay un gran cerro que arroja fuego tres veces al día, cuyo cerro está a dieciocho leguas al oeste (debe decir al este) de México".[112]

---

[109] Philips escribió que de regreso de Guatemala habían desembarcado en Acapulco, pero como lo comenta Icazbalceta, debe haber ahí una equivocación y debió escribir *Huatulco*. Los lugares que menciona que pasaron en el retorno a México, son los que se encontraban en la ruta de Huatulco a México. J. García Icazbalceta, *op. cit.*, pp. 131-132.

[110] R. Hakluyt, *op. cit.*, p. 434; J. García Icazbalceta, *op. cit.*, p. 133.

[111] El camino México-Huatulco-México que se utilizaba durante la primera mitad del siglo XVI, cuando ese puerto llegó a ser el principal del Pacífico novohispano por su enlace con el sureste de Asia, Centro y Sudamérica, se adaptó a las necesidades del transporte colonial siguiendo los antiguos caminos indígenas. El recorrido que pasaba por Puebla se hacía generalmente de la siguiente manera: México-Texcoco-Texmelucan-Tlaxcala-Texmelucan-Huejotzingo-Cholula-Puebla-Tepeaca-Tecamachalco-Tehuacán-Coxcatlán-Sta. María Tecomaxaca-Cuicatlán-San Sebastián Sedas-Huitzo-Etla-Oaxaca. De Oaxaca podía optarse por dos caminos: el que iba a Tehuantepec pasando por Tlacolula, San Pedro Totolapan, Nejapa y Tequisistán, o bien el que iba directamente a Huatulco, pasando por Zimatlán-Ocotlán-Ejutla-Miahuatlán-Río Hondo y Piñas.

La primera ciudad que Philips menciona en el camino de Huatulco a México es Tuatepec. Puede tratarse de Tehuantepec, lo cual significa que caminaron de Huatulco hacia el noreste siguiendo la línea costera hasta Tehuantepec y de ahí por el camino arriba mencionado hasta Oaxaca, para seguir hasta llegar a México. Otra posible interpretación de *Tuatepec* es que se tratara de Tuxtepec. De ser así, Philips la habría mencionado equivocadamente.

[112] R. Hakluyt, *op. cit.*, p. 434; J. García Icazbalceta, *op. cit.*, p. 133.

Al llegar a la ciudad de México por Iztapalapa, entraron en canoas y dieron su informe al virrey, quien estaba seguro de que tarde o temprano Drake iría a caer en sus manos "porque estando en esos mares del Sur no es posible que salga de ellos".[113] Drake, por su parte, se había desplazado hacia el oeste-suroeste de Huatulco, en espera de los vientos favorables que lo llevarían a California.[114]

El virrey Enríquez de Almansa ordenó nuevamente a Miles Philips que no saliera de la ciudad de México y permaneciera siempre en la casa de su amo por si llegaran a necesitarse sus servicios nuevamente.

Las esperanzas frustradas de toparse con Drake y volver a Inglaterra reavivaron en Philips el deseo de huir. Un mes después de haber regresado a México, y por encargo de su amo, se le permitió acompañar a unos españoles a sus haciendas en Amecameca. Iban a despachar grano y cuero hacia Veracruz, pues la flota se preparaba para salir con rumbo a Sevilla. Philips sabía que Amecameca se encontraba *a diez leguas de México* y que San Juan de Ulúa distaba de Amecameca lo equivalente a tres días de viaje; pero el hecho de salir del núcleo donde se ejercía la autoridad de manera más directa, de ese gran centro de poder que ya desde entonces era la ciudad de México, le hacía percibir que la distancia de Amecameca a San Juan de Ulúa era muy corta y que era esa su oportunidad para fugarse: "me fuí con ellos, muy bien montado y provisto [...] viendo entonces que sólo me hallaba a tres jornadas del puerto de San Juan de Ulúa, me pareció que era la ocasión más oportuna para escaparme".[115]

Philips había pasado ya 11 años en México y hablaba *perfectamente* tanto el náhuatl como el castellano, por lo que decidió escapar por San Juan de Ulúa alistándose como soldado en la flota que iba para Sevilla, haciéndose pasar por español. Una vez en España, buscaría la ocasión de llegar a Inglaterra: "Animábame a ello la circunstancia de saber perfectamente la lengua castellana, que hablaba yo como cualquier español".[116]

Huyó de Amecameca cabalgando sin parar, a veces por caminos y a veces entre la vegetación cerrada, durante dos días y dos noches. No había pasado una hora de su llegada a Veracruz, cuando fue detenido y llevado a las autoridades judiciales. Lo confundieron con el hijo de un caballero español que había huido de la casa de su padre. Fue inútil tratar de convencer a los jueces de Veracruz que no era a quien ellos buscaban. Después lo reconoció *un vendedor de gallinas* que lo había visto en México y tratando de ayudarlo dijo a los judiciales que estaban cometiendo un error e identificó a Philips como uno de

---

[113] *Ibid.*, pp. 434-435; *ibid.*, p.133.
[114] P. Gerhard, *op. cit.*, p. 74.
[115] R. Hakluyt, *op. cit.*, p. 435.
[116] J. García Icazbalceta, *op. cit.*, p. 134.

los ingleses *del capitán Hawkins*, lo cual no hizo sino empeorar la situación. Philips fue encadenado con grillos y encerrado en la cárcel por tres semanas, hasta que la flota zarpó para España.

En la cárcel se encontró con personas que habían sido sus compañeros en la prisión de México: "Los cuales se compadecían sinceramente de mí y me favorecían con algo que habían reservado de sus comidas y de lo demás que conseguían".[117]

La manera en que Miles Philips logró huir de quienes lo transportaban como prisionero de Veracruz a la ciudad de México, donde muy probablemente hubiera sido condenado por la Inquisición, la manera como sorteó los eventos de su fuga, son dignos de la mejor novela de aventuras.

Uno de los prisioneros que Philips había reencontrado en la cárcel de Veracruz, se enteró de que lo deportarían con destino a México una vez que la flota hubiera zarpado rumbo a Sevilla. Ese mismo amigo le consiguió una lima de hierro que Philips escondió en una de sus botas. A los cuatro días de haberse hecho de ese instrumento, Miles Philips fue puesto, con grillos en los pies, esposas en las manos y una argolla de hierro al cuello, en la parte trasera de una carreta cargada de mercancías recién llegadas de España que, junto con otras 60, se dirigía a la ciudad de México.

Philips se las ingenió para sacar sus enflaquecidas manos de las esposas y limarse los grillos con la lima que había escondido. Al empezar a ascender las estribaciones de la Sierra Madre Oriental, se rompió una de las ruedas de la carreta en la que Philips viajaba:

> Todo sucedió de maravilla porque al cerrar la noche, cuando ya casi todos los carreteros se habían ido a subir las carretas, viéndome solo, acabé prontamente de limar los grillos, y aprovechando la ocasión de la oscuridad, antes de que los carreteros volvieran a bajar, me escapé y me metí en los bosques inmediatos, llevando conmigo los grillos, las esposas, un poco de galleta y dos quesos pequeños. Entrando al bosque, arrojé mis hierros en un matorral espeso y habiéndolos cubierto con musgo y otras cosas, caminé solo como pude toda la noche.[118]

Philips volvía a arriesgarse por su libertad. Le quedaban por vencer aún grandes obstáculos: llegar a algún puerto, conseguir embarcarse, cruzar el Atlántico y lograr pasar de España a Inglaterra. Philips sabía que no le quedaba otra opción que la de embarcarse en Centroamérica para alcanzar la flota en Cuba. Decidió caminar con rumbo al sur. Su único punto de referencia era el camino a México: "me huí entre los bosques a la izquierda y habiendo dejado el camino de México a la derecha, determiné tomar el rumbo mismo de los

---

[117] R. Hakluyt, *op. cit.*, pp. 436-437; J. García Icazbalceta, *op. cit.*, p. 136.
[118] *Ibid.*, pp. 137-138.

bosques y montañas, tan directamente al sur como me fuese posible, de cuya manera estaba yo seguro de alejarme de aquél camino que va a México".[119]

A la mañana siguiente encontró a un grupo de indígenas que estaban a la caza de un venado. Les habló en náhuatl, se identificó con ellos y se ganó su simpatía:

> caminando a pie, con mi argolla de hierro al cuello y mi pan y queso, encontré [...] una partida de indios que andaban cazando venados para mantenerse. Habléles en lengua mexicana, díjeles cómo los crueles españoles me habían tenido mucho tiempo preso, y les rogué que me ayudasen a limar mi collar de hierro, cosa que hicieron de muy buena gana alegrándose mucho conmigo de que hubiese yo salido del poder de los españoles.[120]

Además de ayudarle a limar la argolla de hierro que llevaba al cuello y con la que no hubiese podido pasar inadvertido ante ningún español, los indígenas lo guiaron a Xalapan (Ndaxoó),[121] una comunidad mazateca en la que Miles pudo recuperarse del agotamiento y de la enfermedad y hacerse de un caballo en el que remprendió la marcha hacia el sur. Después Miles iba a tener otro afortunado encuentro. En las veredas del sur se topó con un fraile franciscano a quien ya conocía: "(lo) había yo conocido mucho en México —decía Philips— y sabía que era un buen religioso, que lamentaba la crueldad usada con nosotros por los inquisidores y ciertamente me trató con gran benevolencia".[122]

Miles no menciona el nombre del fraile para evitar perjudicarle seguramente, pero confió en él y le dio a conocer sus intenciones de procurar escapar del territorio novohispano en caso de conseguir embarcarse. El franciscano le informó cuáles eran los caminos más convenientes que debía seguir, y lo acompañó por espacio de tres días, durante los cuales se hospedaron en diversos hogares indígenas donde "les trataban y alimentaban bien" y en los que el fraile se encargaba de recoger entre ellos una especie de *ofrenda* que iba a dar a Philips el día que se despidieran, "y como siempre llegábamos a casas de los indígenas, quienes nos trataban y mantenían bien, juntó entre ellos la cantidad de 20 pesos, que el día en que nos separamos, me entregó generosamente".[123]

Con la ayuda de personas sencillas, pobladores novohispanos que de alguna manera eran disidentes de las autoridades, Miles Philips logró llegar a la ciudad de Guatemala y seguir su camino hacia el sur.

De esta manera, el joven inglés pudo pagar a dos guías indígenas para que le llevaran a Puerto de Caballos, que se encontraba a 12 días de distancia. En

---

[119] *Ibid.*, p. 139.
[120] *Ibid.*, pp. 139-40.
[121] Población situada al noreste de Teutila y al oeste de Tuxtepec. P. Gerhard, *A Guide to the Historical Geography of New Spain*, 1972, pp. 300-305.
[122] J. García Icazbalceta, *op. cit.*, p. 140.
[123] R. Hakluyt, *op. cit.*, p. 440; Icazbalceta, *op. cit.*, p. 140.

las noches encendían fuego para protegerse de los leones, tigres y onzas que abundaban entonces por la región aledaña al Puerto, "que es un buen fondeadero y no tiene castillo ni baluarte",[124] como diría el marino a sus coterráneos años después. En Puerto de Caballos había varios buques cargados. Miles se arregló con un maestre granadino para que le llevara a España por 60 pesos, a pesar de no contar con salvoconducto alguno, haciéndose pasar por andaluz.

Vendió su caballo y se embarcó. La flotilla se dirigió a Cuba, donde se unió a la Flota de Indias. Miles se alistó como soldado del navío almirante, lo que le permitió observar las circunstancias en que se encontraba la flota y en las que se llevaba a cabo el viaje.

Estaba la flota aún en la Habana, cuando llegaron de España cuatro barcos llenos de soldados y artillería que Felipe II había ordenado enviar a puntos estratégicos del Caribe: en Cuba dejaron 200 hombres y cuatro piezas grandes de bronce, "a pesar de que el castillo estaba ya suficientemente artillado".[125] A Campeche se enviaron otros 200 hombres con artillería, y doscientos también a Florida con batería. Finalmente, se enviaron 100 hombres a San Juan de Ulúa, donde según Philips había suficientes cañones "y de los nuestros —recordaba— de los que teníamos en el *Jesus* y de los demás que habíamos puesto en el lugar donde el virrey hizo traición a nuestro general".[126] A Felipe II le interesaba proteger los puertos americanos de piratas ingleses, así como salvaguardar la llegada de "la gran cantidad de riquezas que debía llevar a España"[127] la Flota de Indias. Asimismo, le preocupaba un posible ataque a los galeones por parte de don Antonio, prior de Crato, quien disputaba a Felipe II la corona de Portugal. En aquel tiempo se refugiaba en las Azores, por lo que el rey español ordenó que la flota que se dirigía de las Indias a Sevilla en ese año se mantuviera lejos de esas islas. Así pues, le escribió al general de la flota, Pedro de Guzmán, indicándole el camino que debía seguir, evitando las Azores y manteniéndose hacia el norte, notificándole asimismo el número y la capacidad de los buques de guerra franceses que apoyaban a don Antonio.

Philips afirmaba que el general de la flota fue prudente al acatar las órdenes, ya que eran muchas *las riquezas* que transportaba la flota: eran 37 buques y en cada uno de ellos iban 30 barricas de plata, "gran cantidad de oro", cochinilla, azúcar, cueros, cañafístola y otras sustancias para elaborar medicamentos. Pero observaba: "Mas si he de decir con verdad mi opinión, dos grandes buques de guerra buenos habrían hecho gran destrozo en nosotros, porque en toda la flota no había buques fuertes y bien pertrechados sino los del almirante y vicealmirante y además de la flaqueza y mal avío de los otros, estaban

[124] R. Hakluyt, *op. cit.*, pp. 440-441; J. García Icazbalceta, *op. cit.*, p. 141.
[125] R. Hakluyt, *op. cit.*, p. 441; J. García Icazbalceta, *op. cit.*, p. 142.
[126] *Id.*
[127] R. Hakluyt, *op. cit.*, p. 442; J. García Icazbalceta, *op. cit.*, p. 142.

todos tan cargados, que si se vieran acometidos, les fuera imposible resistir mucho tiempo".[128]

No obstante los peligros latentes, llegaron a las Arenas Gordas cerca de Sanlúcar sin ser atacados por barcos enemigos, pero tras haber pasado una muy mala travesía que duró del 4 de junio al 10 de septiembre. Nadie podía desembarcar hasta que se le diera licencia. Algún tripulante del barco reconoció a Miles y le dijo al maestre granadino que era inglés; el maestre amenazó a Miles con entregarlo en Sevilla:

> Como sabía bien todo esto me propuse no dar lugar a sospecha sino que continué muy jocoso y alegre, sin embargo, sabía que había llegado la hora de proveer para mi seguridad. De modo que esperé la ocasión en que el maestre estuviese durmiendo en su camarote y me descolgué por los obenques al bote del barco. Para no perder tiempo corté la cuerda que le detenía y así por el cable jalé hacia la playa. Salté a tierra y dejé que el bote se fuese por donde fuese. De esta manera, con la ayuda de Dios, escapé aquel día y no me detuve un instante en Sanlúcar sino que toda la noche anduve por el camino que había visto tomar a otros que iban a Sevilla a donde llegué la mañana siguiente.[129]

Una vez en Sevilla, Miles Philips buscó prontamente un maestre con el que pudiera desarrollar su oficio, que era el de tejer tafetanes, y se dedicó a su trabajo sin atreverse "a salir para nada a la calle temiendo ser reconocido".[130]

Miles Philips había llegado a conocer tan bien a los españoles que no sólo hablaba sino que también actuaba como ellos. A los cuatro días de estar trabajando como tejedor, Miles escuchó comentar a sus compañeros que se rumoraba que un inglés había llegado con la Flota de Indias y que se le buscaba empeñosamente. Miles se apresuró a externar su vehemente comentario: "Vaya un hereje luterano, ojalá le conociera, que de seguro le entregaría al Santo Oficio".[131] Continuó trabajando puertas adentro, fingiendo estar un poco enfermo. A los tres meses de su llegada y de esa rutina, pidió que se le pagara su sueldo y se compró ropa, totalmente diferente de la que había usado a bordo. Pero continuó escondido hasta el día que en Sanlúcar había unos barcos ingleses que zarparían muy pronto para Inglaterra. Se dirigió a Sanlúcar, tomó un bote y se acercó a los buques ingleses buscando al maestre. Al encontrarlo, le pidió que lo llevara a Inglaterra y, en secreto, Miles Philips le confesó que él era "uno de los que el Capitán Hawkins había echado en tierra en las Indias".[132]

---

[128] J. García Icazbalceta, *op. cit.*, p. 143; R. Hakluyt, *op. cit.*, p. 442.
[129] R. Hakluyt, *op. cit.*, p. 443; J. García Icazbalceta, *op. cit.*, p. 144.
[130] R. Hakluyt, *op. cit.*, pp. 443-444; J. García Icazbalceta, *op. cit.*, p. 144
[131] R. Hakluyt, *op. cit.*, p. 444; J. García Icazbalceta, *op. cit.*, pp. 144-145.
[132] J. García Icazbalceta, *op. cit.*, p. 145; R. Hakluyt, *op. cit.*, p. 444.

Esta ocasión en Sanlúcar era la primera vez que en todo ese tiempo se encontraba con un coterráneo en libertad y, además, ya muy cerca de su país. La respuesta fue desoladora: "Me suplicó muy cortésmente que le excusase porque no quería tener nada que ver conmigo y, por tanto, me rogaba que me volviese por donde había llegado".[133]

Con lágrimas, Miles se despidió de su paisano. No regresó ya a Sevilla; se fue al puerto de Santa María, a tres leguas de Sanlúcar y, desesperado, se alistó para trabajar en las galeras del rey de España. Llegó a Canarias en los últimos días de las fiestas de Navidad. Allí encontró dos buques ingleses, uno de Londres y uno de Gales, que estaban cargados y listos para zarpar, esperando solamente un viento favorable. Miles se acercó al maestre del barco galés y esta vez no cometió el error de revelarle su verdadera identidad. Le dijo solamente que era inglés y que había ido a España a aprender la lengua, que había permanecido ahí dos años y que ya quería regresar a su país para ver a sus amigos. Así, después de pagar su pasaje, Philips se embarcó por fin rumbo a Inglaterra. De esta manera, habiendo padecido "muchas, diversas y muy grandes dificultades"[134] y después de 16 años de ausencia, Miles Philips regresó a su natal Inglaterra en febrero de 1582, en un buque llamado *Landret* y desembarcó en Poole.

Miles había salido de Inglaterra siendo un muchachito de 14 años. Regresó a su país siendo un hombre de casi 30 años en un momento político en el que las tensiones contra España estaban a punto de desbordarse.

En cuanto el geógrafo Richard Hakluyt se enteró del retorno de uno de los hombres de Hawkins, lo localizó y le solicitó un informe escrito de su experiencia. Philips la escribió con presteza y Hakluyt la publicó bajo el título de *El discurso de Miles Philips, uno de la Compañía de Sir John Hawkins, que fue desembarcado en la bahía de México, relativo a las tiránicas y más sangrientas crueldades de los españoles contra él y sus compañeros en México*, en su obra *The Principall Navigations*... en el año de 1589. Hakluyt reimprimió el escrito de Philips en la segunda edición de su obra compiladora durante 1598-1600, con un título que se refiere más al territorio y menos a las crueldades hispanas.

JOB HORTOP, SU NARRACIÓN Y SU SUERTE EN LA NUEVA ESPAÑA

La crónica de Job Hortop es muy interesante, semejante a la de Miles Philips en el recuento de los hechos, pero difiere de ella en el estilo de expresarse y en la manera de percibir algunos sucesos con una actitud un tanto medieval al

---

[133] *Id.*
[134] R. Hakluyt, *op. cit.*, pp. 444-445; J. García Icazbalceta, *op. cit.*, p. 145.

hacer muchas alusiones a monstruos y a un destino difícil de cambiar.[135] La manera en que Job empieza su narración es muy significativa: "No sin verdad, no sin causa, dijo Job, el fiel siervo de Dios que el hombre nacido de mujer, vive un tiempo muy corto y es colmado con muchas miserias, las cuales algunos conocen por la lectura de historias, otros por ver las calamidades de otros y yo por mi propia experiencia, como el presente tratado mostrará a continuación".[136]

Job Hortop comenta haber nacido en Bourne, Linconshire, y que desde la edad de 12 años fue aprendiz del hacedor de pólvora de la reina en Redriffe, cerca de Londres, hasta el día en que John Hawkins lo solicitó para ser uno de sus artilleros en el tercer viaje de tráfico de esclavos hacia las Indias Occidentales.

Hortop era muy joven, de unos 16 años, cuando se embarcó con Hawkins,[137] pero no fue contado entre los más jóvenes de los ingleses que fueron juzgados por la Inquisición novohispana, ya que fue enviado a España junto con algunos de los miembros más importantes de la expedición de Hawkins que habían quedado en México después de la batalla en Veracruz. En su narración muestra tener cierta familiaridad con los líderes de la Compañía y conocimiento de los rangos de muchos de sus compañeros. Por alguna razón que no queda clara, cerca de 1570, un año antes de que la Inquisición se estableciera formalmente en México con la llegada de Pedro Moya de Contreras, Hortop

---

[135] En su narración Job Hortop habla a menudo de monstruos, la descripción de algunos de los cuales se apega más a la de seres mitológicos que a la realidad: en Sierra Leona había "peces monstruosos llamados tiburones, que devoran a los hombres, caballos marinos capaces de voltear lanchas y llevarse a sus tripulantes". Describe así a los hipopótamos:

Este monstruo tiene justo la proporción de un caballo, excepto que sus piernas son cortas, sus dientes muy grandes y son de un palmo de largo. En las noches suelen ir a tierra, por entre los bosques, buscando a algún descuidado de entre los negros para devorarlo. Pero ellos se previenen montando guardias y los matan a su manera: los espían y esperan su llegada diligentemente; cuando llegan a los bosques, ponen en el camino un gran tronco de árbol, de modo que el animal regrese, ya que por tener piernas tan cortas no puede pasar sobre el tronco. Entonces los negros se avalanzan sobre él con sus lanzas, flechas y dardos y así lo destruyen. R. Hakluyt, op. cit., pp. 446-447.

Ya en América, en río de la Hacha, mataron a un "monstruoso lagarto o cocodrilo"; en Placencia (cerca de Borburata, hoy Venezuela) "encontramos una monstruosa serpiente venenosa con dos cabezas".

Refería que cuando él y sus compañeros fueron enviados a España, mandaban al rey Felipe en la misma flota y proveniente de China el esqueleto de un gigante de talla monstruosa, con un cráneo equivalente a un contenedor de ocho litros y el largo de su pierna del tobillo a la rodilla como el de "cualquier hombre del tobillo a la cintura". En ese mismo viaje, en la etapa de La Habana a Sevilla, cerca de Bermuda, aseguraba que habían visto un monstruo marino que tres veces se les había mostrado de la cintura hacia arriba y que en dichas partes tenía forma humana "con facciones como de mulato o de un indígena moreno". R. Hakluyt, op. cit., pp. 445-465; J. García Icazbalceta, op. cit., pp. 147-172.

[136] R. Hakluyt, op. cit., p. 445.

[137] F. Aydelotte, "Elizabethan Seamen in Mexico and Ports of the Spanish Main", The American Historical Review, vol. XLVIII, núm. 1, octubre de 1942, p. 4; J. A. Williamson, Hawkins of Plymouth, Adam y Charles Black, Londres, 1949, p. 106.

fue incluido con Barret y otros cinco ingleses, entre ellos el niño Richard Barret, hijo de Robert, entre los que serían enviados ese año a Sevilla para ser juzgados por la Inquisición.

La narración de Hortop no es tan amplia como la de Philips en los asuntos novohispanos, pero presenta más detalles que aquél en lo que respecta a la primera fase del viaje. Asimismo, Job proporciona mayor número de datos del desembarco en Pánuco a la llegada a Tampico; habla de los diferentes grupos en los que se dividieron los desembarcados a fin de explorar el territorio y menciona los nombres de los que actuaron como líderes de los grupos. También describe cada uno de los encuentros que tuvieron con los chichimecas. Respecto a esto, Miles Philips generaliza hablando sólo del "encuentro" con los indios salvajes. Hortop pareciera recordar más específicamente esos primeros encuentros con los indios de Aridoamérica, probablemente debido a que el periodo que pasó en la Nueva España fue mucho menor que el que pasó Philips. Hortop no es muy prolijo al describir los productos regionales del territorio novohispano. Hace una rápida mención de la langosta, del aguacate y del uso integral que los indígenas daban al maguey, así como de los grandes y frecuentes terremotos que ocurrían en la ciudad de México, diciendo que durante los dos años que habitó ahí (c. 1568-1570) sucedieron seis terremotos "que derribaban árboles, casas e iglesias". La impresión que Hortop se llevó a Europa de los indígenas novohispanos fue la que le dejaron esos chichimecas en los primeros días después de desembarcar en el noreste de México:

Y así nuestro General regresó a su embarcación y nosotros permanecimos en tierra, donde por nuestra seguridad montamos guardia toda la noche, temiendo a los indios salvajes que se encontraban cerca de nosotros, y cuando amanecía seguíamos nuestro camino, en una fila de tres en tres, hasta que llegamos al claro de un bosque, donde llegaron los indios hacia nosotros, preguntándonos quiénes eramos y cómo habíamos llegado. Dos de nuestra compañía, llamados Anthony Goddard y John Cornish, fueron hacia ellos porque sabían hablar la lengua castellana, y les dijeron que éramos ingleses, que nunca antes habíamos estado en ese país y que habíamos luchado con los españoles y que por falta de vituallas nuestro general nos había desembarcado. Nos preguntaron hacia dónde intentábamos ir y les dijimos que hacia Pánuco. El Capitán (sic) de los indios quiso que le diéramos algunas de nuestras ropas y camisas, lo cual hicimos. Entonces él nos mandó que le diéramos todas, pero nosotros no lo hicimos, entonces John Cornish fue asesinado por una flecha que le disparó un muchacho indígena que estaba parado con el capitán. Por lo cual él golpeó al muchacho con su arco en el cuello, de manera que éste cayó muerto, y quiso que lo siguiéramos y nos llevó a un gran campo donde encontramos agua dulce. Nos invitó a que nos sentáramos en el estanque y bebiéramos, y mientras tanto, él y su compañía irían y matarían cinco o seis venados y nos los darían. Permanecimos ahí hasta las tres de la tarde, pero no regresaban. Entonces uno de nuestra compañía, cuyo nombre era John Cooke, con otros cuatro, se separaron de nosotros hacia un bosque a buscar ayuda, pero fueron capturados por los indígenas y desvestidos totalmemte como cuando nacieron, y así regresaron a nosotros.

Entonces nos dividimos en dos grupos para buscar Pánuco, la mitad iría con Anthony Goddard y el resto fue con James Collier. Anthony Goddard se despidió de nosotros y pasaron un río donde los indios les robaron sus ropas a muchos de ellos y siguiendo su camino llegaron a una colina rocosa donde permanecieron esa noche. Ese día James Collier con su compañía cruzaron el mismo río y fueron también robados y uno de ellos fue asesinado por accidente. Esa noche llegamos a la colina donde descansaban Anthony Goddard y su compañía, y ahí nos quedamos hasta el amanecer y de ahí marchamos juntos pasando por dos bosques donde los indios nos robaron todas nuestras ropas y nos dejaron desnudos, hirieron a muchos y mataron a ocho de nosotros. Tres días después llegamos a otro río donde los indios nos mostraron el camino a Pánuco y nos dejaron. Cruzamos el río hacia la espesura, donde tejimos algunas hierbas y las amarramos a nuestros cuerpos para protegerlos del sol y de los insectos de aquel país. Para llegar a Pánuco viajamos siete días y siete noches alimentándonos de raíces y guayabas, un fruto parecido al higo.[138]

Después de llegar a Pánuco, la narración sigue una secuencia parecida a la que Philips informa, el encuentro poco amistoso con los españoles en Pánuco y el traslado a la ciudad de México.

El primer lugar al que llegaron en la capital novohispana fue al palacio virreinal. Fueron sentados en la Plaza Mayor, adonde mucha gente se acercaba a verlos y algunos de los clérigos les preguntaban si eran cristianos, a lo que los ingleses respondían que lo eran y tan buenos como ellos. Al día siguiente, dos frailes y dos sacerdotes volvieron a ellos para que recitaran sus oraciones en latín a fin de comprobar que eran católicos. Hortop afirma: "muchos de nuestra compañía lo hicieron, por lo que ellos regresaron al virrey diciéndole que éramos buenos cristianos y que les caíamos bien, y entonces nos trajeron mucha ayuda con ropas y nuestros enfermos fueron llevados a sus hospitales donde muchos fueron curados y muchos murieron".[139]

Aquellos ingleses que supieron recitar las oraciones en latín, lo que en el momento les valió de mucho, eran sin duda los más viejos de la Compañía, aquellos que habían nacido antes de la década de los años treinta cuando se dio la Reforma anglicana y, por tanto, habían sido enseñados según el rito católico. Pero los demás corrieron otra suerte:

El virrey se preparó para colgarnos e hizo alzar un par de horcas nuevas para ejecutarnos, pero los nobles de aquel país no lo consintieron, sino que le rogaron que esperara hasta que la embarcación de avisos trajera noticias del rey de España sobre lo que se debería hacer con nosotros [...] Entonces el virrey ordenó que se nos

---

[138] R. Hakluyt, *op. cit.*, pp. 455-456.
[139] *Ibid.*, p. 458.

llevara a una isla y envió llamar al obispo de México, quien envió cuatro sacerdotes a la isla para examinarnos y confesarnos, de acuerdo con las leyes del país. Ellos regresaron al obispo y le dijeron que nosotros éramos muy buenos cristianos. El obispo certificó al virrey nuestras examinaciones y confesiones y le dijo que éramos muy buenos cristianos, de modo que él ya no intervendría con nosotros. [140]

Es interesante notar que en los casos en que los frailes y sacerdotes comunes entrevistaron a los ingleses, quedaron con una buena impresión respecto de ellos, y que al parecer era el virrey Enríquez de Almansa quien les seguía teniendo mala voluntad. Algunos años más tarde, cuando se estableció la Inquisición en la Nueva España, los sobrevivientes de los marinos ingleses fueron los primeros en comparecer ante ella, y aunque sus antecedentes delictivos tenían que ver realmente con cuestiones políticas más que religiosas, fueron juzgados por "perros, herejes luteranos, enemigos de Dios" y no por piratas.

El artillero inglés informa que, "en ese año" (c. 1569), un primer grupo de ingleses, entre los que se contaba Anthony Goddard,[141] fue enviado a España con el virrey. El resto permanecería en México por dos años más y, posteriormente, serían enviados a España con Juan de Velasco y Varre".[142]

Por alguna razón, quizá por participar en la rebelión de algunos de los ingleses cuando trabajaban en el obraje de Texcoco,[143] Job Hortop fue uno de los miembros del grupo inglés enviados a Sevilla hacia 1570, para ser presentado al Santo Oficio en España.[144] Al principio del viaje el general de la Flota, Diego Flores de Valdés, les preguntó si estarían dispuestos a luchar contra otros ingleses si se los encontraran como adversarios durante el trayecto, a lo que los ingleses repusieron que no lo harían, pero que si cualquier otro adversario llegara a presentarse ante la flota española, lucharían junto con los españoles, respuesta que satisfizo a Diego Flores. En La Habana se les unieron a los navíos provenientes de Nombre de Dios y durante los 15 primeros días de viaje Juan de Velasco y Varre actuó como general de las dos flotas. Durante ese tiempo, un tanto por casualidad, Job Hortop y Robert Barret impidieron que naufragaran en cabo Cañaveral, pues estuvieron a punto de chocar. El general les quedó muy agradecido y, en cambio, quería colgar a su propio timonel. Fue disuadido por Diego Flores de Valdés.

Durante la travesía los ingleses fueron tratados de manera bastante amistosa. Sin embargo, estaban conscientes del peligro que les esperaba en Sevilla.

---

[140] *Ibid.*, pp. 458-459.
[141] *Vide supra.*
[142] *Op. cit.*, p. 459.
[143] *Vide supra.*
[144] Fueron siete a los que llevaron en esa ocasión a la Península: Robert Barret, maestre del *Jesus of Lubeck* y su hijo, Richard; William Cawse, oficial de cubierta; Job Hortop, artillero; John Beare, ayudante de timonel, y Edward Rider y Geffrey Giles, marinos ordinarios.

Cerca de llegar a tierra, Robert Barret se puso de acuerdo con sus coterráneos y decidieron escapar una vez llegados a Terceira, en la lancha del buque. Ya preparados con pan y agua, Barret pidió prestada una brújula al almirante artillero, quien sospechó sus planes, lo comunicó al general y fueron descubiertos, lo cual les perjudicó en gran manera. Robert Barret fue puesto en la estaca colgado de la cabeza con bolas de hierro atadas a sus pies. El resto de los ingleses fue colgado de las estacas por los pies. El general Juan de Velasco estaba dispuesto a ahorcarlos, pero Diego Flores de Valdés lo calmó y lo convenció de no hacerlo, diciéndole que esperaran mejor al juicio de la Casa de Contratación de Sevilla.

Al llegar a Sanlúcar los siete ingleses fueron llevados a Sevilla en un bote, aún puestos en la estaca. Permanecieron presos en la Casa de Contratación por un año.[145] Al cabo de ese año, siete lograron escapar, entre ellos Richard Barret, pero Job Hortop, Robert Barret, John Emerie, Humphrey Roberts y John Gilbert fueron atrapados y devueltos a la Casa donde permanecieron en la estaca *por un cierto tiempo*. De ahí pasaron a la Gran Prisión de Sevilla por un mes y después al castillo de la Inquisición en Triana. Ahí estuvieron un año, pasado el cual, hacia 1573,[146] se hizo un *auto de fe*[147] en el que los sacaron en procesión, candela en mano y vistiendo el *sambenito*, hasta la calle principal de Sevilla, San Francisco, donde se había preparado un andamio para exponer a los acusados frente a los inquisidores. La gente los observó con atención, algunos lamentaban su situación y otros gritaban: "¡quemen a esos herejes!" Después de horas de espera y de sermones se dictaron las sentencias: Robert Barret y John Gilbert[148] fueron condenados a la hoguera. Ese mismo día se cumplió la sentencia. Job Hortop y John Bone fueron sentenciados a remar en las galeras por 10 años y después regresar a la casa de la Inquisición, a usar el *sambenito* y permanecer en España como prisión de cadena perpetua. Thomas Marks y Thomas Ellis fueron enviados a las galeras por ocho años, y Humphrey Roberts y John Emery, condenados a servir por cinco años en galeras. Al día siguiente Hortop fue enviado a las galeras, encadenado. No remó por 10 años sino por 12, para el rey de España.

---

[145] Al parecer, durante ese tiempo fueron llevados a las cárceles de Sevilla otros de los ingleses apresados en México.

[146] G. Báez-Camargo, *op. cit.*, p. 26.

[147] Por el escrito de Hortop se entiende que en ese auto de fe se juzgaron también a otros ingleses que se hallaban en las cárceles inquisitoriales de Sevilla. La mayoría de ellos era de los apresados en la Nueva España.

[148] Báez-Camargo informa de un John Gilbert, "inglés de la expedición de Hawkins y de los desembarcados en Tampico", que salió reconciliado en el auto del 28 de febrero de 1574 de la ciudad de México, penado con 300 azotes y 10 años de galeras. La ejecución de Robert Barret en Sevilla en 1573 es confirmada por Báez-Camargo. G. Báez-Camargo, *op. cit.*, p. 26.

Los 23 años de ausencia de Job Hortop

Los recuerdos de Hortop de aquellos 12 años que pasó en las galeras, demuestran que se mantuvo en los niveles más bajos de supervivencia: que la ración diaria de un remero eran unos 700 gramos de pan negro y agua; que la dotación de ropa para un año eran dos camisas, dos calzoncillos de lana burda, un saco rojo de lana burda que debían usar todo el tiempo, bajo el sol y bajo la sombra y una bata de vello con capucha de fraile. Que su lugar de habitación era en cubierta y en las bancas de las galeras; que sus cabezas y barbas eran rasuradas una vez al mes. En suma, decía con melancolía, "hambre, sed, frío y harapos no nos faltaron, hasta que se cumplían nuestros diferentes tiempos".[149]

Hortop estuvo fuera de su país durante 23 años, prácticamente todo el tiempo como prisionero: dos años en México, uno en la Casa de Contratación de Sevilla, uno en el castillo de la Inquisición en Triana, 12 en las galeras del Mediterráneo "sirviendo al rey de España", cuatro años usando *sambenito* como parte de su cadena perpetua y tres años en libertad relativa sirviendo al tesorero de Felipe II, Fernando de Soria. De esos 23 años de cautiverio, Hortop registró en su escrito las peripecias de los cuatro años previos a su llegada a España. A los 19 años que pasó en ese país después de su auto de fe les dedicó un espacio sumamente reducido. Hacia1590 Job Hortop se trasladó de Sevilla a Sanlúcar y se las ingenió para aventurarse en una embarcación flamenca que se dirigía a Flandes. En el estrecho de Gibraltar ocurrió un suceso fortuito y afortunado: un barco pirata inglés llamado el *Galeón Dudley* atacó a los flamencos y se llevó a Hortop a Portsmouth.[150] El chico de 16 años que había salido de Inglaterra, ahora regresaba casi a los 40, con una extraordinaria y amarga experiencia que contar. Una vez en su patria, el subteniente de Portsmouth lo envió a presentarse al conde de Sussex para rendir un informe, hecho lo cual, se fue a vivir a Redriffe. Unos siete años después de su llegada a Inglaterra, su informe aparecería escrito en la segunda edición de *The Principal Navigations* de Richard Hakluyt.

Hortop regresó a su país alrededor de 1591, un año después de que Hakluyt publicara su primera edición de *The Principall Navigations...*, William Wright publicó en Londres su informe en ese año de 1591, bajo el título de:

> Los raros trabajos de Job Hortop, un inglés de quien no se escuchó durante el espacio de veintitrés años. En el que se declaran los peligros de los que escapó en su viaje a Guinea, donde después de que fue desembarcado en una selva cerca de Panico (*sic*), padeció muchas esclavitudes y prisiones en las galeras españolas. Donde también él descubre muchas cosas extrañas y maravillosas que presenció

---

[149] R. Hakluyt, *op. cit.*, p. 464.
[150] Esto parece haber sido el 2 de diciembre de 1590.

durante el tiempo de sus sufrimientos, concernientes también a gente nativa y salvaje, así como a diferentes monstruos, bestias, peces y focas y también árboles de forma y calidad maravillosa...

El informe de Job Hortop cubría una serie de noticias extrañas de tierras lejanas y experiencias mórbidas respecto a España que el pueblo británico, en general, y la aristocracia londinense, en particular, estarían ávidos de leer.

LA EXPERIENCIA DE LOS MARINOS DE JOHN HAWKINS EN LA NUEVA ESPAÑA. SU LEGADO A LAS ISLAS BRITÁNICAS

Los acontecimientos que rodearon la llegada y permanencia de los marinos ingleses desembarcados por Hawkins en el noreste novohispano tenían como trasfondo un profundo antagonismo ideológico entre las autoridades hispanas y las altas esferas británicas. Tocó a los marinos de Hawkins pagar por ser ingleses en ese momento y en ese país.

Un número considerable de los sobrevivientes de Pánuco se quedaron a vivir en la Nueva España, donde se casaron y asentaron. Su descendencia no ha sido rastreada todavía.

Fueron estos marinos quienes sirvieron para abrir los primeros juicios inquisitoriales en la Nueva España como ejemplo para la población mestiza e indígena del país, que no se atrevería durante siglos a optar por la disidencia religiosa de manera abierta.

A diferencia de los mercaderes ingleses, los marinos de Hawkins en la Nueva España no pretendían establecerse en el país. Lo percibieron como un territorio adverso donde debían ceñirse a lo estipulado por las autoridades hispanas.

Por su parte, las narraciones escritas de Miles Philips y Job Hortop dejaron en Inglaterra una huella eminentemente hispanófoba. Las circunstancias que estos marineros vivieron en la Nueva España, y particularmente su experiencia con la Inquisición, Philips en México y Hortop en España, fueron determinantes para reforzar esa visión inglesa. Los informes escritos por Miles Philips y por Job Hortop encontraron lectores y transmisores orales en la isla británica, animaron los resentimientos y las hostilidades hacia España y pasaron de generación en generación en Inglaterra la información sobre la Nueva España.

Podemos señalar algunas consecuencias de la presencia de los viajeros isabelinos en la Nueva España.

EPÍLOGO

América en general, y la Nueva España en particular, desempeñaron un papel singular en el reordenamiento de poderes imperiales europeos en el siglo XVI, particularmente significativo para Gran Bretaña.

La existencia de América y los viajes realizados hacia el occidente por los europeos, contribuyeron a cambiar las áreas estratégicas de la Europa medieval. A partir del siglo XV, el centro geopolítico más importante cambió del Mediterráneo a los países de la Europa atlántica, que se encontraron en una posición más ventajosa para acercarse al recién conocido territorio y a las nuevas rutas oceánicas. Inglaterra, que se encontraba lejos del Mediterráneo, "en el extremo occidental de todas las cosas", pasó a ocupar la primera línea en una posición privilegiada.

Durante el siglo XVI, el territorio novohispano adquirió un atractivo creciente en el plano internacional.

Los mercaderes ingleses asentados en la península ibérica fueron la punta de lanza de Inglaterra que, durante los primeros años de coloniaje en la Nueva España, animaron la exploración, el comercio y, eventualmente, la colonización anglosajona del territorio iberoamericano.

Hasta las primeras décadas del siglo XVI, los ingleses practicaron el comercio con el Medio Oriente y con Marruecos, pero los riesgos que ese tipo de tráfico tenía que afrontar, debido en gran parte a los piratas turcos, llevaron a su suspensión durante varias décadas. Como consecuencia, algunos mercaderes ingleses que tenían como base el sur de España dirigieron su atención a un territorio mucho más atractivo y prometedor en ese momento histórico: la Nueva España.

Los mercaderes ingleses de principios del siglo XVI que habitaban en Andalucía quedaron muy impresionados por la cantidad y diversidad de productos americanos que cada año arribaban a Sevilla, por lo que llegaron a percibir a la Nueva España como un país de abundantes riquezas y vastas oportunidades. Algunos comerciantes que poseían recursos e influencia dentro del círculo mercantil inglés se convirtieron en hábiles estrategas de la política anglo-española. Entre los "comerciantes aventureros" que se involucraron en el comercio con la Nueva España, había quienes destacaban por sus habilidades en cosmografía, hidrografía y navegación y por sus experiencias en tierras lejanas. Estos mercaderes fueron los primeros ingleses que —en esa época temprana de la colonización novohispana— animaron la exploración, el comercio y, eventualmente, la colonización anglosajona del territorio americano.

Durante la segunda mitad del siglo XVI, importantes miembros de corporaciones comerciales inglesas viajaron a la Nueva España. Algunos, con las intenciones de establecerse en el país. Estos individuos fueron los primeros extranjeros no españoles que como agrupación organizada se desplazó al territorio. Cuatro de estos mercaderes escribieron informes detallados de su experiencia, de la organización y la producción de la Nueva España. Esos informes fueron publicados en Inglaterra en las últimas décadas del siglo XVI y formaron parte del mosaico de descripciones que Hakluyt recopiló acerca del territorio novohispano. Esa información se difundió entre la población alfabeta de Inglaterra desde finales de la década de 1580.

Las tensiones políticas entre Inglaterra y España crecieron y se incrementaron a partir de 1540, como respuesta a la Reforma anglicana. Los mercaderes ingleses que comerciaban en Andalucía y que traficaban también con las Indias Occidentales, sufrieron persecuciones y represiones por las autoridades españolas. Estos hechos fortalecieron el nacionalismo inglés en contra de España y se sumaron a la decisión de los hombres de Estado de Inglaterra y de los navegantes de ese país de competir con la península ibérica por las riquezas de América, lo cual dio como resultado la disposición de los particulares ingleses a lanzarse a las aguas del Atlántico a saquear naves españolas y la organización de viajes piratas ingleses hacia los desprotegidos puertos americanos. Los piratas de nacionalidad inglesa, y en particular los de la época isabelina, fueron notablemente activos en los puertos y mares americanos.

Sin la piratería inglesa en las costas americanas el destino de Inglaterra como imperio hubiera sido otro. Las incursiones de Hawkins, Drake y Cavendish en aguas novohispanas y sus avatares en estos mares constituyeron un antecedente contra el cual debió medirse la supremacía naval española, con las consecuencias desastrosas del caso.

La batalla de San Juan de Ulúa dejó lecciones que, destiladas en el rencor de Drake y Hawkins, fueron bien aquilatadas por la ingeniería naval y transformadas en un impulso poderoso a la empresa de la piratería inglesa en la Nueva España, pues como tácitos embajadores de la Corona de Inglaterra, la "traición española" constituía una ofensa nacional. Curiosamente, el éxito ulterior del Imperio británico debe mucho al fracaso de la experiencia inglesa en el puerto novohispano de San Juan de Ulúa.

En el contexto americano del siglo XVI, la Nueva España era un territorio de significación especial para la Metrópoli debido a su extensión, su organización política y económica, su población, su cercanía con las Antillas y su función de enlace entre Europa y Asia. Debido a eso, la Nueva España no fue el blanco principal de los ataques piratas isabelinos. Sin embargo, tres de las principales figuras de la Inglaterra de Isabel I dejaron su huella en la Nueva España del siglo XVI. Con intervalos de una década, John Hawkins en 1568, Francis Drake en 1578 y Thomas Cavendish en 1587 desafiaron a las autoridades novohispanas en diferentes puntos estratégicos del virreinato.

En 1568 John Hawkins y su flota tomaron como refugio de las tormentas tropicales el único puerto del Atlántico novohispano, que concluyó en una batalla entre su compañía y la del virrey Enríquez de Almansa, en la que la escuadra inglesa resultó vencida. Las circunstancias que rodearon la batalla de San Juan de Ulúa llevaron a un notable deterioro de las relaciones políticas entre España e Inglaterra. Después de lo ocurrido en Veracruz, alrededor de 1570, el virrey Martín Enríquez de Almansa ordenó la construcción del fuerte de San Juan de Ulúa. Por su parte, John Hawkins y los sobrevivientes de la batalla que después de varios años pudieron escribir la versión inglesa del suceso, propagaron en Inglaterra una explicación en la que se mostraban a sí mismos como víctimas de la traición de los españoles. Los escritos de Hawkins y los de su Compañía fueron también recopilados, enfatizados y publicados por Richard Hakluyt en 1589, y nuevamente en 1600. La interpretación inglesa de esa batalla, a la que Hakluyt hacía tanta propaganda, difundió en su momento un sentimiento de hispanofobia entre el pueblo inglés y animó incursiones piráticas sucesivas. Esa versión se mantuvo vigente en la historiografía inglesa, sin muchos elementos de autocrítica, hasta bien entrado el siglo XX. Por su parte, tras la experiencia de San Juan de Ulúa, John Hawkins se vio movido a realizar cambios y modificaciones en las embarcaciones inglesas, de lo que resultó un nuevo modelo en ingeniería naval que se propagaría por toda Europa para finales del XVI. Los esfuerzos de Hawkins se tradujeron en la remodelación de la Marina Real isabelina. En 1588 Inglaterra festejaría su gran victoria sobre la Armada Invencible de España.

Durante sus múltiples correrías contra las autoridades españolas, Francis Drake hizo alusión a la batalla de San Juan de Ulúa, en la que estuvo presente. Detrás de sus actividades de investigación, observación y captura, yacía el móvil de vengarse de los españoles y "obtener algunas compensaciones de sus pérdidas en San Juan de Ulúa".

En 1578 Francis Drake llegó a las costas de Huatulco. Para esas fechas el asentamiento había menguado en importancia respecto a la que tenía en décadas anteriores, cuando era el puerto internacional del Pacífico novohispano. Drake sorprendió, saqueó y quemó las construcciones principales del asentamiento y obtuvo un botín relativamente valioso. Pero lo que en realidad le hizo "sentirse suficientemente satisfecho y vengado" fue el haber logrado burlar a las autoridades novohispanas en uno de sus puntos estratégicos.

La llegada de Drake a Huatulco conmocionó a todo el virreinato novohispano. Para 1578, Drake era ya un personaje mítico al que los ingleses admiraban y los españoles temían de manera particular. Mientras Drake cruzaba el Pacífico rumbo a Manila, las autoridades novohispanas organizaban comisiones que, fingiendo perseguirle, sólo procuraron evadirlo.

Después de la entrada de Drake a la aldea de la bahía de Santa Cruz de Huatulco, por órdenes virreinales se desalojó el asentamiento y se removió tierra adentro, a Santa María de Huatulco, donde al pasar el tiempo se desvaneció todo recuerdo del renombre que tuvo en el pasado.

El despoblamiento de los puertos fue una política virreinal que se usó durante la Colonia en la Nueva España, como en otras regiones de Hispanoamérica, para evitar posibles ataques piratas a los territorios ultramarinos. Esta política y su prevalencia tuvieron consecuencias graves, afectando sensiblemente la organización del espacio mexicano, aún siglos después de la Independencia.

Los viajes de circunnavegación de Francis Drake y Thomas Cavendish franquearon el estrecho de Magallanes, abriendo la zona como ruta común para los navegantes europeos durante los siglos sucesivos.

Después de la presencia de Hawkins en Veracruz en 1568 y de Drake en Huatulco en 1578, casi 10 años después, en el año de 1587, un tercer gran ataque pirata se dio en las costas de la Nueva España por Thomas Cavendish, quien emulando a Francis Drake se lanzó al Pacífico y resultó ser el tercer circunnavegante de la tierra. El viaje de circunnavegación de Thomas Cavendish se dio en un momento en el que ya existía un franco antagonismo político entre España e Inglaterra. Eran las vísperas de la batalla del canal de la Mancha de 1588.

El testimonio del viaje de Cavendish muestra a un hombre que, comparado con Francis Drake y aun con John Hawkins, resulta menos nacionalista y más egocéntrico; cuyos móviles parecen menos políticos y más dirigidos al saqueo, y sus tácticas menos diplomáticas y más bárbaras.

La costa occidental del territorio se hallaba completamente desprotegida, de manera que Cavendish no encontró obstáculo alguno para deambular por ella durante cuatro meses, aprovisionándose de cuanto le era necesario, mientras esperaba al *Galeón de Manila*.

La captura y robo total del galeón *Santa Ana* en los mares de Baja California Sur fue un hecho sin precedentes que mostró a los españoles su debilidad estratégica en la defensa del Pacífico americano. Los viajes de Drake y Cavendish de 1578 y 1587 trocaron las condiciones geopolíticas del siglo XVI. El Pacífico no era más un "gran lago español" protegido por la barrera continental americana. El estrecho de Magallanes ya no era infranqueable. En adelante se abriría como ruta común para el resto de los europeos durante la "era de los descubrimientos".

Las huellas de la aventura inglesa en la Nueva España pueden verse hasta el día de hoy en el desarrollo tardío y desorganizado de sus costas. Para el territorio novohispano, intrusiones piratas como las de Hawkins, Drake y Cavendish se tradujeron en políticas que afectaron su desarrollo sincrónico. Las disposiciones virreinales para la protección de las costas de la Nueva España contra los ataques piratas, significaron —como para el resto de hispanoamérica— el despoblamiento de los puertos. España no construyó fortificaciones adecuadas en las costas americanas. Por una parte, por la enorme inversión que significaría la defensa de tan extensa línea costera y, por otra, porque las colonias eran estimadas más como proveedoras de recursos para España que como el *hogar* que debía ser defendido.

A pesar de la importancia geoestratégica de la Nueva España durante la Colonia, en la que el papel de los puertos fue preponderante; a pesar de tener una vasta línea costera y de haber tenido diversos asentamientos prehispánicos en las costas, las políticas virreinales del despoblamiento de las mismas, llevó a que el territorio novohispano tuviera un desarrollo portuario muy tardío, poco armónico y sin raíces nativas que respondía más a las necesidades de un turismo extranjero que a la conveniencia de un país de asomarse al mar para transportarse, para comerciar o simplemente para usufructuar sus productos.

Los escritos de Richard Hakluyt constituyen una pieza clave en la formación del nuevo paradigma, del nuevo orden mundial del siglo XVI en la conciencia anglosajona. Sin el trabajo del compilador, la historia del Imperio británico no se habría escrito de la misma manera, ni el impacto de la Nueva España en el pueblo inglés hubiera sido el mismo. En estas narraciones se dieron cita personajes muy disímiles, como comerciantes, piratas y desembarcados. Sus meritos como compilador, editor, traductor y divulgador eficiente le valieron a Gran Bretaña una herencia significativa.

Desde otra perspectiva, las *Principal Navigations* de Richard Hakluyt resultan ser una contribución indispensable a la historiografía mexicana.

Los viajeros británicos que conocieron y habitaron la Nueva España del siglo XVI nos legaron una visión de aquel México de principios de la Colonia, un tercer enfoque de los hechos, diferente al de los vencedores y los vencidos.

APÉNDICES

1522	Roger Barlow. Mercader, geógrafo	Thorne y Barlow son dos de los más prominentes comerciantes ingleses. De los *pioneros de Bristol*
1525	y explorador inglés. Llamado "el geógrafo	en el comercio anglo-español durante el periodo temprano de la dinastía de los Tudores. En la dé-
1526	de principio de los Tudores". Socio de Robert Thorne.	cada de 1520 hicieron su primer embarco hacia el Nuevo Mundo. De acuerdo con los registros se encuentran entre los primeros ingleses en comerciar con la Nueva España y las Antillas.

1522 Roger Barlow.
Mercader, geógrafo
1525 y explorador inglés.
Llamado "el geógrafo
1526 de principio de los
Tudores". Socio de
Robert Thorne.

Robert Thorne.
Mercader de una
influyente familia
de Bristol. Visionario
y estratega. Amigo
y socio de Roger
Barlow.

Thorne y Barlow son dos de los más prominentes comerciantes ingleses. De los *pioneros de Bristol* en el comercio anglo-español durante el periodo temprano de la dinastía de los Tudores. En la década de 1520 hicieron su primer embarco hacia el Nuevo Mundo. De acuerdo con los registros se encuentran entre los primeros ingleses en comerciar con la Nueva España y las Antillas.

Consideraron seriamente la necesidad de descubrir nuevas rutas comerciales y nuevas fuentes de riqueza para Inglaterra, pero no recibieron la atención requerida de Enrique VIII. Las cartas de Robert Thorne al rey de Inglaterra y a su embajador en España, su publicación de *A Treatise of the Northwestern Passage* en 1527 y su entrevista con el mismo Enrique VIII no tuvieron éxito en el sentido de suscitar interés para llevar a cabo, de manera inmediata, proyectos ingleses en lo que Thorne llamó "el negocio del descubrimiento". La *Geographia* de Roger Barlow, tampoco tuvo influencia notable al respecto.

En 1526 Barlow participó en el viaje que patrocinado por Thorne y comandado por Sebastián Caboto se debía dirigir hacia el Pacífico buscando el *pasaje del Noroeste* desde el Pacífico norte hasta *Newfoundland*. Por rumores de la existencia de una sierra de plata, la expedición se desvía hacia río de la Plata, recorriendo parte de Brasil, Uruguay y Paraguay.

1523 John Sweeting, *el viejo*

Durante algún tiempo fue teniente gobernador de la Compañía Andaluza de mercaderes anglo-españoles. Su nombre se menciona en los archivos de Cádiz tan frecuentemente como el de Robert Thorne en Sevilla. Cuando murió en 1523, Thorne fue su albacea. Probablemente este Sweeting era padre de John Sweeting, *de Cádiz*, un teniente gobernador posterior de la Compañía Andaluza (*vide infra*).

1527 Thomas Howell

Importante mercader inglés en el comercio con España. También traficó en las Indias Occidentales durante este periodo temprano.

| 1536 | Thomas Blake | Escocés que viajó y se estableció en la Nueva España en 1530, donde se casaría y llegaría a tener influencia entre los españoles en territorio novohispano. Robert Tomson lo conoció en la ciudad de México en los años cincuenta. Blake recomendó a Tomson para que trabajara con Gonzalo Cerezo en México. |

| 1537

1539 | Richard Field | Pariente de John Field (*vide infra*). Comerciante londinense de textiles y pieles. En 1537 y 1539 traficaba en Andalucía, siendo su agente Thomas Pery. Cuando Pery fue apresado por el Santo Oficio en España en 1539-1540, algunas mercancías que pertenecían a Field fueron confiscadas. Pery escribió a Richard Field una carta con un recuento de sus sufrimientos ante las autoridades de la Inquisición española. |

| c. 1539

1540

1550 | John Field | Comerciante inglés de gran influencia asentado en Sevilla. A pesar de gozar de una situación económica y política privilegiada en España, brindó su apoyo a los mercaderes ingleses durante el difícil periodo que dio inicio a mediados de 1530 en Andalucía como reacción a la Reforma anglicana. Tanto John Field como Thomas Harrison ayudaron a Thomas Pery después de haber perdido sus bienes en su sentencia inquisitorial de 1539-1540.

Aprovechando su situación de influencia en Andalucía y la apertura relativa de España hacia los ingleses durante el matrimonio de María I y Felipe II, John Field se mudó con su familia y con Robert Tomson (*vide infra*) de Sevilla a vivir a la Nueva España, seguramente en busca de una situación política más estable y de las posibilidades de éxito en el comercio con el Nuevo Mundo. Tras un largo y difícil viaje, y después de haber hecho escala en Canarias y Santo Domingo, la embarcación en la que viajaba (propiedad de John Chilton, *de Cádiz*) naufragó al hacer puerto en San Juan de Ulúa, perdiéndose la carga de Field, Tomson y Sweeting. En Veracruz fue hospedado con su Compañía y ayudado por un influyente amigo español: Gonzalo Ruiz de Córdoba. Después de un mes, emprendieron el camino a la ciudad de México, pero Field había sido infectado de paludismo y murió en el trayecto, c. 1556. |

1540	Thomas Harrison	De acuerdo con los registros de Cádiz, Harrison era una figura tan importante como John Field y John Sweeting entre los mercaderes ingleses de Andalucía en esta generación. En 1540, cuando había fuertes presiones políticas para los mercaderes ingleses en España, por alguna razón Harrison se encontraba en una situación más favorable que sus compatriotas. En 1541 fue apoderado de aquellos ingleses que tuvieron que dejar España por problemas con la Inquisición. En 1542 envió una embarcación a la Nueva España, de la cual era dueño parcialmente.
1542		

1540 Thomas Harrison — De acuerdo con los registros de Cádiz, Harrison era una figura tan importante como John Field y John Sweeting entre los mercaderes ingleses de Andalucía en esta generación. En 1540, cuando había fuertes presiones políticas para los mercaderes ingleses en España, por alguna razón Harrison se encontraba en una situación más favorable que sus compatriotas. En 1541 fue apoderado de aquellos ingleses que tuvieron que dejar España por problemas con la Inquisición. En 1542 envió una embarcación a la Nueva España, de la cual era dueño parcialmente.

1538 John Sweeting, de Cádiz
1541
1545

Padre de Robert Sweeting, *de Texcoco* (*vide infra*). Varios miembros de la familia Sweeting vivían en Andalucía en el periodo Tudor temprano. Este John Sweeting era un comerciante de Cádiz muy importante durante los reinos de Eduardo VI y María I (1547-1553). Estaba casado con una española. Por un tiempo fue tenientegobernador de la Compañía Andaluza. Se sabe que este John Sweeting vivía en España en 1538 y que *pasó parte de su vida en México* (Taylor, 1935, p. 75n). Su residencia pudo haber estado en la ciudad de México o en Texcoco, donde vivía su hijo Robert a fines de los años sesenta. John Sweeting, *de Cádiz*, tenía un primo homónimo residente en Sevilla, a quien empleaba para manejar los cargamentos que le llegaban de las Indias Occidentales. Tenía relaciones con españoles influyentes, al igual que John Field y Thomas Harrison, pero apoyó y se mantuvo asociado de manera cercana a la compañía de mercaderes ingleses durante el periodo de conflictos político-religiosos que se dio en Andalucía después de la Reforma anglicana. John Sweeting, *de Cádiz*, era el propietario de la embarcación que en 1555 llevó a sus coterráneos y colegas John Field y Robert Tomson a la Nueva España. Leonard Chilton (*vide infra*) era yerno de este John Sweeting, *de Cádiz*, y el maestre de su embarcación en aquel viaje Sevilla-Canarias-Santo Domingo-la Nueva España. Al parecer, John Sweeting, *de Cádiz*, no regresó a Inglaterra.

1545	John Sweeting, *de Sevilla*, o *el joven*	Primo o sobrino de John Sweeting, *de Cádiz*. Era empleado por su primo para manejar los cargamentos que le llegaban de América.
1555 1556 1567	Leonard Chilton	Yerno de John Sweeting, *de Cádiz* (*vide supra*), hermano de John Chilton (*vide infra*) y cuñado de Robert Sweeting, *de Texcoco* (*vide infra*). Maestre de la embarcación de su suegro que llegó a San Juan de Ulúa en 1556 llevando a John Field, su familia y a Robert Tomson. El 5 de julio de 1567 escribió desde Cádiz una carta a Henry Hawks refiriendo la llegada de este a Palma de Mallorca y en la que le desea buen viaje a la Nueva España. En la misiva Chilton le pide a Hawks que le envíe un mensaje a su hermano político, *Robard Swyting*, quien vivía en México.
1555 1560 1580	Robert Tomson	En 1553, a la edad de 19 años, dejó Bristol para irse a Andalucía a aprender la lengua y las costumbres españolas. Buscando relacionarse con los mercaderes ingleses del sur de España se hospedó con John Field en Sevilla. Después de vivir en esa ciudad por algún tiempo y presenciar la llegada de las flotas provenientes de las Indias cargadas con "grandes cantidades de costosos y abundantes productos", crecería en Tomson el interés por viajar hacia aquellos territorios. En 1555 Robert Tomson y John Field con su familia, partieron de Sevilla con destino a la Nueva España. Una vez en el virreinato, Field muere de paludismo, de modo que Tomson debe relacionarse por sí mismo en el país. Gracias a las recomendaciones del escocés Gerald Blake, avecindado en la ciudad de México (*vide supra*), Tomson consigue empleo en la casa del encomendero Gonzalo de Cerezo, donde después de algunos meses y a causa de una discusión religiosa con otros empleados Tomson fue aprehendido por las autoridades eclesiásticas novohispanas, aun cuando la Inquisición no había sido establecida formalmente en el territorio mexicano. Robert Tomson y el italiano Agustín Boacio fueron las dos primeras personas a quienes se les hizo un auto de fe en México, tras lo cual fueron deportadas a Sevilla. Reconciliado por la Inquisición española en Sevilla en 1560, fue sentenciado a permanecer tres

años más dentro de la ciudad, después de lo cual (c. 1563) consiguió un trabajo como cajero de Hugo Tipton, influyente mercader inglés de la Compañía Andaluza, donde conocería a la rica heredera de un indiano (que había muerto durante su regreso de México a España) y con la que se casaría un año después. Alrededor de 1586 Tomson escribió una narración de su experiencia en México para Richard Hakluyt, quien la publicó en sus dos ediciones de *The Principal Navigations* de 1589 y 1598-1600. La narración de Tomson representa, entre las compiladas por Hakluyt, la que relata el viaje más temprano realizado por un viajero inglés a la Nueva España, así como el único celebrado en un periodo preisabelino, esto es, unos 30 años después de haber ocurrido y durante el reinado de María I de Inglaterra y Felipe II de España.

década de 1560	Robert Sweeting, *de Texcoco*	Hijo de John Sweeting, *de Cádiz*, y de su esposa española. Se ignora cuándo y cómo llegó a la Nueva España, pero ya en 1560 estaba bien establecido en Texcoco, al grado que en 1567 su cuñado Leonard Chilton le envió una carta pidiéndole que recordara más y tuviera mayor cuidado de sus padres residentes en Cádiz. Era concuño de John Chilton (*vide infra*) y probablemente el amigo al que alude como su compañero de viajes en el territorio novohispano. Robert Sweeting se había hispanizado completamente y gozaba de la confianza de las autoridades españolas en la Nueva España, quienes lo eligieron como intérprete entre éstas y los desembarcados por Hawkins que fueron apresados en Tampico. No se sabe si se quedó en México o eventualmente regresó a radicar en España. Debido a que no hay ningún escrito suyo en la obra de Hakluyt, se piensa que ni él ni sus padres regresaron a Inglaterra.
1560 1564 1579	Roger Bodenham	Importante mercader inglés españolizado y residente en Cádiz. En 1564 fue en viaje comercial a la Nueva España y permaneció en el virreinato durante nueve meses. Conoció solamente la ciudad de México y el trayecto de Veracruz a esta ciudad. Escribió una relación sobre su viaje a México a petición de Richard Hakluyt, pero re-

sultó notablemente magra, debido quizás a que
evadía problemas con las autoridades españolas.
En dicha relación Bodenham hace particular mención de los pigmentos naturales novohispanos y
de su muy bajo precio en la región, afirmación
que seguramente resultó de gran interés para los
hiladores y productores de textiles en Inglaterra.
En 1579 Bodenham hace una propuesta al embajador inglés en España, que resulta contrastante
con su actitud precavida de 15 años antes, sobre
la conveniencia de establecer en Mogador (hoy
Essoauira, Marruecos) una base naval para de ahí
"perseguir las Canarias y las Indias". Roger
Bodenham, así como su hijo William, actuaron
como espías ingleses en España.

1568   Henry Hawks

1572

Se ha dicho de Henry Hawks, que él y Bodenham
(*vide supra*) eran los mercaderes británicos más
españolizados de la Compañía Andaluza y que
su escrito para Richard Hakluyt fue uno de los
más destacados por su contenido en relación con
el comercio entre España, la Nueva España y Filipinas. Tenía relaciones con españoles prominentes
de la Nueva España. De los escritos de los viajeros ingleses que arribaron a este territorio durante el siglo XVI, el de Hawks es el único que no
refiere información sobre la manera en que llegó
a él. Debido a esto y a la coincidencia de fechas,
algunos autores (Báez-Camargo, por ejemplo)
pensaron que Hawks llegó a la Nueva España con
la flota del tercer viaje de John Hawkins a las Indias Occidentales. Sin embargo, una carta de Leonard Chilton (*vide supra*) dirigida a Hawks, cuando éste estaba en Canarias esperando partir a la
Nueva España, muestra que zarpó de España y
no de Inglaterra y como mercader legal y no a la
manera de John Hawkins. Los juicios de valor que
Henry Hawks emite en su discurso en relación
con los nativos novohispanos, parecerían tener
la influencia de ideas y doctrinas prevalentes en
España sobre el indígena americano durante la
segunda mitad del siglo XVI. Hawks pudo haber
leído en Europa a Gonzalo Fernández de Oviedo
o a Juan Ginés de Sepúlveda. Las afirmaciones
de Hawks sobre el nativo novohispano resultan
notablemente peyorativas en relación con los co-

mentarios de la mayoría de los viajeros isabelinos que estuvieron en la Nueva España.

1568-   John Chilton   Viajero y comerciante inglés, ciudadano de Lon-
1585   dres y hermano de Leonard Chilton (*vide supra*). Después de viajar a España y "deseoso de ver el mundo", John Chilton se fue a vivir por una temporada a la Nueva España, donde tenía un amigo cercano, del cual —en su narración para Hakluyt— no menciona su nombre, pero es muy probable que se tratara de su concuño Robert Sweeting (*vide supra*) con quien viajó y se desplazó a lo largo y ancho del territorio mexicano asimilado por la Corona española, llegando incluso, vía Centroamérica y las Antillas, al Perú.

Este viajero contaba con una formación cultural sólida y cierta independencia, fruto de su afluencia económica y de sus influencias entre amigos y familiares en España y la Nueva España. En su narración es notable el interés genuino por conocer las actividades económicas, las características de la producción, así como otras cuestiones sociales y culturales de las regiones que visitó. Menciona aspectos del sistema de tributos, la percepción de los indígenas acerca de las indulgencias de la Iglesia católica, la importante producción de pigmentos y tintes en el sur de la Nueva España y otras características de la organización socioeconómica. Permaneció en México por espacio de 17 o 18 años. Después de ese tiempo regresó a España y de ahí a Londres donde fue solicitado por Richard Hakluyt, *el abogado*, para escribir sus memorias sobre su larga experiencia en la Nueva España y fue publicado en *The Principall Navigations...*, tanto en su edición de 1589 como en la de 1598-1600.

CUADRO 2. *Viajeros isabelinos en la Nueva España*

Nombre	Oficio	Vivió en España	Su experiencia en la Nueva España	Conoció el territorio novohispano	Lo que sucedió después
Robert Tomson	Mercader.	1553-1555.	1556-1559.	San Juan de Ulúa, Veracruz, Puebla, ciudad de México.	• Apresado por las autoridades eclesiásticas en la Nueva España, deportado a Sevilla, preso en la ciudad durante tres años, reconciliado. • Se casa en España con la rica heredera de un indiano. • Regresa a Inglaterra en 1580. • Escribe su experiencia en la Nueva España. Es publicada por Richard Hakluyt en 1589 y en 1600.
John Field	Mercader importante de la Compañía Andaluza.	Asentado en España antes de la década de 1540.	En 1556 se mudó con su familia a vivir desde Andalucía hasta la Nueva España. Murió al poco tiempo de haber llegado al virreinato.	San Juan de Ulúa y Veracruz.	• Murió de paludismo en el camino de Veracruz a la ciudad de México. • Probablemente su familia regresó a España.

Leonard Chilton	Mercader importante de la Compañía Andaluza.	Asentado en España para la década de los cincuenta.	Viajó a la Nueva España en 1556 en un barco de su suegro John Sweeting, transportando a John Field y su familia y a Robert Tomson.	San Juan de Ulúa.	• Capitaneó la embarcación de John Sweeting, *de Cádiz*, rumbo a Santo Domingo y la Nueva España, conduciendo a John Field y su familia y a Robert Tomson. • Yerno de John Sweeting, *de Cádiz*. Escribió una carta a su cuñado Robert Sweeting, *de Texcoco*, donde le instaba a recordar a sus padres. Esta carta la envió por conducto del mercader Henry Hawks en 1567.
Roger Bodenham	Mercader "españolizado" de la Compañía Andaluza.	Asentado en España desde la década de 1550.	Viajó a la Nueva España en 1563 y 1565.	De San Juan de Ulúa a la ciudad de México.	• Él y su hijo William actuaban como espías para Inglaterra mientras conservaban la confianza de los españoles. • En 1566 se encontraba en Londres gozando de la simpatía de la aristocracia inglesa. • En 1567 fue escogido por Felipe II para ir a Filipinas. • En 1571 preparó un panfleto para lord Burghley sobre los beneficios de incrementar el comercio exterior inglés. • En 1579 propuso el establecimiento de una base inglesa en Marruecos para de ahí "alcanzar" las Canarias y las Indias Occidentales.

Viajeros isabelinos en la Nueva España (continúa)

Nombre	Oficio	Vivió en España	Su experiencia en la Nueva España	Conoció el territorio novohispano	Lo que sucedió después
Henry Hawks	Mercader importante de la Compañía Andaluza.	Asentado en España desde la década de los años cincuenta.	Vivió en la Nueva España de 1558 a 1572.	De San Juan de Ulúa a la ciudad de México, donde habitó. Recorre la zona centro del país.	• Escribió un informe para Richard Hakluyt sobre la Nueva España. Fue publicado por Hakluyt en 1589 y en 1600. • Regresó a España y eventualmente a Inglaterra. • Escribió un informe para Richard Hakluyt sobre la Nueva España. Fue publicado entre 1589 y 1600.
John Chilton	Mercader acaudalado de Londres. Hermano de Leonard Chilton.	De 1561 a 1568.	Vivió en el centro de México durante 19 años, de 1568 a 1586. Viajó a lo largo del virreinato novohispano.	San Juan de Ulúa, Veracruz, Puebla, Cholula, ciudad de México. Centro, norte y oeste del territorio novohispano	• Regresó a España y después a Londres. • Escribió a Hakluyt un informe sobre la Nueva España publicado en 1589 y 1600. • No se sabe si regresó a Europa o se quedó en México.

				(Jalisco). Puebla, Oaxaca, Chiapas, Centroamérica, Perú y Bolivia. Hidalgo, Veracruz, Tamaulipas, San Luis Potosí, Zacatecas, Guanajuato y Michoacán. Veracruz, Campeche, Tabasco, Yucatán, Guatemala y Belice.
Robert Sweeting	Mercader importante de la Compañía Andaluza.	Nació en España de padre inglés y madre española.	Radicaba en Texcoco desde años antes de 1567.	La ciudad de México y Texcoco. Muy probablemente viajó por el país con John Chilton.

Viajeros isabelinos en la Nueva España (continúa)

Nombre	Oficio	Vivió en España	Su experiencia en la Nueva España	Conoció el territorio novohispano	Lo que sucedió después
John Hawkins	Mercader ilegal. Pirata.		1568.	San Juan de Ulúa, Veracruz. Pánuco.	• Después de la batalla en Veracruz se dedicó a remodelar la Marina Real inglesa, siguió al servicio de Isabel I, participó en la batalla del canal de la Mancha. • Escribió un testimonio sobre su tercer viaje a las Indias y su versión sobre la batalla de Veracruz. • Richard Hakluyt incluyó el escrito en sus publicaciones de 1589 y 1600. • Murió en 1596 durante un viaje a las Indias.
Robert Barret	Maestre de la expedición de Hawkins.		De 1568 a 1571.	De San Juan de Ulúa a la ciudad de México y viceversa.	• Fue apresado en San Juan de Ulúa por los españoles durante la batalla. • En 1571 fue enviado a Sevilla. • Murió en 1573 en manos de la Inquisición.
Francis Drake	Pirata.		1568 y 1578.	San Juan de Ulúa y Huatulco.	• Dedicó su vida a asaltar puertos y barcos españoles procurando vengar la "ofensa" de San Juan de Ulúa. • Fue un magnífico navegante. El segundo circunnavegante del planeta.

Nombre	Descripción	Ruta / lugar	Fechas	Hechos
				• Sirvió a Isabel I. Planeó y participó en la batalla del canal de la Mancha. Influyó grandemente en la victoria inglesa. • Murió en las cercanías de Panamá en 1596.
Thomas Cavendish	Pirata.	Toda la costa occidental novohispana.	1587.	• Atrapó y robó un galeón completo en las cercanías de cabo San Lucas. • Regresó enriquecido a Inglaterra. • Fue el tercer circunnavegante del mundo. • Murió en el Atlántico en un segundo intento de pasar al Pacífico.
Niño Richard Barret	Hijo de Robert Barret.	De San Juan de Ulúa a la ciudad de México.	De 1568 a 1571.	• Apresado por los españoles durante la batalla de San Juan de Ulúa. • Fue enviado a Sevilla en 1571. Logra escapar con otros seis ingleses a Inglaterra.
Job Hortop	Marino adolescente desembarcado en Pánuco en 1568.	San Juan de Ulúa, Pánuco a la ciudad de México y Texcoco.	De 1568 a 1571. De 1572 a 1573 fue preso en Sevilla y de 1573 a 1584 trabajó en las galeras de España.	• Permaneció preso en Sevilla dos años y después fue condenado a remar en galeras para España por 12 años. • Regresó a Inglaterra después de 23 años de ausencia y escribió un informe para Richard Hakluyt publicado en 1589 y 1600.

Viajeros isabelinos en la Nueva España (continúa)

Nombre	Oficio	Vivió en España	Su experiencia en la Nueva España	Conoció el territorio novohispano	Lo que sucedió después
Miles Philips	Marino adolescente desembarcado en Pánuco en 1568.	1581.	De 1568 a c. 1580.	San Juan de Ulúa, Pánuco, Tampico, Hidalgo, Texcoco y Acapulco. Veracruz y otras partes del territorio.	• Evitó casarse en la Nueva España. • Después de 12 años logró escapar de la Nueva España. • Regresó a Inglaterra en 1582. • Escribió a Richard Hakluyt un extenso y detallado testimonio sobre su experiencia en la Nueva España que fue publicado en 1589 y 1600.
Los desembarcados en Pánuco, enjuiciados por la Inquisición: Anthony Godard, John Hooper, David Ingram, William Cawse,	Marinos desembarcados en Pánuco por John Hawkins.	Algunos de ellos fueron deportados a España para ser juzgados allá. Pocos se casaron en España y vivieron largo tiempo en ese país.	1958. Algunos se quedaron a vivir definitivamente en la Nueva España.	San Juan de Ulúa, Pánuco, ciudades mineras. Ciudad de México. Algunos recorrieron gran parte del territorio novohispano.	• De los 114 desembarcados en Pánuco por John Hawkins, después de los ataques chichimecas y de haberse dividido en dos grupos, sólo 78 llegaron a Tampico y fueron apresados y conducidos a la ciudad de México por los españoles. • Se ignora cuántos murieron en el camino y cuántos lograron ocultarse de la Inquisición. • Treinta y ocho de los sobrevivientes fueron juzgados por la Inquisición. Nueve fueron interrogados bajo

John Beare, Edward Rider, Geffrey Giles, John Gilbert, William Cornelius, John Grey, John Browne, John Moone, William Brown, Robert James Collider, John Rider, John Keyes, Jorge Ribley, John Storey, Richard Williams, David Alexander (Andrés Martín),

tortura, cinco de los cuales mantuvieron sus afirmaciones previas a la tortura.

- Los ocho más jóvenes recibieron condenas relativamente indulgentes. La mayoría de los jóvenes se casó y se quedó en la Nueva España, entre ellos, el sobrino de John Hawkins, Paul Horswell-Hawkins. El resto recibió azotes, confiscación de bienes y el castigo de remar por años en galeras.

- Jorge Ribley, de la expedición de Hawkins y el francés Martín Cornú, fueron los primeros ejecutados por la Inquisición en Nueva España en 1574. En 1577 el Santo Oficio quemó a William Cornelius, también del grupo de Hawkins. Ambos ingleses murieron en "el quemadero" de San Hipólito.

Viajeros isabelinos en la Nueva España (concluye)

Nombre	Oficio	Vivió en España	Su experiencia en la Nueva España	Conoció el territorio novohispano	Lo que sucedió después
Robert Cook, Paul Horsewell-Hawkins, Thomas Hull o Ebren, John Evans, William Lowe, John Perin, Miles Philips, Job Hortop y otros.					

BIBLIOGRAFÍA

Andrews, Kenneth R. (ed.), *English Privateering Voyages to the West Indies, 1588-1595, Documents Relating to English Voyages to the West Indies from the Defeat of the Armada to the last Voyage of Sir Francis Drake, including Spanish Documents Contributed by Irene A. Wright*, edición de 1956, vol. XCI, Hakluyt Society, Cambridge University Press, 1959, 419 pp., segunda serie.

———, *Elizabethan Privateering, 1585-1603*, Cambridge University Press, Cambridge, 1964, 297 pp.

———, *The Last Voyage of Drake and Hawkins*, edición de 1972, Hakluyt Society, Cambridge University Press, 1972, 283 pp., segunda serie, 142.

———, *Trade, Plunder and Settlement, Maritime Enterprise and the Genesis of the British Empire 1480-1630*, Cambridge Peperback Library, Cambridge University Press, Cambridge, 1984, 394 pp.

Armitage, David, "The New World and British Historical Thought", en Karen Ordahl Kupperman (ed.), *America in European Consciousness*, Williamsburg & Chapel Hill/Institute of Early American History and Culture, University of North Carolina Press, 1994.

Aydelotte, Frank, "Elizabethan Seamen in Mexico and Ports of the Spanish Main", *The American Historical Review*, vol. XLVIII, núm. 1 (octubre de 1942), pp. 1-19.

Azuela Bernal, Luz Fernanda, "La propuesta de Alzate en torno al debate sobre la verdadera figura de la tierra", en *José Antonio de Alzate y la ciencia mexicana*, IIH-UMSNH/SMHCT/SEP, Morelia, México, 2000, pp. 143-152.

Báez-Camargo, Gonzalo, *Protestantes enjuiciados por la Inquisición en Iberoamérica*, Publicaciones del Comité de Cooperación en la América Latina, Casa Unida de Publicaciones, México, 1960, 141 pp. (Documentos).

Baker, Alan R. H. (ed.), *Progress in Historical Geography*, David y Charles, Newton Abbot, 1972, 311 pp.

Barnes, Trevor, J. y James S. Duncan, *Writing Worlds, Discourse, Text and Metaphor in the Representation of Landscape*, Routledge, Londres y Nueva York, 1992, 282 pp.

Barraclough, Geoffrey (ed.), *Concise Atlas of World History*, The Times Books, Harper Collins, Londres, 1992, 184 pp.

Borah, Woodrow, *Early Colonial Trade and Navigation Between Mexico and Peru*, Ibero-Americana, Berkeley y Los Angeles, 1954, 258 pp.

Bosch García, Carlos, *Tres ciclos de navegación se concentraron en América*, UNAM, México, 1985, 247 pp.

Brading, David, A., *Orbe indiano. De la monarquía católica a la república criolla, 1492-1867*, FCE, México, 1998, 770 pp.

Bradley, Peter T., "Una expedición informativa y fascinadora a las costas de Chile", *Historiografía y Bibliografía Americanistas*, vol. XVIII, núm. 1, Sevilla, 1974, pp. 1-17.

———, "Maritime defense of the Viceroyalty of Peru, 1600-1700", *The Americas*, vol. XXXVI, núm. 2, octubre de 1979, pp. 155-175.

———, "The Defenders of Lima and Callao in the Seventeenth Century", *Revista de Historia de América*, núm. 97, Instituto Panamericano de Geografía e Historia, enero-junio de 1984, pp. 87-113.

———, "Narborough's Don Carlos", *The Mariner's Mirror*, vol. 72, núm. 4, The International Journal of the Society for Nautical Research, Londres, noviembre de 1986, pp. 465-476.

———, "La fascinación europea con el Perú y expediciones al Mar del Sur en el siglo XVII", *Revista de Indias*, vol. XLVIII, núms. 182-183, Departamento de Historia de América "Fernández de Oviedo", Centro de Estudios Históricos/Consejo Superior de Investigaciones Científicas, Madrid, enero-agosto de 1988, pp. 257-283.

———, "Los bucaneros en el istmo y bahía de Panamá", *Revista Cultural Lotería*, año XLIX, núm. 378, Panamá, julio-agosto de 1990, pp. 5-32.

———, "Los contactos entre el Perú y Europa en el siglo XVII. Motivos, realidades, fantasías y repercusiones", *IX Congreso Internacional de Historia de América*, Asociación de Historiadores Latinoamericanistas Europeos (AHILA), Sevilla, 1992, pp. 85-99.

———, *Navegantes británicos*, Mapfre, Madrid, 1992, 347 pp.

Braudel, Fernand, *La Méditerranée et le monde méditeranéen à l'époque de Philippe II* (versión francesa: 1949, 1966, 1976).

———, *El mediterráneo y el mundo mediterráneo en la época de Felipe II*, FCE, 2 vols., 1976.

Bustos, Gerardo y A. Izquierdo, "La visión geográfica de la Chontalpa en el siglo XVI", en *Estudios de Cultura Maya*, Centro de Estudios Mayas, Instituto de Investigaciones Filológicas, UNAM, México, 1984, pp. 143-177.

———, *Libro de las descripciones. Sobre la visión geográfica de la península de Yucatán en textos españoles del siglo XVI*, Centro de Estudios Mayas, Instituto de Investigaciones Filológicas, UNAM, México, 1988.

———, "Relaciones geográficas de Indias: un ejemplo de geografía como objetivo pragmático", *Geografía y desarrollo*, núm. 14, 1997.

Butzer, Karl W., *The Americas before and after 1492: Current Geographical Research*, Annals of the Association of American Geographers, vol. 82, núm. 3, septiembre de 1992, 568 pp.

Cedex/Cehopu, *Puertos y fortificaciones en América y Filipinas*, Actas del Seminario, Centro de Estudios y Experimentación de Obras Públicas, Comisión de Estudios Históricos de Obras Públicas y Urbanismo, MOPU, Madrid, 1984, 361 pp.

Clark, Gregory, *Britain's Naval Heritage*, Royal Naval Museum, Portsmouth, Her Majesty's Stationery Office, Londres, 1981, 131 pp.

Commons, Aurea, "Extensión territorial del Reino de Michoacán", *Boletín*, núm. 3, Instituto de Geografía, UNAM, México, 1973.

———, "Gestación y nacimiento de un estado: Michoacán", *Boletín*, núm. 15, Instituto de Geografía, UNAM, México, 1985.

———, "La minería en la Nueva España en el siglo XVI", *Boletín*, núm. 19, Instituto de Geografía, UNAM, México, 1989.

———, "El trabajo de las minas de Nueva España", *Boletín*, núm. 20, Instituto de Geografía, UNAM, México, 1989.

———, "Principales zonas mineras en la segunda mitad del siglo XVIII", *Boletín*, núm. 20, Instituto de Geografía, UNAM, México, 1989.

Conley, *The Self Made Map, Cartographic Writing in Early Modern France*, University of Minnesota Press, Minneapolis-Londres, 1997, 372 pp.

Connell-Smith, Gordon, "English Merchants Trading to the New World in the Early Sixteenth Century", *Bulletin of the Institute of Historical Research*, vol. XXIII, Longmans, Green, Londres, 1950, pp. 53-67.

———, *Forerunners of Drake. A Study of English Trade with Spain in the Early Tudor Period*, Royal Empire Society by Longmans, Green, Londres, 1954, 264 pp.

Chaunu, Pierre, "Veracruz en la segunda mitad del siglo XVI y primera del XVII", *Revista de Historia Mexicana 36*, vol. IX, núm. 4, El Colegio de México, México, abril-junio de 1960, pp. 521-557.

———, *Las Filipinas y el Pacífico de los iberos, siglos XVI, XVII y XVIII*, Instituto de Comercio Exterior, México, 1974, 448 pp.

Chevalier, Francois, *La Formation des grands domaines au Mexique*, París, 1952.

———, *La formación de los latifundios en México*, 3a. ed., FCE, México, 1999.

Díaz del Castillo, Bernal, *Historia verdadera de la conquista de la Nueva España*, 7a. ed., Porrúa, México, 1969.

Eden, Richard, *The First Three English Books on America*, de la obra de Eden de 1511 a 1555, Archibald Constable, Westminster, 1825.

El Colegio de Michoacán, "Historia y geografía", *Relaciones, Estudios de Historia y Sociedad*, núm. 75, vol. XIX, 1998, Zamora, México, 1999.

Elliot, John H., *Imperial Spain 1469-1716*, Edward Arnold Publishers, Londres, 1963.

———, *The Old World and the New, 1492-1650*, Cambridge University Press, Cambridge, 1970, 119 pp.

Fernández Águila, Alejandrina, "Análisis geográfico-histórico de la Nueva Galicia a mediados del siglo XVIII", *Boletín*, núm. 17, Instituto de Geografía, UNAM, México, 1987.

Florescano, Enrique y Alejandra Moreno Toscano, *El sector externo y la organización espacial y regional de México, 1521-1910*, Universidad Autónoma de Puebla, Puebla, 1977, 61 pp.

Galeana, Patricia (coord.), *Latinoamérica en la conciencia europea. Europa en la conciencia latinoamericana*, FCE/AGN/CCyDEL, Conaculta, México, 229 pp.

García Icazbalceta, Joaquín, *Relación de varios viajeros ingleses en la Ciudad de México, y otros lugares de la Nueva España*, José Porrúa Turanzas, Madrid, 1963, 185 pp.

García Martínez, Bernardo, *Los pueblos de la sierra: el poder y el espacio entre los indios del norte de Puebla hasta 1700*, El Colegio de México, México, 1987.

——, "Los poblados de hacienda: personajes olvidados en la historia del México rural", Alicia Hernández y Manuel Miño (comps.), *Cincuenta años de historia en México*, El Colegio de México, México, 1991, pp. 331-370.

——, "Los caminos del ganado y la cerca de las haciendas: un caso para el estudio del desarrollo de la propiedad rural en México", en *Historia y Grafía*, núm. 5, 1995, pp. 13-29.

——, "En busca de la geografía histórica", *Relaciones, Estudios de Historia y Sociedad*, núm. 75, vol. XIX, El Colegio de Michoacán, México, 1999, pp. 27-58.

García Silberman, Ana, "La construcción de la red férrea mexicana en el porfiriato, relaciones de poder y organización capitalista del espacio", *Boletín*, núm. 17, Instituto de Geografía, UNAM, México, 1987.

Gerhard, Peter, *Pirates on the West Coast of New Spain, 1575-1742*, The Arthur H. Clark, Glendale, California, 1960, 274 pp.

——, *A Guide to the Historical Geography of New Spain*, David Joslin, Timothy King, Clifford T. Smith y John Street (eds.), Cambridge Latin American Studies, Cambridge University Press, Cambridge, 1972, 476 pp.

——, *Geografía histórica de la Nueva España, 1519-1821*, UNAM, México, 1986, 493 pp.

——, *La frontera norte de la Nueva España*, UNAM, México, 1996, 554 pp.

Ghibelli, Augusto, *Navegación*, Expo-Sevilla '92, Exposición Universal Sevilla 1992, Pabellón temático, Electa, Sevilla, 1992, 183 pp.

Gibson, Charles, *The Aztecs under the Spanish Rule. A History of the Indians of the Valley of Mexico, 1519-1810*, Stanford University Press, Stanford, California, 1964, 657 pp.

Gilbert, Edmund W., *British Pioneers in Geography*, David y Charles, Newton Abbot, Devon, 1972, 271 pp.

Gosse, Philip, *Sir John Hawkins*, John Lane the Bodley Head, Londres, 1930, 290 pp.

Gregory, Derek, *Geographical Imaginations,* Blakwell, Oxford, 1994, 442 pp.

Hair, P. E. H., "An Irishman before the mexican Inquisition", *Irish Historical Studies*, vol. XVIII, núm. 67, marzo de 1971, pp. 297-319.

Hakluyt, Richard, *Divers Voyages Touching the Discovery of America*, edición de 1850 de la obra de Hakluyt de 1582, Hakluyt Society, Burt Franklin, Nueva York, 171 pp. (Primeras Series, VII).

———, *The Principal Navigations, Voyages, Traffiques and Discoveries of the English Nation...*, editado en 1903-1905 de la segunda edición de Hakluyt de 1598-1600, 12 vols., James MacLehose, University, Glasgow.

———, *The Principal Navigations Voyages, Traffiques and Discoveries of the English Nation...*, 2 vols., Hakluyt Society y el Peabody Museum of Salem, Cambridge University Press, facsímil editado en 1965 de la primera edición de la obra de Hakluyt impresa en Londres en 1589.

Hanke, Lewis, *History of Latin American Civilization, Sources and Interpretations*, vol. I, *The Colonial experience*, Methuen, 1967, 553 pp.

Haring, Clarence H., *The Spanish Empire in America*, Harbinger Books, Nueva York, 1963, 371 pp.

———, *Comercio y navegación entre España y las Indias en la época de los Habsburgos*, FCE, México, 1979, 460 pp.

Haywood, John, *Cassell Atlas of the Early Modern World, 1492-1783*, Casell, Andromeda Oxford, Oxford, 1998, 94 pp.

Hibbert, Christopher, *Tower of London*, The Newsweek Book Division, Londres, 1971, 172 pp.

Honour, Hugh, *The New Golden Land. European Images of America from the Discoveries to the Present time*, Allen Lane, Penguin Books, Londres, 1976.

Keeler, Mary Frear, *Sir Francis Drake's West Indian Voyage 1585-1586*, edición de 1975, vol. 148, Hakluyt Society, Londres, 1981, 358 pp., segunda serie.

Kemp, Peter y Richard Ormon, *The Great Age of Sail*, Phaidon Press, Oxford, 1986, 127 pp.

Kennedy, Paul M., *The Rise and Fall of British Naval Mastery*, Penguin Books, Londres, 1976, 405 pp.

Lemoine, Ernesto, *Viaje a Toluca en 1834*, Biblioteca Enciclopédica del Estado de México, México.

———, *Morelos y la Revolución de 1810*, 2 t., Facultad de Filosofía y Letras, UNAM, México, 1969.

León Portilla, Miguel, *Historia natural y crónica de la Antigua California*, 2a. ed. (adiciones y correcciones a la noticia de Miguel Venegas), Miguel del Barco (ed.), 2a. ed., Instituto de Investigaciones Históricas, UNAM, México, 1988, 482 pp.

———, *Cartografía y crónicas de la Antigua California*, Fundación de Investigaciones Sociales, UNAM, México, 1989, 207 pp.

Lewis, Michael, *The Navy of Britain. A Historical Portrait*, George Allen and Unwind, Londres, 1948, 560 pp.

Lombardi, Cathryn L., John Lombardi V. y Lynn Stoner K., *Latin American History. A Teaching Atlas*, The University of Wisconsin Press, Madison, Wisconsin, 1983.

Lloyd, Christopher, *The Nation and the Navy. A History of Naval Life and Policy*, The Cresset Press, Londres, 1954, 287 pp.

Mahan, Alfred T., *The Interest of America in Sea Power, Present and Future*, Sampson Low, Marston, Londres, 1898, 314 pp.

Marshall, Michael, *Ocean Traders*, B. T. Batsford, Londres, 1989, 192 pp.

Mendoza Vargas, Héctor, "Alzate y la geografía francesa: el proyecto y las propuestas para la Nueva España", en *José Antonio de Alzate y la ciencia mexicana*, IIH-UMSNH/SMHCT/SEP, Morelia, México, 2000, pp. 207-220.

Moncada Maya, Omar, "Evolución y problemas actuales de la zona de Chinampas del D. F.", *Boletín*, núm. 12, Instituto de Geografía, UNAM, México, 1982.

———— y Aguilar, Guillermo, *Historia de la geografía en el mundo y en México*, Escuela de Geografía, UAEM, Toluca, Edo. de México, 35 pp.

———— e Irma Escamilla, "Cartografía indiana e hispánica", *Ciencias*, núm. 29, enero de 1993, UNAM, México.

————, "El empedrado de la Ciudad de México. En torno a una polémica entre José Antonio de Alzate y Miguel Constanzo", en *José Antonio de Alzate y la ciencia mexicana*, IIH-UMSNH/SMHCT/SEP, Morelia, México, 2000, pp. 179-206.

Moreno Toscano, Alejandra, *Geografía económica de México (siglo XVI)*, El Colegio de México, México, 1968.

————, "Toponimia y análisis histórico", *Historia mexicana*, vol. XIX, núm. 1, pp. 1-10.

Morgan, Kenneth O. (ed.), *The Oxford Illustrated History of Britain*, Oxford University Press, Oxford, 1984, 640 pp.

Mungaray-Lagarda, Alejandro, "Expansión europea y hegemonía imperial. La formación del septentrión de Nueva España en los siglos XIV-XVI", *Cuadernos de Economía*, serie 1, cuaderno núm. 4, Universidad Autónoma de Baja California, Instituto de Investigaciones Económicas y Sociales, México, 1984, 27 pp.

Ortega y Medina, Juan A., *El conflicto anglo-español por el dominio oceánico (siglos XVI y XVII)*, UNAM, México, 1981, 293 pp.

Padilla y Sotelo, Susana, "La influencia de Vasco de Quiroga en las artesanías del estado de Michoacán", *Boletín*, núm. 3, Instituto de Geografía, UNAM, México, 1973.

Parker, John, *Books to Build an Empire. A Bibliographical History of English Overseas Interests to 1620*, N. Israel, Amsterdam, 1965, 290 pp.

Parks, George Bruner, *Richard Hakluyt and the English Voyages*, publicación especial, núm.10, *American Geographical Society*, Nueva York, 1928, 289 pp.

Parry, J. H., *Trade and Dominion*, Weidenfeld and Nicolson, Londres, 1971, 409 pp.

————, *The Age of Reconaissance, Discovery Exploration and Settlement 1450-1650*, Cardinal, Londres, 1973, 428 pp.

——, *The Spanish Seaborne Empire*, Penguin Books, Middlessex, 1973, 435 pp.

Pennington, L. E., *The Purchas Handbook, Studies of the Life, Times and Writings of Samuel Purchas 1577-1626*, 2 vols., Hakluyt Society, Londres, 811 pp., segunda serie, 185 y 186).

Pickenhayn, *Tiempo y geografía*, Facultad de Filosofía, Humanidades y Artes, Universidad Nacional de San Juan, Argentina, 1992, 81 pp.

Porter, A. N. (ed.), *Atlas of British Overseas Expansion*, Simon and Schuster, Londres, 1991, 279 pp.

Purchas, Samuel, *Hakluytus Posthumus or Purchas His Pilgrimes, Contayning a History of the World in Sea Voyages and Lande Travells by Englishmen and others*, 20 vols. de la obra de Purchas publicada en 1624, Hakluyt Society, James Maclehose, University Glasgow, 1905-1907.

Quinn, D. B., *The Hakluyt Handbook*, 2 vols., Hakluyt Society, Londres, 1974, 707 pp., segunda serie, vols. 144 y 145).

Quiros, José María, *Guía de negociantes. Compendio de la Legislación Mercantil de España e Indias*, UNAM, México, 1986, 337 pp.

Ramsay, G. D., *English Overseas Trade during the Centuries of Emergence, Studies in some Modern Origins of the English-Speaking World*, Macmillan, Londres, 1957, 279 pp.

——, "Clothworkers, Merchant Adventurers and Richard Hakluyt", *English Historical Review*, vol. 92, núm. 364, julio de 1977, pp. 504-521.

Rispa, Raúl, César Alonso de los Ríos y María José Aguaza (eds.), *Navegación*, Sociedad Estatal para la Exposición Universal Sevilla '92, España, 1992, 183 pp.

Rowse, A. L., *The Elizabethans and America*, Macmillan, Londres, 1959, 222 pp.

——, *The Expansion of Elizabethan England*, Macmillan, Londres, 1962, 449 pp.

Said, Edward W., *Culture and Imperialism*, Vintage, Londres, 1994, 443 pp.

Sauer, Carl Ortwin, "Aboriginal Population in Northwestern Mexico", *Ibero-Americana*, núm. 10, 1935.

——, "The Personality of Mexico", *Geographical Review*, núm. 31, pp. 353-364, 1941.

——, "Colima of New Spain in the Sixteenth Century", *Ibero-Americana*, núm. 29, 1948.

——, *The Early Spanish Main*, University of California Press, Berkeley y Los Angeles, Cambridge University Press, Londres, 1966, 306 pp.

Scammell, Geoffrey Vaughan, *The First Imperial Age. European Overseas Expansion c. 1400-1715*, Unwin Hyman, Londres, 1989, 281 pp.

Sheehan, Bernard, *Savagism and Civility, Indians and Englishmen in Colonial Virginia*, Cambridge University Press, Cambridge, 1980, 258 pp.

Smyth, A. M., *A Book of Famous Pirates*, Geoffrey Cumberlege, Oxford University Press, Londres, 1949, 80 pp.

Spate, O. H. K., *The Pacific since Magellan*, vol. I, *The Spanish Lake*, Croom Helm, Londres, 1979, 372 pp.

———, *The Pacific since Magellan*, vol. II: Monopolists and Freebooters, Australian National University Press, Canberra, 1983, 426 pp.

———, *The Pacific since Magellan*, vol. III: Paradise Found and Lost, Australian National University Press, 1988, 410 pp.

Steele, Colin, *English Interpreters of the Iberian New World from Purchas to Stevens. A Bibliographical Study, 1603-1726*, The Dolphin Book, Oxford, 1975, 206 pp.

Taylor, Eva G. R., *Tudor Geography, 1485-1583*, Methuen, Londres, 1930, 290 pp.

———, *The Original Writings and Correspondence of the Two Richard Hakluyts*, Hakluyt Society, Cambridge University Press, Londres, 1935, 210 pp., segunda serie, LXXVI.

The British Library, *Sir Francis Drake. An Exhibition to Commemorate Francis Drake's Voyage Aroound the World 1577-1580*, British Museum Publications, Londres, 1977, 127 pp.

Thomas, Hugh, *The Conquest of Mexico*, Hutchinson, Londres, 1993, 812 pp.

Tilliard, F. M. W., *The Elizabethan World Picture*, Penguin Books, Londres, 1990, 117 pp.

Trevelyan, George M., *Historia política de Inglaterra*, 2a. ed. en español, FCE, México, 1984, 602 pp.

———, *A Shortened History of England*, Penguin Books, Londres, 1987, 603 pp.

Uslar Pietri, Arturo, *La creación del Nuevo Mundo*, FCE, México, 1992, 244 pp.

Vázquez, Josefina Zoraida, *La imagen del indio en el español del siglo XVI*, Biblioteca Universidad Veracruzana, Jalapa, Veracruz, 1991.

Vivó, Jorge, *Anuario de geografía*, Facultad de Filosofía y Letras, año XIX, UNAM, México, 1979.

Wallerstain, Immanuel, *The Modern World-System, Capitalist Agriculture and the Origins of the European World-Economy in the Sixteenth Century*, Academic Press, Londres, 1974, 410 pp.

———, *The Politics of the World-Economy, the States, the Movements and the Civilizations*, Cambridge University Press, Cambridge, 1984, 190 pp.

Whitfield, Peter, *20 Centuries of World Maps*, The British Library, Londres, 1997, 144 pp.

———, *The Charting of the Oceans, Ten Centuries of Maritime Maps*, The British Library, Londres, 1996, 136 pp.

———, *New Found Lands. Maps in the History of Exploration*, The British Library, Londres, 1998, 200 pp.

Williams, Eric, *Documents of West Indian History*, A and B Books, Brooklyn, Nueva York, 1994, 310 pp.

Williamson, James A., *Sir John Hawkins, the Time and the Man*, Clarendon Press, Oxford, 1927, 542 pp.

———, *The Age of Drake*, 2a. ed., Adam and Charles Black, Londres, 1946, p. 401.

———, *Hawkins of Plymouth*, Adam and Charles Black, Londres, 1949, 348 pp.

Worcester, Donald E. y Wendell G. Schaeffer, *The Growth and Culture of Latin America*, 2a. ed., vol. I, Oxford University Press, Londres, 1970, 512 pp.

Wolff, Hans, *America, early Maps of the New World*, The Bavarian State Library, Prestel, Munich, 1992, 192 pp.

Wright, Irene A., *Spanish Documents Concerning English Voyages to the Caribbean, 1527-1568*, edición de 1928, vol. LXII, Hakluyt Society, Cambridge University Press, Londres, 1929, 167 pp., segunda serie.

———, *Further English Voyages to Spanish America 1583-1594. Documents of the Archives of the Indies at Seville illustrating English voyages to The Caribbean, The Spanish Main, Florida and Virginia*, edición de 1949, vol. XCIX, Hakluyt Society, Robert Maclehose, Londres, 1951, 314 pp., segunda serie.

Wright, John Kirtland, *Human Nature in Geography*, Harvard University Press, Cambridge, Massachusetts, 1966, 361 pp.

Young, D. A., *According to Hakluyt. Tales of Adventure and Exploration*, Clarke, Irwin, Toronto, Vancouver, 1973, 121 pp.

ÍNDICE DE FIGURAS Y MAPAS

FIGURAS

[entre pp. 4 y 5]

MAPAS

ÍNDICE GENERAL

Este libro se terminó de imprimir
y encuadernar en el mes de mayo
de 2001 en Morevallado Editores.
En su composición se utilizaron ti-
pos Palatino de 10:12 puntos. La
edición consta de 2000 ejemplares.
Cuidó la edición la propia autora.